KB163596

사람 때문에 매일 괴로운 당신을 위한

관계 수업

관계 수업

초판 1쇄 발행 2015년 2월 6일
초판 14쇄 발행 2025년 1월 14일

지은이 데이비드 번즈
옮긴이 차익종
펴낸이 유정연

이사 김귀분
기획편집 신성식 조현주 유리슬아 서옥수 황서연 정유진 **디자인** 안수진 기경란
마케팅 반지영 박중혁 하유정 **제작** 임정호 **경영지원** 박소영

펴낸곳 흐름출판 **출판등록** 제313-2003-199호(2003년 5월 28일)
주소 서울시 마포구 월드컵북로5길 48-9(서교동)
전화 (02)325-4944 **팩스** (02)325-4945 **이메일** book@hbooks.co.kr
홈페이지 http://www.nwmedia.co.kr **블로그** blog.naver.com/nextwave7
출력·인쇄·제본 프린탑 **용지** 월드페이퍼(주) **후가공** (주)이지앤비(특허 제10-1081185호)

ISBN 978-89-6596-142-0 03320

사람 때문에 매일 괴로운 당신을 위한

관계 수업

데이비드 번즈 지음, 차익종 옮김

흐름출판

사람들과 '함께' 행복해지기를 원하는 당신에게

불편한 인간관계는 우리를 갉아먹습니다. 우리들 대부분은 자기 가치감을, 최소한 어느 정도는 다른 사람과의 관계에서 찾습니다. 아끼는 사람과 다투고 싸우는 일은 결코 즐겁지 않습니다. 우리가 관심도 두지 않는 사람과 티격태격하는 것조차 우리를 갉아먹고 에너지와 기쁨을 빼앗아버리지 않던가요.

타인과의 관계가 불편해서 속을 앓는 분에게 반가운 소식을 알려드립니다. 그 사람과 훨씬 보람된 관계를 만들어갈 방법도 제시하려합니다. 상대가 배우자든 형제나 남매든 이웃이든 친구든 혹은 전혀모르는 사람이든, 저는 속상함과 분노 대신 따뜻한 믿음을 키우는 방법을 보여드립니다. 변화는 생각보다 훨씬 빨라서, 때로는 고작 몇분 만에 관계가 확 개선되기도 합니다.

그렇지만 그만큼 힘써 노력해야 합니다. 스스로 인정하고 싶지 않은 자신의 낯선 모습도 마주 대해야 합니다. 친밀한 인간관계로 가는 길은 늘 힘겹습니다. 그러나 용기를 내어 기꺼이 팔을 걷어붙이고 노력하겠다는 당신을 위해 참으로 놀라운 것을 준비해 놓았습니다. 바로, 인생을 바꿀 수 있는 관계의 비밀입니다.

의학박사 데이비드 D. 번즈
스탠퍼드대학교 의과대학 심리행동과학과 명예교수, 정신과 외래임상교수

차례

1장

왜 우리는 서로 편하게 지내지 못할까?

인간관계의 문제는 '서로 사랑하는 방법을 몰라서'라기보다는
사실 '서로 사랑하고 싶어하지 않기 때문에' 생긴다고 할 수 있다.

인간관계가
불편해지는 이유

01

누구나 우정과 보람으로 가득 찬 인간관계를 맺고 싶어한다. 그러나 현실에서는 정반대의 상황, 즉 적대감, 쓰라림, 불신에 빠지곤 한다. 왜 이런 일이 생길까? 왜 우리는 서로 편히 지내지 못할까?

이 질문에 관해 두 가지 상반된 이론이 있다. 첫째, 결핍 이론이다. 대부분의 전문가들이 이 이론을 지지한다. 이 이론에 따르면 우리가 서로 잘 지내지 못하는 이유는 관계 맺는 방법을 모르기 때문이다. 즉 인간관계에서 생기는 문제를 해결하는 데 필요한 기술이 부족하기 때문에 우리가 싸운다는 것이다. 우리는 자라면서 읽기, 쓰기, 셈하기를 배웠다. 그러나 인간관계에서 생기는 문제를 어떻게 푸는지, 어떻게 서로 소통하는지 가르쳐주는 수업은 전혀 받지 못했다.

다른 전문가들은 사실은 우리가 잘 지내려는 마음이 없기 때문에 잘 지내지 못한다고 말한다. 이것이 동기 부여 이론이다. 달리 말하면, 불편한 상대방과 좀더 친밀해지려는 동기가 없기 때문에 우리가 싸운다는 것이다. 싸우고 나면 뭐라도 남기 때문에, 우리는 적대감과 대립 관계로 끝나고 만다. 싸우는 것이 차라리 일정한 반응을 불러오므로, 결국 우리는 그 사람과 적대하고 갈등하는 관계에 빠지게 된다.

전문가들의 이론

임상의나 연구자를 포함하여 대부분의 정신건강 전문가들은 결핍 이론을 지지한다. 사랑하는 법을 모르기 때문에 싸움을 벌이게 마련이라고 전문가들은 확신한다. 사랑을 절실히 원하면서도 정작 사랑을 키우는 기술이 부족하다는 것이다.

물론 어떤 요인이 인간관계 결핍을 유발하는지에 대해서는 전문가들마다 다르다. 가령 행동치료 전문가들은 의사소통이나 문제 해결 기술이 부족해서 문제가 생긴다고 믿는다. 누군가에게 비판을 받으면 귀담아듣는 대신 방어적 태도를 보이는 이유도 그래서 그렇다는 것이다. 자신의 감정을 솔직하게 털어놓기보다는 입을 비죽거리며 상대를 무시하거나, 잔소리를 퍼붓고 강제로 밀어붙여 제 길만 고집하기 일쑤인 것이다. 체계적 협상이나 문제 해결 기법을 사용하지 않기 때문에 긴장이 치솟는다는 풀이다.

한편 이 분야의 이론 중에서는 남성과 여성이 천성적으로 다르다는 점에서 인간관계 갈등의 원인을 찾기도 한다. 이 이론은 데보라 태넌이 쓴 책 《남자를 화나게 하는 말 여자를 토라지게 하는 말》과

존 그레이가 쓴 책《화성에서 온 남자 금성에서 온 여자》 덕택에 유명해졌다. 두 저자들은 남성과 여성의 말이 근본적으로 다르기 때문에 서로 소통하지 못한다고 주장한다. 여성의 언어는 감정을 표현하는 데 주안점이 있는 반면에 남성의 언어는 문제 해결에 초점을 둔다는 것이다. 화가 났다고 아내가 말하면 남편은 아내를 괴롭히는 문제를 해결해주겠다고 나서는 자동적 반응을 보인다. 남편의 뇌가 그런 쪽으로 작동하기 때문이다. 하지만 아내는 그저 남편이 귀를 기울여주며 자기의 감정을 인정해주기를 원했을 뿐이다. 그래서 남편이 아내를 돕겠다고 나서는데도 아내는 더 화가 난다. 결국 두 사람의 소통은 속 끓음과 오해로 끝나고 만다. 누구나 배우자나 그 밖의 불편한 상대자에 대해 이런 경험을 겪었을 것이다.

인지치료사는 인간관계 문제를 일으키는 결핍 현상에 대해 다르게 생각한다. 인지치료사는 우리의 모든 감정이 우리 자신의 생각과 태도, 즉 인지에서 생겨난다고 강조한다. 즉 다른 사람이 우리를 헐뜯는다거나 길을 걷는데 무례하게 끼어든다고 해도 실제로 그런 행동이 우리에게 영향을 미치는 것은 아니라고 한다. 우리의 감정이 상하는 것은 오히려 그런 사건에 대해 우리가 어떻게 생각하는가에 따른 결과라는 설명이다.

각자 자기 경험에 비추어보면 이 이론에 공감이 갈 것이다. 누군가에게 화가 났을 때, 부정적인 생각이 마음속에 가득 차 있음을 스스로 느끼지 않았던가. 그리고 혼잣말로 이렇게 말하지 않았던가. "멍청한 놈! 그 녀석은 제 혼자밖에 모른다니까! 그러면 안 되는 거지. 인생 낙오자!" 화가 치솟았을 때에는 이런 부정적 생각이 절대적으로 옳다고 여겨지지만, 실상 여기에는 온갖 사고 왜곡 혹은 인지 왜곡이 담겨 있다.

인지 이론에서 가장 흥미로운 점은 분노 혹은 관계에서 빚어지는 갈등이 궁극적으로는 정신적인 허상 때문에 일어난다는 입장이다. 달리 말해서, 우리가 누군가 싸움을 벌일 때 우리는 실제 현실에 존재하지 않는 것을 스스로 주입한다. 그렇지만 우리는 이렇게 자신을 속인다는 사실을 깨닫지 못한다. 왜곡된 생각들이 자기충족적 예언 self-fulfilling prophecies(미래에 대한 개인의 기대가 그 미래의 결과에 영향을 주는 경향성)으로 작용해서 아주 타당하게 여겨지기 때문이다. 예를 들어, 우리가 짜증을 느끼는 사람에게 일단 멍청이라고 낙인을 찍으면 그 사람을 멍청이로서 대한다. 그리하여 자기 생각이 옳았다고 믿으며, 그 사람은 실제로 멍청이가 되는 것이다.

인지 이론은 우리의 사고방식을 바꿈으로써 우리가 느끼고 행동하는 방식을 변화시킬 수 있다는 생각에 바탕을 둔다. 즉 남을 더 긍정적이고 현실적으로 바라보는 법을 배우면 갈등 해결은 손쉬워지며, 사적인 사이든 직장에서 맺는 사이든 보람된 관계를 맺어나갈 수 있다는 것이다.

이것은 이론적으로는 아주 멋지게 들리지만 분노와 갈등을 터뜨리는 사고 유형을 변화시키기는 그리 쉽지 않다. 왜 그럴까. 우리 내면의 한 구석이 이러한 인지 왜곡에 집착하기 때문이다. 분노와 짜증의 대상이 되는 사람을 경멸하면 쾌감을 느낀다. 자기가 도덕적으로 우월하다는 느낌도 생긴다. 그러니 상대방에 대한 자신의 시각이 왜곡되었다는 사실을 받아들이려고 하지 않는다.

일부 전문가들은 자존감 부족이 인간관계 문제를 일으키는 가장 중요한 요인이라고 주장하기도 한다. 즉 자신을 아끼고 존중하지 않으면 남을 사랑하는 일도 힘겨울 수밖에 없다고 한다. 자신에게서만 얻을 수 있는 것을 남에게 얻으려 하기 때문이다. 인지이론가들 중에도 이런 논리를 펴는 사람들이 매우 많다. 아이가 자존감을 키우며 자라면 그만큼 남에게 따뜻하고 믿음이 넘치는 관계를 발전시킬 수 있으며 성인이 되어서도 폭력, 범죄, 조직범죄 따위에 휩쓸리지 않는다는 것이다.

한편 또 다른 전문가들은 인간관계 스트레스가 '관계 소진relation burnout'이라 불리는 또 다른 문제에서 생겨난다고 믿는다. 누군가와 관계가 불편할 때 부정적 측면은 언제나 더 악화되기 일쑤다. 가령 배우자끼리 헐뜯는 일이 심해지면 연애 때의 즐거운 유희는 중단하게 된다. 이윽고 결혼생활 자체가 골칫거리, 짜증, 외로움의 근원이 되고, 한때 느꼈던 기쁨과 애정은 사라지고 만다. 이쯤 되면 차라리 별거를 하거나 이혼을 하는 것이 바람직한 대안으로 여겨진다.

관계 소진 이론을 지지하는 치료사들은 당사자 혹은 그들의 배우자들이 긍정적 사고와 행동을 강화하도록 격려한다. 가령 서로 재미있고 보람 있는 일을 계획에 넣음으로써 함께 지내는 것이 즐겁도록 한다. 근무 시간 중에 전화를 해서 안부를 전하거나 아침마다 커피를 타줌으로써 관심을 보인다든지 하는, 사랑과 배려 넘치는 여러 가지 일을 행동으로 옮길 수도 있다.

치료사들 중에는 신뢰 부족, 실수에 대한 두려움이 인간관계를 어렵게 하는 궁극적 원인이라고 믿는 사람들도 많다. 예컨대 동료나 가

왜곡	내용	사례
1. '전부 아니면 전무'라는 사고	갈등이 있거나 불편한 상대가 있을 때, 이를 철저히 흑과 백으로 극단화한다. 중간 지대는 존재할 수 없다.	나를 화나게 하는 사람이 있을 때, 저 사람은 인정할 만한 구석이 전혀 없는 빵점짜리라고 여긴다. 혹시 관계가 깨지면, 전혀 복구할 수 없이 끝났다고 생각해버린다.
2. 지나친 일반화	어떤 문제가 생기면, 이전의 분노, 갈등, 패배가 또다시 되풀이된 것이라고 생각한다.	"저 여자는 항상 저렇지, 뭐"라는 식으로 생각한다.
3. 정신적 여과	남의 잘못에 딱지를 붙인다. 지금까지 그 사람의 행동이나 말에 나타난 부정적 측면에만 골몰하고, 좋은 점은 걸러내거나 무시해 버린다.	배우자에게 이렇게 말한다. "제발 쓰레기 좀 버려달라고 말하는 게 벌써 열 번째야!" "더러운 양말을 바닥에 팽개쳐두지 말라고 몇 번이나 말해야 알아먹는 거야?"
4. 긍정적인 면을 낮게 평가하기	남의 좋은 점이나 행동을 인정해주지 않는다.	다툼을 벌이는 상대방이 긍정적인 일을 했을 때, "나를 조종하려는 거야"라고 여긴다.
5. 지나친 결론으로 비약하기	사실과 부합하지 않는 결론으로 비약한다. 여기에는 다음과 같은 세 가지 유형이 있다.	
	1) 독심술 오류: 자기에 대한 상대방의 생각과 감정을 다 알 수 있다고 생각한다.	"그 친구는 완전히 자기중심적이야. 내가 이용할 만한 구석이 있으니까 나를 필요로 하는 것이지"라고 생각한다.
	2) 역(逆) 독심술 오류: 자기 생각과 느낌을 나타내지 않아도 남이 다 알아차려야 한다고 생각한다.	배우자에게 이렇게 말한다. "내 기분이 어떤지 스스로 느껴야 되는 거 아냐?"
	3) 점쟁이 오류: 사정이 최악이라고 믿으면서, 남이 나를 부당하게 대한다고 생각한다.	내가 불편함을 느끼는 상대방은 결코 변하지 않을 것이라고 단정한다.

왜곡	내용	사례
6. 침소봉대 혹은 과소평가	남의 흠을 실제보다 과장하고, 긍정적인 점의 가치는 축소한다.	논쟁 중에 이렇게 내뱉는다. "당신이 이렇게 멍청한 줄 정말 몰랐어!"
7. 감정적 추론	자신의 감정을 근거로 현실을 판단한다.	상대방이 '인생낙오자'라고 여길 뿐 아니라 실제로도 그렇다고 결론을 내려버린다.
8. '해야 한다'식 사고	'해야 한다, 하지 말아야 한다'는 논리로 자기를 탓하거나 남을 비난한다. 여기에는 다음과 같은 두 가지 유형이 흔하다.	
	1) 남을 향한 '해야 한다'식 사고 남이 '그런 식으로 느끼면 안 되고', 자기가 기대하는 식으로 느껴야 한다고 생각한다. 2) 자기를 향한 '해야 한다'식 사고 '내가 그런 실수를 하면 안 되는 것인데' 혹은 '그런 감정을 느끼면 안 되는데'하고 생각한다.	"무슨 염치로 그렇게 느낀다는 거야!" 혹은 "그렇게 말하면 안 되지. 말도 안 돼!"
9. 낙인 찍기	상대방에게 고약한 낙인을 찍는다. 그 사람 인생 전체를 어떤 긍정적 면도 없는 부정적 존재로 여긴다.	"망할 여자!", "멍청한 자식!"
10. 탓하기	문제를 구체적으로 분석하기보다는 누군가를 탓하기만 한다. 여기에도 두 가지 유형이 있다.	
	1) 남 탓하기 문제를 남 탓으로 돌리고 자신의 잘못은 거들떠보지 않는다. 2) 제 탓하기 자기가 나쁘고 하찮은 사람이라는 느낌에 빠진다. 문제가 모두 자기 잘못이 아닌데도 자기 탓만 하기 때문이다.	배우자에게 이렇게 퍼붓는다. "모두 당신 잘못이야!" 그리고 분노로 속 끓이며 식식거린다. 자신에게 이렇게 손가락질 한다. "모두 내 잘못이야!" 다른 사람의 감정을 살피고 문제를 해결하는 대신 자기 자신을 학대하는 데에만 힘을 소진한다.

족의 말 때문에 속이 상했다고 하자. 이런 경우 겉으로는 화를 터뜨리지만 그 이면에는 자존심에 상처를 입어 의기소침해 있다. 이때 자신이 약하거나 바보로 보일 것이 두려워 자신의 힘든 모습을 그대로 보여주기를 꺼리게 된다. 그 대신 겉으로 식식대며 남을 깎아내림으로써 자신을 방어하려 한다. 이러면 관계에 긴장이 높아지지만 분노로 자신을 보호하긴 한다. 자신이 약한 존재임을 드러내지 않아도 되고 퇴짜 맞을 모험도 할 필요가 없기 때문이다. 다시 말해서, 여기서 결핍된 것은 신뢰다. 그러니까 우리는 친밀한 관계 맺기를 두려워하기 때문에 다툼을 벌이는 것이다. 이 이론을 지지하는 치료사들은 분노, 적대적 태도, 긴장 속에 숨어 있는 상처와 감정을 인정하며 털어놓도록 권한다.

정신분석치료사와 정신역학치료사들은 인간관계 능력이 부족하거나 사랑 표현에 문제가 있는 것은 결국 모두 성장과정에서 겪은 고통과 상처 때문에 생긴 것이라고 믿는다. 즉 결손 가정에서 태어난 사람은 성인이 되어서도 똑같은 고통 유형을 무의식적으로 되풀이할 수 있다는 것이다. 가령 아버지한테서 항상 비난과 무시를 당한 사람은 아무리 노력해도 아버지의 사랑을 받지 못하는 법이라고 느끼기 십상이다. 이 사람은 어른이 되어서도 아버지처럼 자신을 헐뜯는 사람에게 매력을 느끼기 쉽다. 편견이 강한 권력자에게 멸시를 당하는 것이 곧 자신이 사랑 관계에서 맡은 역할이라고 느끼기 때문이다. 그리하여 이 사람은 아버지에게서 받지 못한 사랑을 다시 얻기 위해 가련한 노력을 계속하게 된다.

인간관계 문제를 겪는 사람들을 치료하던 초기에 나는 위와 같은 결핍 이론을 굳게 믿었다. 이들의 고통을 자아내는 결핍을 교정하려고 애쓴 것은 지극히 당연한 일이었다. 어떻게 하면 좀더 효과적으로 의사소통할 수 있는지, 어떻게 하면 체계적으로 문제를 해결할 수 있는지, 어떻게 하면 더 애정을 담아서 서로를 대할 수 있는지, 나는 이들에게 열정적으로 알려주었다. 또 어떻게 하면 자존감을 향상시킬 수 있는지, 왜곡된 생각을 어떻게 고칠 수 있는지, 그리고 온갖 분노와 원망을 자아내는 파괴적 행동유형을 어떻게 고칠 수 있는지에 대해서도 알려주었다. 이런 행동 유형이 어디서 시작되었는지 알아내기 위해 과거를 분석하는 일도 때때로 수행했다.

그러나 놀랍게도 결핍 이론에 따른 어떤 기법도 큰 효과를 발휘하지 못했다. 효과가 전혀 없었다는 것이 아니다. 남의 말에 귀를 기울이고 자기감정을 솔직하게 털어놓으며 깊은 애정과 존중으로 상대방을 배려하는 사람들의 경우는 대인관계 문제가 즉시, 그것도 놀라울 정도로 개선되곤 했다. 그러나 이런 사람은 손으로 꼽기도 어려웠다. 대인관계 문제를 호소하던 사람들 대부분은 결핍 이론식 치료법에 큰 흥미를 느끼지 못했다. 이들은 좀더 다정하고 만족스러운 관계를 만들어내기 위해 무엇이든 해보겠다는 생각은 거의 하지 않았다. 이들은 분명히 현재보다는 더 다정하고 만족스러운 관계를 원한다고 말하긴 했지만 실제로 원하는 것은 이러했다. "아내는(남편이) 구제불능입니다. 여기에 동의해주세요."

이것은 내가 우울증 및 불안증세 환자를 치료하던 때와 상당히 다른 경험이었다. 우울증이나 불안증세 환자도 왜곡된 부정적 사고에 감염된 사람들이었다. 이들의 마음속에는 항상 다음과 같은 생각이 흐르고 있었다. "나는 형편없는 사람, 인생낙오자야. 도대체 왜 이런 거지? 아무리 해도 절대로 나아질 수 없어." 이런 환자들에게 자기 비판적 생각에 맞서 이기는 법을 알려주면, 이들은 우울증과 불안증세가 사라지고 희열감을 맛보았다. 그런데 타인에 분노를 느끼며 관계 문제를 겪는 사람들은 경우가 전혀 달랐다. 이들은 자신의 사고방식을 변화시키거나 다툼의 대상이 되는 사람을 대우하며 의사소통하는 방법을 변화시키는 일에는 흥미를 느끼지 않았다. 이들은 오히려 상대방을 두들겨 패는 데에 훨씬 집착했다. 처음에 나는 이런 상황에 충격을 받았다. 혼란스러웠다. 이윽고 이른바 결핍 이론에 대해 의문을 품기 시작하면서 갈등의 근원에 대한 시각이 예기치 못한 방향으로 급변하게 된 것이다.

"왜 내가 변해야 합니까?"

---● 내 사고방식을 변화시킨 계기가 된 사례들이 여럿 있는데, 다음은 그중 하나다. 미키는 샌프란시스코에서 일하는 마흔다섯 살 사업가로, 우울증 치료에 함께 참여하는 내 동료의 소개로 나를 찾았다. 미키는 지금까지 알려진 온갖 항우울제 처방으로 치료를 받았지만 눈곱만큼도 효험을 보지 못했다. 나는 항우울제 복용을 끊게 했다. 약물 처방이 효과가 없다는 것이 분명했기 때문이었다. 그 대신 인지 치료 요법을 실시했다. 이렇게 몇 주가 지나자 그는 우울증이 사라졌다. 나는 병증이 더 이상 나타나지 않은 듯해서 이제 치료가 끝났으리라 생각했다. 그런데 놀랍게도 그는 '더

성숙해질 수 있도록' 계속 치료를 받게 해달라고 했다. 나는 승락하긴 했지만 그가 무엇을 더 원하는지 궁금해졌다.

계속된 면담에서 미키는 아내 마지와의 결혼생활이 만족스럽지 못하며 그동안 아내에 대한 불만이 엄청나게 쌓였다고 말했다. 이제는 마지에 대한 존중심도 잃었다며 다음과 같은 이유를 댔다.

■ 아내는 나보다 지적으로 뒤떨어지며, 내 흥미를 자극할 어떤 내용도 이야기할 줄 모른다.
■ 아내는 어려운 책은 절대 읽지 않는다. 그 대신 패션 잡지와 〈내셔널 인콰이어러〉 같은 쓰레기 신문을 보는 데 시간을 허비한다.
■ 아내가 무덤덤한 탓에 부부생활을 할 생각이 나지 않는다.
■ 허리 휘도록 일해서 가족을 먹여살리는데도 고마워할 줄 모른다.
■ 잔소리와 트집 잡기를 그치지 않는다.
■ 퇴근해서 집에 와도 전혀 반기지 않는 기색이다.
■ 좋아하는 음식을 만들어주는 법이 거의 없다.
■ 아내는 화가 나면 비싼 보석과 옷을 사는 것으로 제 기분을 간접적으로 나타낸다. 그러면 나는 어마어마한 신용카드 사용액을 월말마다 메우느라 등이 휠 지경이다.
■ 6학년 쌍둥이 딸들 문제 때문에 다툼이 끊이지 않는다.

얼마나 화가 났는지 미키는 아내에 대한 불만을 15년째 일기로 써두었다. 매일 그는 속을 끓게 한 아내의 말과 행동을 되새기는 것이다. 치료 회기마다 그는 이 일기를 가져와서 오랫동안 커다란 소리로 줄줄 읽을 뿐 아니라 이러저러한 부부싸움에 대해 내게 하나하나 설명했다. 가령 11년 전 빅서(Big Sur, 캘리포니아 해안가의 관광지-옮긴이)로 차를 몰고 가던 중 창문을 열어둘지 아니면 창문을 닫고 실내 냉방기를 켤지 말다툼을 벌였다는 것이다. 이 대목을 읽는 동안 미키는 일기 이곳저곳을 뒤적이며 이렇게 덧붙이곤 했다. "정말 지독하지 않습니까?" "제가 너무한 겁니까?" "그 사람이 이렇게 말도 안 되는 얘길 하다니, 믿어지십니까?"

미키는 회기 때마다 이렇게 일기를 들춰 아내 마지의 단점을 모조리 일러바치면서 한껏 만족을 느끼는 눈치였다. 그러나 이런 식으로 몇 주가 계속되자 나는 치료가 어떻게 되는 것인지 회의스러웠다. 나는 미키에게 앞으로 세 가지 선택을 할 수 있다고 일러주었다.

- 결혼생활이 불만일 뿐 아니라 도저히 가망이 없다고 생각한다면, 시험 별거나 이혼 수속을 밟는 것이 낫다.
- 그래도 아내 마지를 여전히 사랑하고 결혼생활을 개선시키겠다면 부부 치료를 받아야 한다.
- 현 상태를 그냥 유지하면서 아무것도 변화시키지 않을 수도 있다.

첫 번째 대안에 대해 미키는 자기가 원하는 것이 아니라고 못 박았다. 별거는 전혀 생각하지 않았다. 그는 아이들이 고등학교를 졸업할 때까지는 가정을 지켜야 한다고 말했다. 아내의 엄마 노릇을 믿을 수 없기 때문에 아이들이 무사히 대학에 가기까지는 아빠가 가정에 있어줘야 한다는 것이다.

두 번째 대안도 싫다고 했다. 아내가 절대 바뀔 수 없다고 믿기 때문에 부부 치료에는 관심이 없노라 했다. 게다가 그는 아내가 그 세월 동안 자기를 형편없이 취급했는데 왜 하필 자기가 변화해야 하는지 도통 이유를 알 수 없다고 말했다.

미키는 세 번째 대안, 즉 현상 유지에 충실한 듯했다. 결혼생활을 그토록 한탄하면서도 현상 유지를 원하다니 참으로 기이했다. 그러나 사실 이런 대안을 선택하는 사람이 더 많은 편이다. 내가 내놓은 세 가지 대안, 즉 관계 포기, 관계 개선 노력, 현상 유지 중에서 실제로는 현상 유지 쪽을 선택하는 경우가 월등히 많다.

나는 한 가지 사고 실험을 해보자고 미키에게 말했다. 모든 문제를 눈 깜짝 할 사이에 해결해주는 마법 지팡이가 있다고 상상해보라 했다. 그러자 일순간에 마지는 미키의 이상형 여인으로 돌변했다. 사랑스럽고, 배려심 깊고, 섹시하며 멋진 여인이 되었다. 매일 저녁 퇴근하면 아내는 미소와 키스로 반겨주며 하루가 어땠는지를 묻고는 멋진 저녁으로 대접해준다. 아내는 슈퍼맘 역할도 너끈히 한다. 그리고 친구 모임에서는 미키가 얼마나 훌륭한 아버지이며 남편인지 자랑을 한다.

어느 날 동네 마피아 한 명이 와서 미키에게 5만 달러를 걸고 기이한 내기를 제안한다. 사랑스럽고 멋진 미키의 아내를 한 달 안에 불평꾼, 심술쟁이, 못된 여자로 만들어보라는 것이다. 이 일에 성공하면 5만 달러를 주겠지만 만일 실패하면 청부 살인자를 고용해서 미키를 거꾸러뜨리겠다고 한다.

나는 미키에게 다음 회기까지 과제를 부여했다. 앞으로 한 달 안에 두 사람의 결혼을 망치고 미키 자신의 목숨을 구할 방법을 다섯 가지 이상 생각해보라는 것이었다. 미키는 이 과제에 흥미를 보였다.

다음 주가 되자 미키는 자신이 찾은 해법 목록을 열심히 낭독했다.

첫째, 퇴근길마다 술집에 들러서 몇 잔씩 술을 마신다. 취한 채 술 냄새를 팍팍 풍기며 들어가면 마지는 기가 막힐 것이다. 아내는 술이라면 질색을 한다. 알코올 중독이던 장인이 술만 취하면 폭력적이고 추한 행동을 했기 때문이다. 마지가 나한테 술 냄새가 난다고 화를 내면 아내 앞에서 술을 더 들이키며 뭘 그리 까다롭게 구느냐고 한소리 해준다.

둘째, 출장길에 만난 여인과 바람을 필 수도 있겠다. 덴버, 클리블랜드, 내시빌 등 가는 곳마다 애인을 하나씩 만들어둔다. 그리고 셔츠 목깃에 립스틱 자국을 묻힌 채로 집에 들어오고 옷장에는 극장표 찢어놓은 것을 놓아둔다. 그러면 마지가 이것들을 발견하고는 내가 뒷전에서 바람을 피운다는 것을 알게 되리라. 아내는 절망에 빠지겠지.

셋째, 마지는 대학을 중퇴한 것 때문에 평소에 열등감을 느꼈다. 친구들과의 모임에 부부 동반으로 가면 마지는 언제나 시사적인 화제를 꺼내 논평하며 지적인 체 보이려 한다. 아내가 이런 화제를 꺼내려 할 때 나는 신랄하게 비꼬면서 아내가 〈내셔널 인콰이어러〉 같은 '진짜 학술지'에서 그런 정보를 얻은 것이라고 꼬집어준다. 아내는 친구들 면전에서 망신을 당하겠지.

넷째, 아내가 아이들을 타이를 때마다 이런 식으로 말하며 방해한다. "엄마 말 듣지 마라. 하고 싶은 대로 해도 돼."

마지막으로 전화도 없이 늦게 귀가한다. 아내는 정말 내게 버림받았다고 여겨 아연실색하겠지.

"이 정도면 결혼생활도 망치고 당신 목숨도 구할 수 있을까요?" 내가 묻자 미키는 대답이 이랬다. "당연하죠! 다섯 가지 중 하나만으로도 통할 걸요." 그래서 나는 지금까지 이 다섯 가지 중 몇 가지를 써봤느냐고 물었다. 미키의 가슴이 자부심에 불룩해졌다. "다 해봤죠, 선생님!"

이러고도 그는 자기가 원만치 못한 결혼생활의 희생자라고 굳게 믿었다. 자신을 불쌍한 존재로 여겼다. 차갑고 냉담한 아내에 사로잡혔다며 마치 소송을 준비하는 변호사처럼 아내의 잘못을 15년 동안 샅샅이 적어왔다. 미키는 부부의 문제를 오직 아내의 탓으로 돌리고 자신은 불행한 사람이라고만 생각했다. 그러나 아내를 욕하는 시간 내내 그는 아내를 공연히 비열하게 대하면서 아내를 망가뜨리고 결혼생활을 망칠 행동을 의도적으로 저질러왔다.

미키 같은 사람을 어떻게 해야 할까? 세상에 이렇게 고약하고 무지한 사람이 있느냐고 욕하고 비난하는 일은 쉽다. 그러나 미키 같은 사람이 전혀 예외적인 존재는 아니었다. 오히려 그는 내가 진료실에서 매일 만나는 전형적인 유형이었다. 많은 사람들이 혼자 혹은 부부나 연인으로 찾아와 남 탓을 하지만 관계를 개선하기 위해 무엇인가 하려는 준비와 의지와 능력을 갖춘 이는 정말로 드물다. 변화에 대한 저항은 남녀를 가리지 않는다. 남자든 여자든 똑같이 입을 모아 이렇게 항변하곤 한다. "왜 하필 내가 변해야 합니까? 그 사람 잘못인데!"

노력해도 변하지
않는다면

-------------------------------------● 지금까지 내가 임상에서 경험한 내용이 연구를 통해서도 입증되기 시작했다. 노스캐롤라이나대학교의 돈 보컴^{Don Baucom} 박사는 부부 요법 연구에서 최고 권위자로 인정받는 분이다. 그는 현재 살아있는 연구자들 중 부부 치료를 가장 많이 수행한 사람이다. 또 전 세계 학술지에 발표된 부부 치료 결과를 검토하여 논문과 서적으로 발표해왔다. 돈 보컴 박사가 매년 똑같이 재확인하는 놀라운 결과가 있는데, 현재로서 정말 효과적인 부부 치료 요법은 존재하지 않는다는 것이다(Epstein, N. B., & Baucom, D.(2002). 부부 치료를 위한 인지행동 심화요법: 문맥적 접근법, 미국심리학회).

이 발견의 의미는 특정 요법에만 해당되지 않는다. 어떤 치료사가 의사소통 훈련을 강조하든, 인지 요법이나 문제 해결 요법을 강조하든 마찬가지다. 감정 배출하기, 성장과정에서 근원 찾기, 자존감 높이기, 배우자에 대한 사랑과 보상 활동 계획하고 실천하기 등의 요법을 강조하는 경우에도 마찬가지다. 이들 요법 중 어떤 것도, 단독으로든 병행 치료든, 특별히 효과를 발휘한다고 하기 어렵다. 다시 말해서 인간관계 문제의 원인인 '결핍'을 해결한다고 해도 사랑과 만족이 넘치는 관계를 확실히 가져다준다고 믿을 수는 없다는 것이다.

그렇다고 해서 이런 요법이 아무에게도 도움이 되지 않는다는 것은 아니다. 대부분의 연구에서, 부부 치료 사례의 절반 이상은 단기적으로 효험을 보였다. 다만 이 정도를 성공적인 비율이라고 간주할 수는 없다. 이들 중 상당수는 부부 치료법 없이도 그들 자신의 노력에 의해서든 그저 시간이 지남에 따라서든, 개선될 수 있는 경우였다. 장기적인 결과는 더 좋지 못하다. 상태가 좋아지고 있다고 초기부터 알려온 부부들 중에서 많은 경우는 결국 별거나 이혼으로 끝나고 말았다.

분명히 여기에는 중요한 무엇이 빠져 있다. 인간관계에서 곤란을 겪는 사람들에 대한 치료에는 홈런이란 없다는 사실이다. 부부 치료 요법 전문가들 대부분은 내 말이 옳다는 데 암암리에 동의할 것이다. 타인과의 관계에서 문제를 겪는 개인들과 마찬가지로, 치료사들이 쓰라린 심정으로 인정하는 사실이 있다. 많은 문제 부부나 연인들이 변화하라는 요청에 강력히 저항한다는 것이다. 그리하여 이들은 치료가 거의 불가능하다.

이렇게 부정적 연구 결과들은 당혹스럽다. 여러 치료들이 생각만큼 효과적이지 않으며 혹시 이를 뒷받침하는 이론들이 타당하지 않을 수 있기 때문이다. 그런데 이 연구 결과들은 흥미롭기도 하다. 우리가 이제까지 잘못된 방향으로 해결책을 찾았고 극히 중요한 무엇인가를 간과했다는 뜻일 수 있기 때문이다. 여러 연구와 임상 실험이 알려주는 그대로에 귀 기울인다면 새로운 발견을 할 것이며, 이는 훨씬 효과적인 치료법 개발로 가는 지름길이 될 것이다.

다툼을 벌일 때 우리가 상대방에 대해 부정적이고 이치에 맞지 않으며 자기파멸적인 방식으로 생각한다는 것은 의심할 여지가 없다. 또 우리가 방어적 태도에서 자포자기가 되며 상대방을 더욱 멀리하게 하는 요구를 한다는 것도 의심할 여지가 없다. 그런데 이 왜곡된 생각 유형과 기능 부전 행동dysfunctional behaviors이 갈등의 진정한 원인이 아니라 증상일 뿐이라면 어떨까? 가령 폐렴에 걸린 사람은 기침을 하게 마련이지만 기침이 폐렴의 원인은 아닌 것과 같다. 게다가 폐렴에 걸린 사람에게 기침을 하지 말라고 해서는 병을 고칠 수 없다. 병을 고치려면 이 사람의 폐에 침입한 박테리아를 죽여야 하는 것 아닌가.

사랑할 줄 모르는 걸까,
사랑하기 싫은 걸까

02

인간관계 문제를 낳는 원인에 대해 제각기 다른 이론을 펴는 전문가들이라도 다음과 같은 점에는 일치를 보인다. 즉 인간은 천성적으로 선하다는 것이다. 우리 모두는 친밀한 관계를 절실히 원하고, 사랑과 보답의 관계 맺기를 본능적으로 열망한다. 그런데도 왜 우리는 그토록 서로 다투는 것일까? 사랑에 기초한 관계를 맺는 기술이 부족해서인가? 전문가들은 한결같이 그렇게 믿는다. 우리는 서로 친밀해지기를 원하지만 어떻게 해야 그렇게 되는지 알지 못한다는 것이다.

이러한 설명 방식은 아주 설득력 있게 들린다. 뒤틀린 애정 욕구를 채우기 위해 공격적이고 파괴적인 충동에 쏠린다고 설명하기 때문이다. 오늘날 얼마나 끔찍한 폭력과 적대 행동이 일어나는지, 인류 역사상 이런 일들이 또 얼마나 발생했는지 우리는 모두 쓰린 심정으로 안다. 그러니 인간이 천성적으로 선하다고 생각하면 위안이 되긴 한다. 우리는 상대를 해치거나 다투고 싶어하지 않는다. 그저 더 나은 방법을 모를 뿐이라는 것이다.

이 이론이 맞다면 인간관계 문제에 대한 해법은 쉽다. 좀더 건전한 태도와 효과적인 대인 관계 기법들을 개발하기만 하면 누구나 싸움을 그칠 것이고 더 많은 사랑과 애정을 누릴 수 있을 것이다. 그러나 만일 전문가들이 틀렸다면 어떨까? 우리가 천성적으로 선한 존재가 아니며 부정적이고 파괴적인 동기를 그만큼 지니고 있다면? 이 부정적 동기도 기본적 천성으로서, 긍정과 사랑의 동기만큼 강력하다면 말이다.

만일 그러하다면 인간관계 문제는 '서로 사랑하는 방법을 몰라서'라기보다는 사실 '서로 사랑하고 싶어하지 않기 때문에' 생긴다고 할 수 있다. 우리는 어떤 상대와 친밀해지기보다는 그 사람과 다투는 편이 더 낫고 바람직하다고 느끼기 때문에 갈등과 적대의 길을 선택하는지도 모른다. 과연 갈등과 적대 관계에 더 은밀한 매력을 느끼는 것이 가능할까?

인간성의 어두운 면 들여다보기

------------------------------● 구체적인 사례를 놓고 따져보자. 결혼생활에 문제가 있는 해리와 브렌다 부부의 사례를 살펴보기로 한다. 이들이 왜 다투는지 짚어낼 수 있다면 인간관계 일반에서 문제를 낳는 원인과 관련하여 무엇인가를 파악할 수 있을 것이다.

만성적인 우울 증세와 무력감에 시달리던 브렌다가 치료를 위해

먼저 나를 찾았다. 브렌다는 똑똑한 여성이었다. 고등학교를 졸업한 후 샌프란시스코의 주니어 칼리지에서 2년 과정을 마쳤다. 칼리지에서는 전 과목 A였고 생물학을 특히 좋아했다. 평소 동물을 좋아하니까 4년제 대학에 편입해서 학부도 마치고 대학원에서 수의학을 전공해보라는 조언을 교수 중 한 분에게서 듣기도 했다. 그렇지만 브렌다는 자신감이 부족했다. 자신이 과연 대학에서도 잘 해낼 수 있을지 확신하지 못했다. 게다가 부모님께 학비를 지원해달라는 말을 하고 싶지 않아서 시카고의 한 치과에서 접수원으로 취직했다.

이 무렵 브렌다는 해리를 만나 교제를 시작했다. 해리는 이보다 5년 전 고등학교를 마치고 목수로 일했다. 그는 포부를 가지고 건축 회사를 창업했다. 회사를 설립한 날 해리는 브렌다에게 청혼했다. 브렌다는 해리를 사랑하는지 확신하지 못했지만 차차 사랑하게 되리라고 스스로 다짐했다.

결혼 후 얼마 안 되어 첫 아이 잭을 낳았다. 생계를 꾸려가기 위해 브렌다는 다시 직장에 나갔다. 2년 후 둘째 아이 재커리를 낳았다. 둘 사이의 관계가 그리 짜릿하지는 않았지만 처음 5년까지는 그럭저럭 좋은 편이었다. 그런데 그 다음부터 상황이 나빠지기 시작했다. 아이 교육을 놓고 다투던 중 해리는 소리를 지르고 아내에게 욕을 했을 뿐 아니라 입을 닥치지 않으면 강제로 틀어막겠다고 위협까지 했다. 브렌다는 황망하고 수치스러웠다.

한 주 뒤에도 이런 일이 또 일어났다. 말싸움 도움 해리가 갑자기 입에 담을 수 없는 욕설을 길게 퍼부으며 입을 닥치라 했다. 이로부터 다시 6년이 지날 즈음, 거의 매주 한 번씩은 이와 똑같은 장면이 되풀이되었다.

깊은 상처를 받은 브렌다는 우울증세와 수치심에 빠졌다. 해리를 떠날까도 했지만 과연 홀로 설 수 있을지 두려웠다. 이렇게 버티다 보면 사정이 나아지겠지 하며 자신을 안심시키고만 있었다. 이제 열한 살, 일곱 살이 되는 잭과 재커리도 걱정이었다. 아이들은 나쁜 친구들과 어울리기 시작하면서 공부도 팽개치고 결석하기 일쑤였다. 숙제를 하라거나 방청소를 하라고 말하면 나쁜 말을 내뱉으며 듣지를 않았다.

해리와 브렌다는 아이들을 어떻게 할지 의견이 일치하지 않았다. 해리는 엄마 상태가 불안정하니까 아이들이 말을 듣지 않는 것이라고 핀잔했다. 그러면서도 아이를 바로잡으려는 브렌다를 전혀 거들어주지 않았다. 돕기는커녕 아이들이 엄마한테 나쁜 말을 내뱉는 모습을 보면서도 아무 일도 하지 않았다.

해리는 왜 브렌다에 모욕을 주는 걸까? 브렌다는 도대체 왜 참고만 있을까? 무엇이 부부 싸움을 유발하는 것일까?

앞에서 우리는 결핍 이론이 제시하는 몇 가지 사항을 살펴본 바 있다. 그 내용대로, 해리와 브렌다는 의사소통 방법이 좋지 못했고, 힘든 문제를 어떻게 해결할지 방법을 찾지 못했다. 낮은 자존감이 브렌다를 힘들게 했다. 그리고 두 사람 모두 결손 가정에서 자랐다. 분명히 이 부부의 관계는 파탄이 났다고 할 수 있다. 즐거운 일을 함께 하는 경우도 거의 없고, 서로를 존중 혹은 사랑으로 대해주는 경우도 드물었다. 게다가 브렌다가 자신의 감정을 표현하면 해리는 모욕을 주거나 그런 식의 감정이 잘못된 것이라고 면박을 주었다. 그리하여 두 사람의 감정은 꽉 막힌 상태였다. 이런 점들을 고려했을 때, 우리는 손쉬운 대처 방법을 내놓기 십상이다. 즉 의사소통 기술을 능숙히 구사하도록 가르쳐주고, 좀더 보람 있는 활동을 같이 하도록 계획하라 하고, 아이들의 상처를 치유하며 부부싸움은 그만하고 사랑으로 새출발하라고 일러주면 되겠다고 말이다.

결론을 이렇게 성급히 내리기 전에 닫힌 문 안쪽을 들여다보아야 한다. 해리와 브렌다가 싸움을 할 때 실제로 어떤 일이 벌어지는가를 잘 살펴보자. 자, 다음의 모습이 아주 전형적인 광경이다. 토요일 오전 브렌다는 주방에서 케이크를 굽느라 바쁘다. 재커리의 생일 파티를 준비하는 것이다. 해리가 흥분을 감추지 못하고 주방으로 들어와 친한 친구 브렛의 소식을 전해준다. 브렛 부부가 마을 동편의 옛 집을 샀다는 것이다. 넓은 대지에 실내 공간도 큼직한 낡은 주택을 정말로 싸게 샀다고 했다. 해리는 같은 동네에 매물이 많이 나왔으니까 오후에 같이 가서 직접 확인해보자고 했다. 지금 사는 아파트에서 나와 개인 주택을 사자는 얘기를 그동안 브렌다와 해왔기 때문에 해리는 들떠 있었다.

브렌다는 마음이 동하지 않았다. 브렌다는 해리의 말을 끊었다. 부동산을 아는 사람이라면 마을 동편 부동산 가격이 뚝 떨어진다는 것을 모를 리 없다고, 창녀와 마약상이 그 동네에 들끓어서 그렇다고 딱 부러지게 말했다. 그리고 "동부 지구의 부동산을 사는 것은 변기에 돈을 버리는 꼴이야. 머리를 반만 굴려도 누구나 알 수 있는 문제잖아"라고 덧붙였다.

해리는 당황했지만 다시 말을 이었다. 최소한 그날 오후 브렛 부부를 방문해서 그 동네가 정말 어떤지 살펴보자고 했다. 경찰이 그 지역 범죄 단속을 엄하게 한다는 말을 브렛한테서 들었으니까 동네가 전보다 좋아졌을 것이라고 했다. 실제로 브렛은 그 동네가 앞으로 크게 발전할 지역이어서 매우 유망하다고 말한 바 있다.

"경찰이 몇 년째 그 동네 치안을 개선한다고 약속했지만 아무것도 달라지지 않았다는 걸 세상이 다 알잖아." 브렌다는 이렇게 또 꼬집었다. 해리는 그렇지 않다고 항변했지만 브렌다는 해리가 입을 열 때마다 쏘아붙이며 반박했다.

브렌다는 왜 이러는 걸까? 몇 년째 해리가 자신을 대하는 모습에 지치고, 화가 치솟고, 수치스러웠기 때문이다. 힘으로는 해리를 당할 수 없다. 그러나 브렌다는 해리보다 똑똑하기 때문에 머리를 무기로 싸움을 버텼다. 이것이 브렌다의 반격 수법이었다. 물론 자신이 남편을 무시한다는 것을 의식하지도 못했고, 고의적으로 남편을 자극한 것은 아니었다. 모든 것이 자동적으로 일어났다.

다툼이 오래 지속될수록 해리는 더욱 속이 끓었다. 목 핏줄이 돋아났고 성질이 욱하고 터졌다. 고함을 지르기 시작하면서 입을 닥치라고 아내에게 소리쳤다. 싸움은 순식간에 끝났다. 그리하여 다음 한 주 내내 이들은 서로 아무 말도 하지 않다가 다시 싸움을 벌였다.

해리와 브렌다 두 사람이 앓는 문제를 어떻게 이해해야 할까? 인간관계에 관한 흔한 이론에서는 두 사람의 관계가 심각하긴 하지만 문제를 좀더 긍정적이고 낙관적인 관점에서 바라보라고 제안한다. 가령 해리가 브렌다를 험하게 대하긴 하지만 사실은 친밀한 관계를 맺으려는 욕구가 충족되지 못해서 그렇다는 것이다. 해리는 아내가 자기 말에 귀 기울이고 칭찬해주었으면 하지만, 방법을 몰라서 그렇다는 설명이다. 즉 해리의 공격성은 사랑과 존중의 욕구가 좌절된 결과로 빚어진 것일 뿐이다. 바로 그래서 아내를 비열하게 대하는 것이다. 원하는 곳에 도달하는 방법을 모르니 아내를 무시하고 위협하는 것이다. 브렌다가 지능을 무기로 쓰면 해리는 위협과 욕설로 응수한다. 즉 이런 공격적 행동이 교환되는 밑바닥에는 서로 더 가까워지고 싶어하는 욕구가 깔려 있다. 그러니 이 부부에게 적절한 의사소통 훈련과 긍정적 태도 계발법을 제공해준다면, 그리고 두 사람이 함께 즐겁게 활동하도록 격려해준다면, 적대적 관계는 사라지고 마침내 두 사람이 그토록 원하던 사랑과 존경의 관계를 맺을 수 있는 것이다.

이런 분석에 대하여 어떻게 생각하는가? 이런 분석은 분명히 어려운 상황에 대한 낙관적 사고방식이긴 하다. 여기서 잠시, 판단을 내리기 전에 다른 시나리오를 살펴보자. 어느 토요일 밤, 해리가 친구들을 데려와 맥주를 마시며 카드놀이를 했다. 이들이 계속 술을 마시는 동안 브렌다는 안주거리와 맥주를 가져다주며 도우미 노릇을 했다. 고맙다는 말은 단 한 마디도 듣지 못했고 그저 맥주를 더 달라는 말밖에 없었다. 이 한패의 대장 노릇을 하는 사람은 분명히 해리였다. 브렌다는 부엌에서 이들이 떠벌이는 소리를 들었다. 그들은 웃고 떠들며 행복한 시간을 보내는 듯했다.

다시 해리와 브렌다 부부의 문제로 돌아가자. 아내 위협하기를 해리가 실제로 즐기는 것일까? 어쩌면 부부 싸움에서 흥이 나, 아내를 이겼다는 승리감에 취해 있을지도 모른다. 친밀하고 다정한 관계를 염원하는 마음보다는 권력욕과 지배욕이 그를 더 강하게 사로잡고 있을지도 모른다. 어쩌면 아내 협박하기를 좋아하는지도 모른다.

해리에게는 이렇게 부정적 행위로 얻는 보상이 상호 사랑과 존중에서 얻는 보상보다 더 좋게 느껴질 수도 있다. 순탄치 않은 결혼생활이 오히려 흥미와 자존감의 주요 원천이 되어 버렸을 수도 있다. 해리와 브렌다의 관계를 '문제'라고 규정한 사람은 오히려 우리 아니었던가.

물론 과연 이러느냐고 질문하면, 해리는 전혀 부정적인 동기가 없다고 부인할 뿐 아니라 아내 모욕 하기를 어떻게 즐길 수 있느냐고 반박할 것이다. 그리고는 자신이야말로 희생자이고, 결혼생활의 문제는 모두 브렌다 때문이라고 주장할 것이다. 해리의 입장에서 아내는 제 분수대로 받고 있을 따름이다. 아내가 남편의 화를 돋우니 화가 끓어올라 자제력을 잃는 것 아니냐고 말할 것이다. 아내의 불평불만이 자극이 되어 소리를 지르다보니 자기도 모르게 그리 되어 버렸다는 것이다.

실제로 해리가 말한 바로 그대로이기도 했다. 브렌다와 몇 번 치료 회기를 가진 후 나는 브렌다에게 부부 치료를 해볼 생각이 있는지 물었다. 브렌다는 그리하면 좋겠지만 남편이 관심을 보이진 않을 것이라고 말했다. "박사님이 직접 해리에게 전화해서 부부 치료를 제안해보시지요. 제가 얘기하면 무슨 일이 벌어질지 겁이 나서요."

브렌다의 예감이 정확했다. 해리는 부부 치료에 전혀 관심도 없고 두 사람의 결혼생활에도 아무 문제를 느끼지 않는다고 내게 말했다. '가만히 앉아서' 하는 치료나 자잘한 감정까지 털어놓아야 하는 의사소통 훈련은 전혀 믿지 않는다는 것이었다. 그저 자기 아내가 문제이니까 내가 치료나 잘 해주기 바란다고 했다. 그는 결혼생활의 안락함은 물론 아내와의 다정한 관계에도 전혀 흥미를 보이지 않았다. 그에게는 현재 상태가 최고의 행복이었다.

이쯤에서 이렇게 생각하는 분도 있을 것이다. '물론 나는 해리 같은 사람은 아니니까.' 아마 해리를 우리와 다른, 무지한 남성으로 여길 수도 있겠다. 이런 식으로 생각하면 우리 안에 숨어 있을지 모를 사악하고 나쁜 동기에 대해 눈을 감을 수도 있으니, 위안은 된다. 그렇지만 혹시 해리와 브렌다가 우리와 그다지 다를 바가 없다면 어떨까? 누구나 자기 안에 해리나 브렌다 같은 면을 조금씩 지니고 있다면 말이다.

왜 우리는
은밀한 증오심을 품을까

03

약간의 사고 실험을 해보자. 우리가 싫어하는, 혹은 별로 사이가 좋지 않은 사람이 하나 있다. 마음속에 그 사람의 모습을 그린 후 왜 이 사람이 우리를 불편하게 만드는지 그 이유를 모두 떠올려 보자. 아마 도움이 필요했을 때 이 사람이 쌀쌀 맞게 대해서 그랬을 수도 있다. 트집 잡고, 완고하고, 자기중심적이어서 그랬을지도 모른다. 혹시 등 뒤에서 험담을 늘어놓아서 그럴 수도 있다.

이렇게 마음에 담아 놓은 사람이 있는가? 나는 있다. 대학 시절에 내가 싫어했던 사람 하나가 지금 내 마음에 떠오른다. 이제 지금 책상에 마술 단추가 있다고 하자. 이 단추를 누르면 우리 마음에 막 떠오른 이런 사람들과 다정하고 멋진 관계를 맺을 수 있다. 아무런 수고를 하지 않고 이런 변화를 가져올 수 있다. 그저 단추 하나만 누르면 될 뿐이다. 그러면 그토록 짜증스럽던 상대가 순식간에 절친한 친구가 된다. 이 단추를 누르실 텐가?

나는 '친밀한 관계 만들기 훈련Intimacy Workshop'을 진행하면서 이렇게 단추를 누를 사람은 손을 들어보라고 한다. 키득거리는 사람은 많다. 그러나 손을 드는 사람은 거의 없다.

이것이 우리 대부분의 실상이다. 누군가와 관계가 불편해지는 이유는 그저 그 사람과 가까워지고 싶지 않아서일 경우가 종종 있다. 나도 이런 규칙의 예외는 아니다. 나도 단추를 누르고 싶지 않다. 아까 내 마음에 떠오른 그 대학 친구는 몇 년씩 나를 무시하는 행동을 했다. 그래서 나는 그를 별로 신뢰하지 않는다. 나는 그 친구와 가깝게 사귀기를 절대 원하지 않는다. 내가 정말로 바라는 바는 그 친구가 자기중심적이고 불성실한 사람임을 스스로 인정하는 것이다. 이런 말을 해주기는 어려웠다. 만일 그럴 수만 있었다면 나는 참으로 흐뭇했을 것이다.

내가 여기서 지적하려는 것은 아주 기본적인 것이다. 관계가 불편한 상대가 있을 때, 그저 그 사람과 가까워지고 싶지 않아서일 경우가 종종 있다는 것이다. 이유는 많다. 그 중 몇 가지를 제시한다.

사랑 대신 증오를 선택하는 12가지 동기

1. 권력욕과 지배욕

내가 정리한 목록의 1위는 권력욕과 지배욕이다. 해리와 브렌다의 경우를 생각해보자. 해리는 친밀한 관계보다는 힘과 지배에 기초한 관계를 좋아한다. 아내와 가깝게 지내기보다 아내를 지배하는 것을 더 중요히 여긴다. 그의 우선순위에 사랑은 올라 있지 않다. 공격하고 지배하는 것이 더 만족을 주기 때문이다. 해리는 자기가 원하는 그대로를 결혼생활에서 얻는 것이다.

2. 복수심

자기를 나쁘게 대한 사람에게 복수하려는 것은 자연스럽다. 자기에게 해를 가한 사람에 대해서는 따뜻하고 다정한 관계 대신 앙갚음으로 되돌려 주려는 충동이 더 압도적인 편이다. 당한 만큼 되돌려 주려는 욕구는 거의 불가항력적일 만큼 강하다. 그러나 이러한 복수 환상이 나쁜 것임을 우리는 웬만해서 깨닫지 못한다. 남에게 앙갚음할 권리가 자기에게 있다고 믿기 때문이다.

3. 정의와 공평함

최근 닐이라는 사람이 고속도로 1차로를 달리던 중 바짝 따라붙는 뒤차에 성이 나서 신경전을 벌였다는 이야기가 텔레비전 뉴스에 나온 적이 있다. 이 사람은 옆 차선으로 옮겨 뒤차에 자리를 내주는 대신 일부러 시속 30마일로 천천히 달렸다. 뒤차가 꼬리를 물고 따라오는 것이 잘못이니 우회해서 지나가라고 시위한 것이다. 그러자 뒤차도 차선으로 옮기는 대신 뒷 범퍼에 거의 붙어서 계속 경적을 울려 댔다. 뒤차 운전자와 동승자가 추잡한 손짓을 보내는 것이 닐의 눈에 띄었다.

닐은 욕설로 대응하는 대신 갓길로 차를 댔다. 한 판 유도할 생각이었다. 뒤차도 당연히 그래야 한다는 듯 닐 뒤에 차를 세웠다. 닐은 성난 젊은이 두명이 차에서 뛰어내려 고함을 치며 다가오는 모습을 후시경으로 보았다. 닐도 기세가 웬만한 사람이 아니라 물러설 생각이 없었다. 차에서 내린 닐은 트렁크를 열고 석궁을 꺼냈다. 그는 씩 웃으며 석궁을 조준해서 발사했다. 두 청년 중 하나가 갓길에 쓰러져 피를 흘렸다. 화살이 대동맥을 꿰뚫어 사망한 것이다. 닐은 다시 화살을 장전해서 방아쇠를 당겼다. 또 다른 청년은 척추를 관통당해 하반신 마비가 되었다.

닐은 현장에서 달아났지만 체포되었고 일급살인 판결을 받았다. 감옥 안에서 가진 인터뷰에서 그는 아무런 양심의 가책을 느끼지 않을 뿐더러 두 청년들이 제 값을 치른 것이라고 의기양양하게 떠벌였다. 그는 자신을 영웅이자 정의의 사도라고 여기며, 다시 똑같은 경우에 처해도 역시 똑같이 행동할 것이라고 주장했다.

4. 자기애(나르시시즘)

어떤 사람들은 과도할 정도로 자기중심적이며 자기 야망에만 몰두해 있다. 이런 자기애주의자(나르시시스트)들은 자아가 과대하다. 그들은 우월감에 불타며 남을 자신이 설정한 목적의 도구로 여긴다. 약간의 비판 기미만 느껴져도 화에 치떠는 것이 이들의 전형적인 모습이며, 남에 가까이 가기보다는 자기 나름으로 설정한 목표에 남을 이용하는 일에 훨씬 더 관심을 둔다.

물론 자기애가 언제나 나쁜 것은 아니다. 오히려 약간의 자기애 성향이 건전할 수도 있다. 그러나 때때로 우리는 자신을 우월한 존재로 만들고 자기만의 목표를 밀어붙이는 데에 너무 몰두한 나머지 타인에게 고통을 주기도 한다. 자기애는 친밀함의 욕구와 치열한 경쟁을 벌인다. 그리고 이 경쟁에서 승리를 거두곤 한다.

5. 자존심과 수치심

친밀한 관계를 맺으려면, 자신이 남에게 범한 잘못을 스스로 살피려는 겸양과 기꺼움이 필요하다. 이 과정은 고통스러울 수 있다. 수치심이 가로막기 때문이다. 특히 누군가 우리를 비판하는데 그 비난이 옳다고 느껴질 때 더욱 고통스럽다. 우리는 그런 비판을 듣고 싶어하지 않는다. 비판에 담긴 진실에 귀를 기울이고 수긍하는 대신 우리는 벽을 세우고 방어적이 된다. 그러고는 스스로 이렇게 말한다. "저 사람이 하는 말은 얼토당토않아." 이런 행동은 당연히 남을 화나게 하기 때문에 상대방의 공격은 더 거세진다. 친밀한 관계를 맺을 황금 같은 기회가 끝없는 자아 대결이 되어버리는 것이다.

6. 희생양 만들기

가족, 종교, 인종, 심지어 국가도 희생양 만들기의 유혹을 받는다. 어떤 사람이나 집단을 열등하고 모자라는 존재로 낙인을 찍는 일은 상당한 이득을 가져다주는 것처럼 보인다. 스스로 문제를 앓고 있으면서도, 남을 희생양으로 삼아 자신은 안전하며 아무 문제가 없다고 느끼게 한다. 결손 가정에서는 배우자나 아이 하나가 '나쁜 사람'이라는 낙인을 찍힌다. 이 희생양은 가족이 문제에 처할 때마다 홀로 비난을 뒤집어쓴다. 다른 성원들은 자기들이 마치 더 나은 존재인 양 느끼며, 자기들의 불안과 불행을 설명할 편리한 핑계로 삼는다. 희생양 만들기는 수다 떨기와 같다. 즉 그런 행동을 좋아한다고 인정하고 싶지 않지만, 실제로는 즐기는 것이다.

7. 진실

내가 운영하는 치유 프로그램에서 나는 오늘날 세계의 모든 고통은 대부분 '진실'에서 온다고 말한다. 물론 과장이긴 하지만 인간관계 문제나 국제 분쟁을 생각해보면 '진실'이라는 것이 적대감에 불을 붙이는 연료가 된다는 것이 분명하다. 누군가와 다툼이 생길 때 우리는 자신이 옳고 상대방은 틀렸다고 스스로 다짐하는 경향이 강하다. 서로 다투는 두 사람의 입에서 나오는 문장은 한결같이 이런 식이지 않은가. "내가 옳고 당신이 틀렸어. 인정하는 게 좋을 거야!" 상대방도 똑같이 느끼며 이렇게 응수한다. "아니지. 내가 옳고 당신이 틀렸어. 그걸 모르면 바보게!" 이런 식으로 돌고 돌며 그들은 진실이라는 명목으로 끝없이 욕을 해댄다.

자신이 그동안 남과 벌인 논쟁이나 논란을 떠올려보면 내 말이 무슨 뜻인지 이해할 수 있을 것이다. 이제 스스로 물어보자. 자기의 입장에서 볼 때 누가 옳고 누가 틀렸는가? 자기가 옳고 남이 틀렸다고 생각할 가능성이 많을 것이다. 우리 모두 저마다의 '진실'이라는 기준에 사로잡혀 있는 듯하다. 지금도 여전히 이렇게 생각하는 분이 있을 것이다. "그렇지만 번즈 박사님, 그때는 내가 옳았다니까요." 물론 그러시겠지요!

고통과 적대감의 주요 원인으로 '진실'을 꼽다니, 이상하지 않은가. 누구나 늘상 진실이 좋은 것이라고 생각하기 때문이다. 기독교 경전에서도 이렇게 말한다. "진리가 너희를 자유롭게 하리라." 그러나 진실은 종종 남을 두들겨 패는 도구가 되곤 한다.

8. 탓하기

탓하기는 늘 진실 따지기와 함께 온다. 인간관계 문제를 남 탓으로 돌리려는 유혹은 대단히 강력하다. 이런 마음 상태는 자신이 정의롭고 도덕적으로도 우월하다고 느끼게 만든다. 게다가 자기가 문제의 원인이 아닌지 돌아보지 않아도 되니, 죄의식도 느낄 필요가 없다.

사실은 자기 탓인데도 남을 탓하기도 한다. '남 탓'을 하는 순간 그 사람도 곧바로 반격해오게 마련이다. 마치 뜨거운 감자 떠넘기기 게임이라고나 할까. 아무도 그 문제에 얽히려 하지 않는 것이다. 탓하기는 분명히 가장 해롭고 중독성이 강한 마음 상태다. 이것은 사랑 욕구와 맹렬히 경쟁을 벌인다.

9. 자기 동정

탓하기는 때때로 자기 동정을 불러온다. 자기는 무고한 희생자고 다른 사람이 악인이라고 여기기 때문이다. 모든 것이 그 작자의 잘못이니 자기가 그 문제와 상관이 있는지 되돌아볼 필요가 없어진다. 그리하여 자신을 순교자나 영웅으로 여긴다. 자신이 유독 처벌을 받도록 선택되었으니 인생은 불공평하다고 생각한다. 불우하게 박해받는 순교자라도 되는 듯한 감정에 휩싸여 불가능한 가능성을 위해 싸우는 것이다. 그래서 자기 동정은 고통스러우면서도 중독성이 있다.

정신의학 연구 과정을 밟던 시절에 나는 로저라는 선배에게 무시를 당한 적이 있다. 사실 나는 그를 학문적 스승으로 삼았으면 했다. 정말로 출중한 재능을 가진데다가 유명하기까지 한 연구자여서 함께 연구하고 싶었다. 그러나 불행하게도 그가 자기 일에만 몰두한 까닭에 나는 혼자서 연구를 헤쳐 나가야 했다. 나는 상처를 받았고 실망했다.

어느 날 내가 존경하는 동료 한 사람이 그날 오후 중요한 연구 회의가 있다는 통지를 받았다면서 같이 들어가야 하지 않겠느냐고 물었다. 나는 그런 요청을 받은 적이 없으니 못 들어갈 것 같다고 대답했다. 왜 나만 빼놓았을까? 이렇게 생각하자 화가 나며 속이 쓰렸다. 연구실에 홀로 남은 나는 비참한 감정에 허덕이며 담배만 빨았다.

그날 오후 늦게 로저가 사무실로 들어왔다. 돌연 분노가 치솟았다. 그는 내 얼굴을 들여다보더니 격려하듯 말했다. "701호에서 곧 연구 회의가 있는데 자네도 올래?" 화가 바짝 올라 있던 나는 연구 때문에 바빠서 참석할 여유가 없다고 퉁명스럽게 대답했다. 나는 희생자 역할을 쉽사리 그만둘 생각이 없었던 것이다. 가장 하고 싶었던 일을 할 기회를 거절하면서 말이다!

10. 분노와 씁쓸함

사랑과 경쟁을 벌이는 동기라면 분노를 빼놓을 수 없다. 분노를 느끼는 것 자체가 잘못은 아니며 언제나 나쁜 것도 아니다. 어떤 분노는 건전하다고 할 수 있다. 특히 분노를 잘 활용해서 긍정적인 방향으로 움직일 수 있는 교두보로 활용할 때에는 더욱 그렇다. 그러나 분노는 때때로 만성적인 화와 적대감으로 변한다. 이런 감정에 빠지는 사람은 쓰라린 인생관을 가지게 된다. 분노를 푸는 일도 정말로 어렵다. 분노가 자존심, 정체감, 개인적 가치 등과 긴밀히 관련되어 있기 때문이다. 분노는 기분을 돋워줄 수도 있다. 힘과 활력을 느끼게 하기 때문이다.

문제에 빠진 인간관계는 엄청난 에너지를 소진하고 황폐하게 만드는 데 반해, 분노는 에너지를 돋운다. 분노가 삶의 목적의식과 의미를 부여해줄 수도 있다. 우울, 절망, 불안, 공포, 죄의식, 열등감 등 온갖 부정적 감정 중에서도 분노를 이겨내기가 가장 어렵다. 분노에 휩싸이면 힘이 넘치고 스스로 정의로운 것처럼 느끼기 때문이다.

11. 경쟁

누군가와 다툼을 벌일 때 우리는 둘 중 하나는 이기고 하나는 진다고 스스로 다짐하곤 한다. 우리는 분명히 패배자가 되고 싶지 않으니 승리자가 되기 위해 안간힘을 쏟아붓는다. 승리란 짜릿한 경험이다. 우리는 모두 승리자가 되고 싶어한다. 그렇지만 승리 욕구는 전투를 더 치열하게 한다. 상대방도 당신을 꺾어야겠다는 각오를 똑같이 하기 때문이다.

모린이라는 여성이 있었다. 이분은 남편 빅이 자신이 부탁하는 일을 전혀 해주지 않는다며 어쩔 줄 몰라 했다. 남편이 깜빡한 일을 해달라고 다시 잔소리하면 남편은 바가지 그만 긁고 이래라저래라 하지도 말라고 응수했다. 그러면 모린은 언제 이래라저래라 했느냐면서 당신이 한 번 하겠다고 약속한 일은 해줘야 하지 않느냐고 대꾸한다고 했다. 그렇지만 모린이 이렇게 부인함으로 인하여 남편의 비판은 절대적으로 타당한 것이 되었고, 싸움은 더 치열해졌다.

나는 빅의 말에 일말의 진실이 있지는 않느냐고 모린에게 물었다. 그리고 누가 옳은지 따지며 서로 으르렁대지 않으려면 그 일말의 진실을 인정해주는 것이 도움이 되지 않겠느냐고 물었다. 모린은 이렇게 대답했다. "승리자라도 되는 것처럼 그 사람이 의기양양해 하는 꼴을 보느니 차라리 죽고 말겠어요."

12. 숨어 있는 문제

어떤 문제가 숨어 있기 때문에 상대방과 거리를 두는 경우도 있다. 사랑이나 친밀한 관계보다 더 중히 여기는 것이 있지만 숨기는 것이다. 가령 결혼생활이 원만하지 못하다는 핑계로 바람을 피우고도 떳떳하다고 느끼는 경우가 있다. 우리는 앞에서 이런 사례를 살펴보았다. 미키의 결혼생활이 나아지면 업무 출장 때마다 짜릿한 로맨스를 찾는 버릇을 끊을 수 있을 것이다.

닉이라는 사업가가 있었다. 그는 결혼생활에 의욕을 잃었노라고 털어놓았다. 아내 마리안느에게 헌신했지만 함께 시간을 보내는 경우가 거의 없다는 것이다. 즐거운 일을 함께 하려고 아내를 부르면 아내는 항상 다른 계획이 있었다고 한다.

한 주 전 닉의 회계사가 넌지시 알려주었다. 마리안느가 쇼핑 책자와 이베이를 통해 상품을 구입하는 데 돈을 펑펑 쓴다는 것이다. 아내는 분명히 쇼핑 중독이었다. 집안은 그렇게 구입한 온갖 잡동사니와 장식품으로 가득 찼다. 패션 신발도 60켤레가 넘도록 사들였다. 나는 부부 치료를 해야 되겠다고 닉에게 말했고, 다음 회기에 닉은 아내를 데려왔다.

마리안느는 부부가 더 많은 시간을 함께 보내야 한다는 데 동의했다. 그렇지만 부부관계에는 아무 문제가 없고 사교 모임에서 테니스 치기나 다양한 행사를 많이 벌여서 그렇다고 이유를 댔다. 나는 이들 부부에게 심리치료 숙제를 내주었다. 하이킹이나 영화 보기처럼 서로 즐길 수 있는 시간을 계획하라는 것이었다. 마리안느는 이것이 아주 좋은 계획이라고 찬성했지만 그 다음 주가 되어 나를 찾았을 때는, 미안한 기색으로, 내가 내준 숙제를 모두 잊어버렸다고 변명했다. 다시 다음 주까지 같은 숙제를 하도록 했지만 결과는 역시 같았다. 남편과 약속한 시간 바로 직전에 갑자기 일이 생겨서 취소할 수밖에 없었다는 것이다. 이후에도 계속 같은 시도를 했지만 매주마다 마리안느는 새로운 변명거리를 들고 왔다.

나는 닉과 마리안느의 허락을 얻어 우리의 치료 회기를 녹화했다. 그리고 주말마다 연구자들끼리 개최하는 부부 치료 공부 모임에서 이를 보여주었다. 교착 상태에 빠진 치료를 개선하는 데 도움을 얻으려는 생각에서였다. 테이프를 틀어주며 치료가 왜 실패하는지 내 의견을 제시하자 동료들은 머리를 끄덕였다. 마리안느는 닉을 진정으로 사랑하지 않으면서도 이를 인정하고 싶지 않은 것이다. 닉의 통장을 마음대로 쓸 수 있는 한 마리안느는 그 이상 행복할 수 없었다. 닉과 함께 시간을 보내고 싶다는 생각은 들지 않았다. 닉의 입장에서는 두 사람의 관계가 소원한 것이 문제거리지만, 마리안느의 입장에서는 모든 것이 지금 정확히 원하는 대로 되고 있을 뿐이었다.

어떤 이득이 있기 때문에 다툼을 벌이는 것이라면, 갈등 해결의 열쇠는 결국 스스로 어떤 결론을 내리는 것에서 찾을 수 있다. 첫 걸음은 다음과 같은 질문에 답하는 것이다.

'내가 더 원하는 것은 다음 둘 중 어떤 것인가? 싸움에서 얻는 이득인가? 아니면 깊이 사랑하는 관계에서 느끼는 만족감인가?'

관계는 당신이 원하는 만큼
친밀해진다

04

앨리슨이라는 52세 여성이 있었다. 엘리슨은 우울증 치료를 위해 나를 찾아왔다. 이분은 그때까지 10년이 넘도록 우울증 치료를 받아왔지만 어떤 치료도 효험을 발휘하지 못했다. 첫 회기부터 이분은 이미 기분이 나아졌다고 했다. 바로 얼마 전 어떤 여성지에서 읽은 '결혼 생활에서 느끼는 고독'이라는 기사 덕택이라는 것이다. 그 기사에 따르면 남자와 여자는 애초에 서로 다르기 때문에 의사소통이 어렵다. 남자는 트럭 장난감을 가지고 놀며 문제 해결과 목표 달성법을 배우며 큰다. 반면에 여자들은 인형 놀이를 통해 감정을 표현하면서 자라기 때문에 상대방과 감정적 유대를 맺는 방법을 터득한다. "무뚝뚝한 남편 때문에 저처럼 고독하고 답답한 여자들이 미국에만 수백만 명이라니, 참으로 위안이 되더라고요"라고 앨리슨은 말했다.

앨리슨에 따르면 남편 버트가 바로 그렇게 무뚝뚝한 사람이라고 했다. 그는 회계사라서 숫자에 능하지만 감정이라는 것은 눈곱만큼도 이해하지 못하는 사람이었다. 남편이 자기감정을 드러내지 못하는, 아니 일부러 안 하는 냉혈한이라고까지 했다. 남편이 마음을 열도록 30년이나 애썼지만 아무 소용이 없었다는 것이다. 그 긴 세월동안 자신이 그토록 우울하고 외로웠던 이유를 이제야 비로소 깨달았는데, 모두 버트 때문이라는 것이다.

나는 남편 버트가 정말 감정 표현에 문제가 있다면 부부 치료를 받아 서로 감정을 털어놓고 사랑에 기초한 관계를 발전시켜보자고 제안했다. 앨리슨은 이 제안이 뜻밖인 듯 당황했다. "이미 온갖 노력을 다했는데도 아무 소용이 없었으니까 부부 치료라는 것도 시간낭비일 텐데요"라고 대답했다. "버트가 감정 표현법을 배운다고요? 절대로 안 될 걸요. 가망 없어요."

나는 의심스러울 테지만 딱 한 번만 더 시도해보자고 권유했다. 앨리슨은 마지못해 그러마고 했다. 다음 회기에 앨리슨과 버트가 함께 왔다. 나는 버트라는 사람이 도대체 어떤 사람일지 궁금했는데, 딱딱한 숫자 귀신, 즉 전형적인 회계사 유형이 아니라서 깜짝 놀라고 말았다. 그는 오히려 싹싹하고 친근한 사람이었다. 버트는 부부 사이에 오랫동안 문제가 있음을 이미 느꼈고, 적극적으로 치료에 참여할 의사도 비추었다.

좋은 의사소통의
세 가지 조건

------------------------------• 나는 좋은 의사소통에는 세 가지

조건이 있다고 이 부부에게 알려주었다. 첫째, 자기감정을 있는 그대로 직접 표현할 수 있어야 한다. 둘째, 상대방이 말할 때에는 방어적 태도를 취하는 대신 귀를 귀울일 수 있어야 한다. 셋째, 화가 나거나 속이 상해도 상대방을 존중해주어야 한다. 그렇다고 해서 자기가 화났다는 사실을 숨기거나 부인하라는 뜻은 아니다. 다만 상대방에게 수치나 모욕을 주지 않고도 자기감정을 품위 있게 알리면 된다.

나쁜 의사소통은 이와 정반대다. 마음을 열어보이는 대신 공격적인 방식으로 감정을 노출한다. 상대방의 말에 귀를 기울이는 대신 논쟁으로 자기를 변호하고 상대방이 잘못했다고 주장한다. 배려와 존경을 보내는 대신 전투를 벌여 상대방을 거꾸러뜨리려 한다. 앨리슨과 버트는 내 설명이 정말 옳다며 머리를 끄덕였다.

서로 대화를 나누려 할 때 어디서부터 잘못이 시작되는 것인지 진단하기 위해 나는 '1분 연습'이라는 것을 해보자고 제안했다. 1분 연습에서는 한 사람이 '말하는 이'가 되고 다른 사람은 '듣는 이'가 된다. 말하는 이는 30초 동안 자기감정을 털어놓는다. 원하는 것은 무엇이든 말하며 가슴에 품은 감정을 그대로 쏟아낸다.

듣는 이는 조용히 앉아 상대방의 말에 공손히 집중한다. 이때 상대방의 눈을 똑바로 들여다보아야 하고, 몸짓도 경청하는 상태를 유지한다. 즉 얼굴을 찌푸리거나 팔짱을 끼거나 머리를 흔드는 식으로 자기의 판단을 보이지 않도록 한다. 상대방의 말이 끝나면 이 말을 가능한 한 정확히 요약해준다. 이것은 상대방에 동의하거나 반대하는가의 여부를 밝히기 위한 것이 아니라, 상대방의 말을 자기 입으로 다시 정리하면서 상대방의 감정을 확인하기 위한 것이다.

앨리슨이 먼저 '말하는 이' 역을 맡겠다고 나섰다. 버트는 '듣는 이' 역을 먼저 하겠다며 이를 받아들였다. 앨리슨은 버트 때문에 속이 터진다고 화부터 터뜨렸다. "당신은 자기감정을 절대로 드러내지 않는 사람이에요. 온갖 노력을 다 해봤지만 가슴을 꽉 닫고 있잖아요. 당신 같은 냉혈한 때문에 몇십 년 동안 외롭고 비참했고, 이제는 포기했어요. 내 우울증, 끔직한 결혼생활, 모두 감정불구에 구제불능인 당신 때문이에요."

버트는 앨리슨이 말하는 동안 꼼꼼히 들었다. 앨리슨의 차례가 끝나자 나는 버트에게 방금 들은 이야기를 다시 정리하되, 두 가지를 염두에 두라고 했다. 첫째, 앨리슨이 방금 전달한 내용을 최대한 정확히 요약해낼 것. 둘째, 방금 들은 바에 따라서 앨리슨의 감정을 어떻게 생각하게 되었는지 말해줄 것. 버트는 앨리슨을 보고 이렇게 말했다.

앨리슨, 방금 당신은 외롭고 속상하다고 했지. 내 마음을 열도록 당신이 온갖 애를 다 써봤지만, 내가 한 번도 제대로 털어놓지 않았다는 것이지. 내가 냉혈한이어서 화가 치솟고 또 우울해진다고 했지. 생각할 수 있는 모든 방법을 써봤지만 아무 효과도 없었지. 그래서 내가 구제불능이라고 결론을 내리고 나를 포기해버렸지. 당신은 나를 감정 불구자로 생각하게 되었어. 그리고 당신의 우울증이며 우리 결혼생활의 모든 문제도 다 나 때문이라고 느끼게 되었지. 분명히 당신은 한없이 화가 나고, 의욕을 잃었고, 외롭겠지. 아마 절망스럽기까지 하겠지.

나는 앨리슨에게 방금 버트가 요약한 것이 정확한지 100점 만점 점수로 말해달라고 했다. 버트는 앨리슨의 말을 잘 들었는지, 정확히 요약했는지, 앨리슨의 감정을 제대로 알게 되었는지 평가해 달라고 했다.

앨리슨은 깜짝 놀란 눈치였다. 버트가 아주 잘했다면서 100점 만점을 주었다. 나는 다음과 같은 몇 가지가 드러났다고 설명했다. 첫째, 앨리슨은 자기감정을 있는 그대로 솔직하게, 조금도 멈칫거리지 않고 드러냈다. 둘째, 버트는 앨리슨의 말을 정확히 요약하고 또 100점까지 받았으니 훌륭한 '듣는 이'라고 할 수 있다. 셋째, 버트는 앨리슨의 말을 요약할 때 비꼬거나 적대감으로 대하지 않았다. 그러니 버트가 앨리슨을 존중해줄 수 있는 사람이라는 것도 알게 되었다.

이어서 나는 두 사람의 역할을 바꾸어 버트가 감정을 드러내고 앨리슨이 이를 경청하는 순서를 갖도록 권했다. 이때 버트의 말을 주의 깊게 듣고 자세도 공손히 취하도록 앨리슨에게 환기시켰다. 버트의 말에 동의한다거나 반대한다거나 하는 의사 표시는 하지 않도록 했다. 앨리슨의 역할은 버트의 말과 감정에 집중한 후 이를 정확히 요약하는 일이라고 알려주었다.

버트는 자기도 앨리슨과 마찬가지로 외롭고 답답하며, 그래서 더욱 더 가까워지고 싶다고 말했다. 앨리슨에게 얘기해줄 생각이나 감정이 많다고도 했다. 그동안 매일 느낀 것을 말하려고 오랫동안 노력해보았지만 단단한 벽에 갇혀서 꼼짝할 수 없는 것만 같았다고도 했다. 아내는 항상 자신더러 마음을 열라고 요구하지만 막상 감정을 털어놓으려면 비판 받고 무시당하는 느낌이었다는 것이다. 그래서 앨리슨의 진정한 뜻이 무엇인지 혼동스러웠기 때문에 불안하고 혼란해서 자기 마음을 열기가 어려웠다고 했다. 그 자리에서 감정을 털어놓으려고 마음먹다가도 핀잔만 들을 것 같아 두려웠다고도 했다.

버트가 이렇게 말하는 동안 앨리슨은 얼굴을 찌푸리기 시작했다. 눈빛이 어두워지고 머리를 앞뒤로 흔들곤 했다. 그리고 갑자기 벌떡 일어나더니 몸을 앞으로 기울여 손가락을 버트의 코 앞에 들이대며 고함을 질렀다. "무슨 낯짝으로 그렇게 바보 같은 말을 지껄이는 거야! 다 거짓말이야! 입 닥쳐! 멍청이, 참을 수 없어!" 그리고는 불쑥 상담실을 나가며 문을 쾅 닫았다.

나는 어이가 없었다. 상담실 문을 열고 밖을 살피니 앨리슨이 팔짱을 딱 낀 채 대기석에 앉아 있었다. 나는 앨리슨에게 다시 들어오겠느냐고 물었다. 치료 상담을 계속하여 방금 일어난 일을 평가하고 앨리슨의 감정을 정리하자고 했다. 앨리슨은 딱 잘라 거절했다. 나는 남은 시간 동안 버트와 둘이서만 상담을 진행했지만 영 어색했다.

다음 주가 되자 앨리슨이 홀로 왔다. 앨리슨은 부부 상담이 예상대로 시간낭비에 불과했다고 말했다. 지난 회기 때 나한테 충분히 도움을 받았을 텐데도 버트는 한 주 내내 감정을 전혀 드러내지 않더라는 것이다. 그러니 지금까지 버트가 구제불능이라는 주장이라고 내게 말했던 것이 다 사실로 드러나지 않았느냐고도 했다. 그리고 앞으로 내게 치료 받으러 올 생각이 있긴 한데, 조건이 하나 있다고 했다. 즉 다시는 버트를 치료 회기에 참석시키지 말라는 것이었다.

나는 버트가 감정을 드러내지 않는 것과 앨리슨 자신의 행동 사이에 어떤 관계가 있는 것은 아니냐고 앨리슨에게 물었다. 앨리슨은 내 말이 끝나기도 전에 가로채며 경고의 말을 날렸다. "자꾸 그 얘기를 하면 오늘이 마지막 상담이 될 거예요. 이전 치료사 세 사람도 제가 잘랐거든요. 결혼생활에 문제를 일으키는 원인이 바로 저라는 식으로 엉뚱하게 암시를 해서 말이죠."

자기를 괴롭히는 문제의 원인이 바로 자기라는 사실을 앨리슨은 모르는 듯했다. 만일 남편이 감정을 절대로 드러내지 않도록 하는 행동 개선 프로그램을 설계한다면 아마 최고의 수준으로 만들어내고도 남았을 것이다. 남편이 감정을 드러내려 할 때마다 매번 벌을 가하는 일을 앨리슨은 수십 년 동안 되풀이한 것이다. 이런 행동이 어떤 영향을 미치는지는 명명백백했다.

그러면서도 앨리슨은 자신이 혹시 문제의 원인이 아닐까 확인해볼 생각은 전혀 없었다. 이런 주제는 철저히 제외해달라고 못박을 정도였다. 아마도 자기 확인의 고통이 견딜 수 없을 정도로 컸기 때문일지 모른다.

앨리슨에 대해 불쾌함을 느끼는 독자도 있을 테지만, 아직 돌을 던질 때는 아니다. 타인과 불편한 관계에 있을 때 우리 모두 이런 행동을 하게 마련이다. 이런 사실을 시인하는 일은 아주 고통스럽다. 나도 남과 다툼이 있을 때 혹시 내가 갈등의 원인이 아닌지 밝히기를 아주 꺼린다. 이 문제가 상대방 탓이라고 먼저 확신하기 때문이다. 그러다가 문제를 일으킨 사람이 바로 나라는 점이 드러나면, 정말로 당황스럽고 수치스럽다.

시간이 흐름에 따라 다음과 같은 사실이 점점 명백해진다. 인간관계로 힘겨워하는 사람들에게 관계 개선을 위한 온갖 요령을 제시할 수는 있지만, 친밀하고 가까운 관계를 이루려는 동기를 스스로 강하게 품지 않는 한 전혀 소용이 없다는 것이다. 대부분의 적대감이나 갈등은 요령이 서툴러서가 아니라 강력한 동기가 없기 때문에 생긴다. 결핍 이론은 이론상으로는 그럴 듯하지만 실제 세계에서는 별무신통이다.

인간관계를 치료하는
기본 원리

------------------------------------● 내가 개발한 인지적 인간관계 치료법CIT(Cognitive Interpersonal Therapy)은 종래의 요법과는 근본적으로 다른 접근법을 취한다. 이 치료법은 간단하면서도 강력한 세 가지 생각을 바탕으로 한다.

1 힘겨운 인간관계 문제를 일으키고 지속시키는 데에는 언제나 우리 각자의 몫이 있다. 그러나 우리는 이를 깨닫지 못하고, 자신이 희생자이며 문제가 모두 남의 잘못 때문에 일어난다고 자신에게 주입한다.

2 자기도 갈등을 일으키는데 한몫을 한다는 것을 우리는 부인한다. 자기 성찰이 충격적이며 고통스러울 뿐 아니라, 힘겨워하는 문제 그 자체로부터도 암암리의 보상을 얻기 때문이다. 못된 역할은 어두운 곳에서 행하려고 한다. 결백한 외면을 유지하기 위해서다.

위의 두 가지 원리는 부정적인 내용을 담고 있다고 할 수 있지만, 세 번째 원리는 훨씬 긍정적인 내용을 담고 있다.

3 불편한 인간관계를 변화시킬 수 있는 우리의 힘은 생각보다 훨씬 강력하다. 물론 전제가 있다. 문제를 남 탓으로 돌리는 대신 우리 자신을 변화시키는 데 초점을 둘 경우에 그러하다는 것이다. 치유 과정은 생각보다 훨씬 빠르게 이루어진다. 오랜 쓰라림과 불신도 실제로는 순식간에 역전시킬 수 있다. 그렇지만 이러한 기적을 경험하려면 열심히 노력해야 한다. 그리고 어느 정도의 고통을 기꺼이 감수하겠다는 의지가 요구된다.

이제 인지적 인간관계 치료법이 어떻게 진행되는지 알아보자. 우선 관계가 불편한 한 사람을 정해 그려보도록 한다. 상대가 배우자든 동업자든 중요하지 않다. 친구, 이웃, 동료 혹은 고객 등 상대방이 누구라도 상관없다. 이 과정은 우리가 배워야 할 아주 중요한 부분이므로, 상대방이 어떤 사람인지 우선 생각해보는 것에서 시작하도록 권한다.

해결책을 찾는 과정에서 우리는 인지적 인간관계 치료를 구체적이고 실제적인 방식으로 알게 될 것이다. 이를 위해서는 머릿속이 아니라 종이 위에 기록해야 한다. 이런 훈련을 통해 우리는 해결책은 물론 문제의 정확한 원인이 무엇인지 이해할 수 있다. 제시된 내용을 단순히 읽기만 하는 것보다 이런 실제 훈련을 밟아 나간다면 인지적 인간관계 치료법에 대한 이해가 한층 깊어지고 튼튼해질 것이다. 그렇지만 경고해둘 것이 있다. 이 과정에서 자신의 노력이 필요하며, 그 과정은 이따금 힘겨우리라는 점이다. 물론 우리의 최종 목표는 고통이 아니라 기쁨과 친밀한 관계를 얻는 것이다.

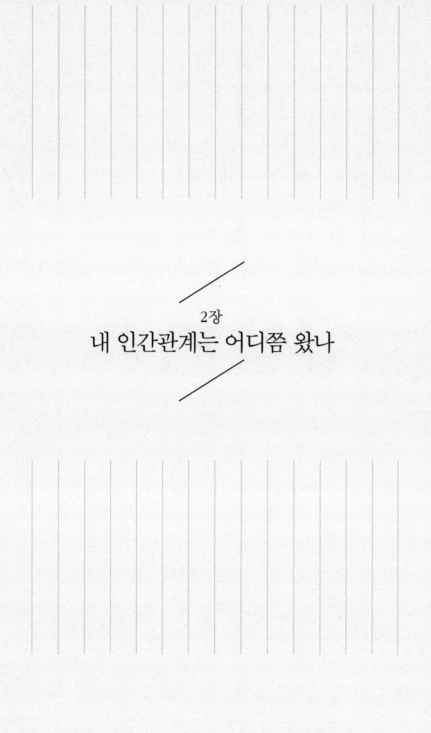

2장
내 인간관계는 어디쯤 왔나

인간관계에서 유일하게 의미가 있는 질문은 이것이다.
"두 사람 사이의 문제가 상대방 탓이라고 생각합니까?"

내 인간관계는 몇 점일까

05

잘 아는 사이 중에 한 사람을 선택해보자. 배우자, 어머니, 여자 형제, 혹은 직장 상사 등 누구라도 좋다. 이 사람에 대해서 다음에 나오는 관계 만족도 측정표$^{\text{RSAT(Relationship Satisfaction Test)}}$를 완성한다. 이 측정표는 어떤 인간관계에 대한 만족 혹은 불만 정도를 일곱 가지 영역에 걸쳐 측정한다. 이 표를 완성하는 데는 1분도 채 걸리지 않는다.

이 표의 일곱 가지 질문 항목에 모두 답을 한 다음, 표 아래칸에 총점을 계산하여 넣는다. 총점은 0점(일곱 항목에 모두 '아주 불만족'이라고 답했을 경우)에서 42점(일곱 항목에 모두 '아주 만족'이라고 답했을 경우)까지 나올 수 있다.

함께 제시된 만족도 분포표는 자신의 점수가 어떤 상태인지를 보여준다. 낮은 점수는 상대에 대해 불편함을 느낀다는 뜻이며 높은 점수는 이 관계에 만족함을 뜻한다. 가령 총점 39점은 아주 만족스럽다는 의미가 되고, 42점이라면 관계 만족도가 최고임을 나타낸다.

내 환자들 중 상당수는 이 측정표에서 낮은 점수를 기록했다. 총점 20점 이하는 보통의 관계, 10점 이하는 비참함과 불행을 느끼는 관계라고 할 수 있다. 나는 심지어 총점 0을 기록한 분들도 적잖이 보았다. 한 가지 희소식은 총점을 올릴 수 있는 여지가 매우 많다는 것이다.

관계 만족도 측정표(RSAT)							
일러두기: 이 관계에 대해 만족 혹은 불만은 느끼는지 표시하십시오. 모든 항목에 답해야 합니다.	0점 아주 불만스 럽다	1점 꽤 불 만스럽 다	2점 약간 불만스 럽다	3점 보통이 다	4점 약간 만족스 럽다	5점 꽤 만 족스럽 다	6점 아주 만족스 럽다
1. 대화와 마음 터놓기의 정도							
2. 갈등과 논쟁의 해결							
3. 애정과 관심의 정도							
4. 친밀한 정도							
5. 이 관계에서 내 역할에 대한 만족 정도							
6. 이 관계에서 상대방의 역할에 대한 만족 정도							
7. 전체적인 만족도							
날짜:					총점		

만족도 분포표(Scoring Key for the RSAT)

총점	만족도	인간관계에서 불편함을 느끼는 사람들 중 측정자보다 더 만족을 느끼는 비율	인관관계가 성공적인 사람들 중 측정자보다 더 만족을 느끼는 비율
0~10	극히 불만스럽다	76%	100%
11~20	아주 불만스럽다	35%	95%
21~25	꽤 불만스럽다	25%	90%
26~30	약간 불만스럽다	15%	75%
31~35	약간 만족한다	5%	50%
36~40	꽤 만족한다	1%	10%
41~42	아주 만족한다	⟨1%	⟨1%

　자신의 측정 결과를 다른 사람과 비교하고 싶을 수도 있다. 가령 배우자와의 관계를 측정했다면, 자신의 결혼생활 만족도가 평균 이하인지, 평균에 가까운지, 평균보다 더 좋은지 궁금할 것이다. 나는 지금까지 미국인 1,200명을 대상으로 자신의 인간관계를 어떻게 평가하는지 다음과 같은 세 가지 경우를 제시하여 측정한 바 있다.

■ 대체로 좋다.
■ 문제는 있지만 전문가의 도움을 필요로 할 정도는 아니다.
■ 문제가 있을 뿐 아니라 전문가의 도움이 필요하다.

위 두 번째의 만족도 분포표를 이용하면 자신의 관계 만족도가 다른 사람 즉 성공적인 인간관계를 누리는 사람이나 불편한 인간관계에 빠진 사람들에 비해 어떤지를 비교해볼 수 있다.

가령 총점이 5라면, 결혼생활이 극히 불만스럽다는 것을 의미한다. 이 표에 따르면 성공적인 인간관계를 유지하는 사람의 100퍼센트가 이 사람(총점 5점)보다 높은 점수를 기록한다. 또 인간관계에 문제를 겪는 사람의 75퍼센트도 이 사람보다는 총점이 높다는 것을 알려준다. 즉 이 사람은 대부분의 사람보다 불만스러운 상태다. 점수가 낮은 것은 우려할 만한 상태지만 그렇다고 해서 이 인간관계가 처음부터 잘못되었다고 할 정도로 암담한 것은 아니다. 다만 현재의 만족도가 극히 낮으며 인간관계의 욕구도 충족되지 못함을 의미할 따름이다.

이번에는 총점 34점을 기록한 분이 있다고 하자. 이 점수는 약간 만족한다는 뜻이다. 이 표에 따르면 인간관계에 문제를 겪는 사람 중에서 이 사람보다 높은 점수를 기록한 비율은 불과 5퍼센트에 지나지 않는다. 그렇지만 인간관계가 성공적인 사람 중에서 34점보다 높은 점수를 보인 사람이 50퍼센트가 됨도 알 수 있다. 그러니까 34점이면 전체 집단의 평균에 불과한 것이다. 이 사람은 앞으로 관계를 개선해야 하지만, 아주 크게 변화시켜야 한다기보다는 결혼생활에 좀더 활기를 불어넣자는 정도면 충분할 것이다.

관계 만족도 측정표는 두 사람 중 어느 쪽이 잘못인지는 말해주지 않는다. 다만 자신의 만족이나 불만 상태가 어느 정도인지만 알 수 있을 뿐이다. 또 이 관계가 본질적으로 '좋은 관계'인지 혹은 '나쁜 관계'인지 말해주지도 않는다. 인간관계의 질적 상태는 어떤 경우이든 철저히 개인적이고 주관적이다. 자신이 맺는 관계가 욕구를 충족하는지는 스스로 판단해야 한다.

이제 각자 측정한 결과를 살펴보자. 어떤 사람은 32점(어느 정도 만족스럽다) 정도면 좋다고 생각한다. 반대로 어떤 사람은 41점(아주 만족스럽다)을 기록하고도 관계를 더 깊고 가깝게 유지하고 싶어할 것이다. 이것도 좋다. 더 나은 관계를 맺기 위해 할 수 있는 일이 많기 때문이다. 그러니까 목표나 기대치에 따라 달라지는 것이다.

관계 만족도 측정표는 사이비 심리학 문제풀이가 아니다. 이를 이용한 연구가 여러 학술지에 발표되었고 높은 수준의 연구 기법으로 이용될 만큼 유효함이 인정되었다(Burns, D.D., Sayers, S.S., & Moras, K(1994), 친밀한 관계와 우울증: 인과관계가 있는가, 〈심리상담과 치료〉, 62(5), 1033-1042 참조). 실제로 이것은 지금까지 개발된 인간관계 측정 척도 중 가장 정확하다고 단언할 수 있다.

여러 연구에 의하면 인간관계 만족도 측정표는 관계 만족도를 97퍼센트 정확도로 측정해준다. 이것은 총점이 오차 비율 3퍼센트 내의 정확도를 가진다는 뜻이다. 친밀도나 관계 만족도는 본래 주관적인 것인데도 이렇게 정확하게 측정할 수 있다니 믿기 어려울 정도다. 이는 아마 우리가 자신의 감정에 대해 잘 알기 때문일 것이다. 어떤 사람이 느끼는 인간관계의 질적 상태나 만족 불만족 정도를, 다른 사람들은, 설사 전문가라 하더라도 판단하지 못한다. 반면에 누구나 대부분 어느 때든 자기 자신의 감정 상태를 잘 안다.

평가 대상이 가까운 사람, 가령 남편일 경우, 남편에게도 똑같이 측정해보라고 권할 수 있다. 이때 남편이 느끼는 관계 만족도가 어느 정도인지도 알 수 있게 된다. 그런데 그 결과는 생각지 않은 것일 수도 있다. 최근에 나는 대니라는 남자에게 이 측정표를 사용하여 결혼생활을 평가하도록 했다. 대니는 우울증을 앓았는데, 측정된 총점은 42점이었다. 이것은 결혼생활이 완벽하다고 느낌을 뜻한다. 그런데 이 측정표에서 만점이 나오는 일이 드물기 때문에 나는 그의 부인도 같은 정도로 만족하느냐고 물었다. 그는 아내도 정확히 똑같이 만족하며 두 사람 관계는 말할 나위 없이 좋다고 했다. 나는 이 측정표를 한 장 복사하여 돌아가서 부인도 측정해보라고 권했다. 그는 흐뭇한 마음으로 동의했다.

한 주 뒤 치료 회기 때에 대니는 아내의 측정 결과표를 가지고 왔다. 아내가 매긴 총점은 0점이었다! 최악의 결과였다. 그의 부인이 모든 항목마다 아주 불만스럽다고 답한 것이다.

이윽고 나는 대니의 부인도 심각한 우울증을 앓고 있음을 알게 되었다. 이것은 대니에게 또 하나의 충격이었다. 아내가 더 바랄 나위 없이 만족할 줄 알았기 때문이다. 그는 아내를 치료에 참여시키기로 결심했다. 이런 과단성 덕택에 두 사람 모두 도움을 얻을 수 있었다.

대니 부부처럼 결혼 만족도가 이처럼 극과 극인 것은 보기 드물다고 생각할 수도 있다. 그러나 그렇지 않다. 내가 연구한 바에 따르면 남편과 아내의 감정 상태가 이처럼 불일치하는 경우는 흔하다. 특히 관계에 문제가 있을 경우 더욱 그러하다. 문제가 심각할수록 두 사람 사이의 만족도 차이는 더 벌어지는 경향이 있다. 문제가 최악의 상태에 있을 때에는 남편과 아내의 만족도 평가가 서로 아무 상관관계를 보이지 않는다. 두 사람의 관계가 전혀 들어맞지 않는 것이다. 남편의 평가만 높기도 하고, 아내의 평가만 높기도 하다. 두 사람이 서로 다른 세상에서 사는 셈이다. 반대로 행복하고 성공적인 인간관계를 유지할 경우, 두 사람의 관계 만족도는 거의 같다. 두 사람의 감정이 잘 어울리는 상태라는 뜻이다.

대니처럼 아내의 감정 상태를 오판하는 경우를 보고 우리는 놀라운 사실을 알 수 있다. 즉 타인(아끼는 사람을 포함하여)의 감정에 대해 우리는 종종 아무 근거 없이 판단할 뿐 아니라 그러한 잘못을 깨닫지 못한다는 사실이다. 이 문제의 해결책에 대해서는 공감을 논하는 부분에서 다루기로 한다.

점수가 낮은 분에 대해서 나는 경고를 하기보다는 약간의 자극만 주려 한다. 인간관계는 마음속으로만 바라거나 상대의 변화를 기다리기만 해서는 바뀌지 않는다. 관계가 결국 어떻게 판가름 날지는 자신에게 달려 있다. 불편한 관계를 개선하겠다는 의지가 강한 분에게는 나도 해결의 길을 제시할 수 있다.

관계 문제가 어느 정도일 때 전문가를 찾아야 할까? 또 자신의 노력만으로 해결할 수 있는 경우는 어느 경우일까? 몹시 삐걱거리는 인간관계일 경우는 전문가의 도움을 받아야 한다. 치료사는 관계가 개선될 가망이 있을지 혹은 차라리 관계를 끊는 것이 나을지 결론을 내리도록 도울 수 있다. 상대방이 학대를 일삼거나 폭력을 휘두를 때, 범죄, 약물 중독, 알콜 중독에 빠졌을 때에는 전문적 치료가 필요하다. 다음과 같은 경우가 그러하다.

■ 약물이나 알코올 중독에 빠졌을 때

- 심각한 우울증세, 좌절, 자살 충동을 느낄 때
- 폭력적인 환상이나 충동을 느낄 때, 혹은 자제력을 잃고 남을 해칠 때
- 이 책에서 제시한 개선 기법을 혼자 사용해보았으나 성공하지 못했을 때

남을 대하는 방식을 바꾸고자 할 때, 자신이 실제로 상대방을 어떻게 대하는지 판단하기 어려운 경우가 가끔 있다. 이럴 경우 자신이 아끼고 신뢰하는 사람에게 객관적인 평가를 받는 것이 아주 중요하다.

이 책을 읽는 동안 자신의 개선 상태를 확인하고 싶다면 인간관계 만족도 측정표를 이용해서 평가를 하면 된다. 나는 일주일에 한 번 정도는 평가해보라고 권한다. 같은 사람과의 관계에 대해 만족도 측정을 거듭해보면 총점의 변화를 통해서 관계가 개선되는 상태를 확인할 수 있다.

불편한 관계에 대처하는
세 가지 대안

06

불편한 관계에 있는 사람을 머릿속에 한 사람을 떠올려 보자. 이 사람과 싸움이나 논쟁을 벌일 때 이런 광경이 벌어지지 않을까?

- 남편은 내가 하는 일마다 트집 잡기 일쑤다.
- 아내는 화가 나면 입을 꾹 다물고는 아무 대꾸도 하지 않는다.
- 아들 녀석이 입이 뾰로통해져서 문을 쾅 닫아버리고는 아무렇지 도 않다고 우긴다.
- 딸이 "엄마 아빠는 나를 사랑하지 않아"라고 말한다. 부모 마음 을 이렇게 몰라주다니.
- 툴툴거리고 불평만 늘어놓는 친구. 충고를 해도 귀담아듣지를 않는다.
- 제일 어려운 고객. 아무리 설명을 해도 따지기만 한다.

위와 같은 인간관계는 정말로 괴롭기 짝이 없다. 남과 다투는 관계일 때 우리가 취할 대안은 세 가지가 있다. 첫째, 현상 유지. 둘째, 관계 끊기. 셋째, 관계를 개선하기. 어떤 대안이 제일 마음에 드는가? 다음 단계로 나아가기 전에 먼저 이 물음에 대답해야 한다. 책장을 더 넘기기 전에 잠시 생각해보자.

1. 현상 유지

믿거나 말거나, 첫 번째 대안 즉 현상 유지가 가장 많이 선택된다. 대부분의 사람들은 불편한 관계에 빠져 있으면서도 아무 해결책을 도모할 의지를 보이지 않는다. 자신이 무엇을 원하는지 알지 못해서 잠시 시간이나 벌어두려는 것일 수도 있다. 가령 결혼생활이 순탄치 않지만 이혼은 끔찍하고 무섭고 수치스러워서 관계를 개선할 마음이 내키지 않는 경우가 그러하다. 그동안 노력을 하긴 했지만 아무것도 나아진 것이 없다면서 배우자가 구제불능이라고 결론을 내려버렸기 때문일 수도 있다. 아니면 왜 자기만 온갖 노력을 다 해야 하는지 불공평하다고 느껴서 그러할 수도 있다. 혹은 현재 상태를 참는 것보다 관계를 끊는 것이 더 비용을 소모한다고 생각하고, 나쁜 부부 관계라도 그런 관계가 전혀 없는 것보다는 낫다고 자신에게 주입할 수도 있다. 그리하여 물 위를 걷는 것처럼 위태로운 상태를 그대로 견디기로 마음 먹고는 앞으로 무슨 일이 일어날지 지켜나 보자는 심정이다.

2. 관계 끊기

관계 끊기 즉 두 번째 대안도 많은 사람들이 선택한다. 모든 사람과 좋은 관계를 유지하도록 노력해야 한다는 규범이 없기는 하다. 나도 특별히 좋아하거나 믿지 않는 사람이 몇은 있고, 이들과 가까이 지낼 마음이 들지 않는다. 누가 내게 "데이비드, 관계를 개선하려면 이러저러한 일을 하면 되네"라고 말한다고 했을 때, 나도 전혀 흥미가 없다고 대답할 수도 있다. 어떤 종류의 사람들과는 가깝고 애정 있는 관계를 맺으려 애쓰는 것이 큰 잘못일 수 있다. 폭력을 휘두르는 사람, 무례한 사람, 알콜 중독자, 마약 중독자, 지독한 자기중심주의자, 정신병자가 그런 사람들이다.

3. 관계 개선하기

세 번째 대안, 즉 관계 개선하기를 선택한 분이 있다면, 나는 이분과 함께 노력할 생각에 벌써부터 설렌다. 다만 우선 한 가지 질문을 새로 던지려 한다. 어떻게 관계를 개선할 것인가? 이에 대한 대답은 대략 다음과 같을 것이다.

- 상대방이 변하기를 기다린다.
- 불편한 상대방을 변화시키려 노력한다.
- 자기 자신을 변화시키는 일에 집중한다.

많은 사람들은 상대방이 변화하기를 내내 기다린다. 이 방안을 선택한 사람이라면 제법 오래 기다려야 할 것이다. 배우며 원숙해질 능력은 누구에게나 있지만, 따뜻하고 개방적인 사람으로 변화하기까지는 하세월일 수 있다. 그런 일이 영원히 일어나지 않을 수도 있다. 누군가 변화하기를 기다린다는 것은 본질적으로는 현상 유지를 선택한 것과 다를 바 없다.

많은 사람들이 좌절하는 것이 바로 이 때문이다. 또 바로 그래서 상대방을 변화시키려 한다. 가령 남편이 마음을 꼭 닫고 감정을 표현하지도 않을 때, 아내는 남자들도 감정이 있다고 말하며 사랑하는 사이라면 서로 대화를 나누는 것이 중요하지 않느냐고 지적을 한다. 혹은 직장 동료가 입만 열면 비판을 해 올 때, 우리는 그 사람의 말 중에 잘못된 점을 꼭 짚어내서 자기 생각을 설명하려 애를 쓴다. 그렇게 하면 상대방이 자기 생각을 잘 이해해줄 것이라고 기대하면서 말이다. 또 우울증을 앓는 친구가 매사에 불평을 늘어놓고 사사건건 부정적인 태도를 보여줄 경우, 매사를 긍정적으로 보고 힘을 내자며 격려해주기도 한다. 혹은 마이동풍인 아내에 넌더리가 난 끝에 "내 생각 내 감정도 그만큼 중요해"라고 힘주어 말하는 남편도 있다. 자기를 이용해 먹는 친구에게 앞으로는 그렇게 자기중심적인 행동을 가만 놔두지 않겠다고 못 박는 사람도 있다.

이런 전략이 과연 얼마나 효과가 있을까? 답은 아마 분명할 것이다. 불편한 관계에 있는 상대방을 변화시키겠다고 나설 경우 상대방은 그 자리에 못 박힌 듯 오히려 저항하게 마련이다. 인간 본성이 바로 이러하다. 심지어 상대방을 변화시키려는 노력이 오히려 상대방을 현재 상태 그대로 유지하도록 압박하는 것일 수도 있다. 따라서 상대방을 변화시키겠다는 노력은 결국 현상 유지를 선택하는 것과 다를 바 없다.

사랑과 만족을 주는 관계를 만들어나가려면 근본적으로 다른 방식으로 문제에 접근해야 한다. 즉 자기 자신을 변화시키는 데에만 초점을 맞추어야 한다. 이러기 위해서는 용기가 필요하다. 이 접근법은 고통스럽겠지만 놀라운 결과를 가져다준다. 이제 친밀한 관계를 맺겠다는 결심이 얼마나 확고한지 확인해보자.

친밀한 관계에는
대가가 따른다

07

불편한 상대가 있다면 그 사람을 떠올리며 스스로 물어보자. 스스로 생각하기에, 자신과 상대방 둘 중 누가 더 욕을 먹어야 할까? 누가 더 못된 사람일까? 자기 자신일까 아니면 상대방일까? 이 책을 더 읽어 나가기 전에 정말로 마음에서 우러나는 대답을 해보자. 이 문제에 대해 자신이 정말로 어떻게 느끼는지 털어놓아 보자.

여느 사람과 다르지 않은 분이라면, 아마 상대방이 욕을 먹어야 한다고 굳게 믿을 것이다. 나는 내가 운영하는 '친밀한 관계 만들기 훈련'에서 이 질문을 던졌는데, 참석자 중 90퍼센트가 상대방의 잘못이라는 쪽에 손을 들었다.

많은 사람들이 이렇게 느낀다고 해서 그리 놀랄 일이 아니다. 인간관계에서 문제가 생길 때 상대방을 비난할 그럴 듯한 이유는 많은 법이다. 다음에 나오는 '남 탓하기의 손실-이득 분석표'에서 이를 구체적으로 살펴보기로 한다.

관계가 불편한 한 사람을 떠올려보자. 그리고 이 사람의 잘못 때문이라고 했을 때 얻어지는 이득을 표의 왼편에 기입한다. 예를 들면 다음과 같다.

- 아마도 상대방이 못되게 행동하는 것이므로 자신은 떳떳하다고 자인할 수 있다. 진실은 내 편이다.
- 상대방을 얕볼 수 있다.
- 도덕적 우월감을 느낄 수 있다.
- 죄책감을 느낄 필요가 없고, 자기한테도 문제가 있는지 따질 필요도 없다.
- 희생자 역할을 하며 자신을 가엾게 여겨줄 수 있다.
- 변화할 필요가 없다.
- 상대방에게 복수해도 된다. 그런 값을 치러 마땅하니까.
- 화를 터뜨려도 된다. 화가 자기에게 힘을 주니까.
- 죄책감이나 수치심을 느끼지 않아도 된다.
- 상대방이 얼마나 구제불능인지 뒷말을 퍼뜨리며 친구들에게 동정을 얻을 수 있다.

분명히 이 외에도 더 많은 이득을 찾아낼 수 있을 것이다. 이제 남 탓하기의 좋은 점을 다음 표의 왼쪽 칸에 모두 적어보자. 그냥 머릿속에 떠올리기보다는 꼭 이 표 안에 써보길 권한다. 빈칸을 채웠으

남 탓하기의 좋은 점	남 탓하기의 나쁜 점

면, 이번에는 남 탓하기가 가져올 손실을 생각해보자.

- 그래봤자 아무것도 달라지지 않으니 속상하고 화만 난다.
- 상대방은 내게 부당한 취급을 당했다고 생각하며 모든 것이 이쪽 잘못이라고 주장할 것이다.
- 갈등이 더 악화되어 힘겹게 될 것이다.
- 상대방과 가까워질 수 없다.
- 정신적으로 혹은 정서적으로 성장할 수 없다.
- 투덜대기만 하는 모습을 반길 사람이 없다.
- 갈등에 대책 없이 허우적대므로 아무런 기쁨이나 친밀감을 누릴 수 없다.

이 외에도 분명히 여러 가지가 더 있을 것이다. 잠깐이라도 짬을 내서 위 표의 오른쪽 칸에 '남 탓하기의 나쁜 점'을 적어보자.

이렇게 해서 남 탓하기의 좋은 점과 나쁜 점을 정리했으면 100점을 기준으로 다음과 같이 비교해본다. 즉 둘 중 더 낫다고 느껴지는 쪽을 정한 후 표 아래쪽의 두 원에 그 정도에 따라 각각 점수를 넣는 것이다. 가령 남 탓하기의 좋은 점이 상당히 더 크다고 여겨진다면 왼쪽 원 안에는 70점을, 오른쪽 원 안에는 30점을 쓴다. 좋은 점과 나쁜 점이 서로 비슷하다고 생각된다면 각각 50점씩을 줄 수 있다. 나쁜 점이 약간 더 있다고 생각될 경우는 왼쪽에 45점을, 오른쪽에 55점을 부여하면 된다. 점수를 어떻게 나눌 것인가는 당사자의 몫이다.

남 탓하기의 좋은 점과 나쁜 점을 비교할 때, 목록 작성 하나하나에 지나치게 집착하기보다는 전체적으로 어떤 느낌이 드는가에 주목하도록 한다. 자신이 적은 목록을 살펴보고 좋은 점과 나쁜 점 어느 쪽을 더 중요하게 느끼는지 스스로 생각해보면 된다. 어느 항목 수가 더 많은지가 꼭 중요한 것은 아니다. 나쁜 점 여러 가지보다 좋은 점 한 가지가 더 중요하게 여겨질 수도 있으며, 그 반대의 경우도 있다. 이제 위 표의 두 원 안에 양쪽 점수를 넣어보자.

어느 쪽이 더 크게 평가되어 나왔는가? 좋은 점에 더 큰 점수를 준 분들에게 별로 달갑지 않을 소식이 있다. 즉 이런 관계에 대해서는 아마도 도와드리기 어렵겠다는 것이다. 남 탓은 아주 강력한 저항 요소이므로 나도 돕기 어렵다. 남 탓은 핵폭탄에 비견할 만큼 강력해서 그 앞길을 방해하는 모든 것을 산산이 부숴버린다. 내가 알기로, 자신의 겪는 인간관계 문제를 상대방 탓으로 돌리는 사람들을 도울 수 있는 강력한 기법은 아직까지 없다. 그러나 이런 분에게 이 책을 덮으라고 권하려는 것은 아니다. 다만 다른 관계, 즉 자신이 좀더 중요하게 여기는 사람과의 관계에 집중하는 것이 낫겠다는 뜻이다.

좋은 점과 나쁜 점이 비슷하게 나왔을 경우도 마찬가지다. 상대방에게 책임의 절반을 지라고 요구하는 것은 아주 합리적이고 형평을 고려한 접근법처럼 들리지만, 현실 세계에서도 잘 통하지 않는다. 관계를 개선하려 한다면 문제의 원인이 자신에게 있는 것은 아닌지 돌이켜보는 데 집중하고 스스로 변화하는 데에만 전적으로 힘써야 한다. 남이 제 몫을 다해주길 기다리고만 있는 것은 결국 자기 자신을 묶어버리는 꼴이다.

친밀한 관계를 형성하는 열쇠

몇 년 전 나는 어떤 태도가 결혼 생활의 행복과 불행을 좌우하는지를 밝히기 위한 연구를 여러 편 연속해서 수행했다. 조사 대상으로는 학력, 인종, 종교, 사회경제적 지위가 다른 남녀 1,200명을 두루 포함시켰다. 치료를 받던 사람뿐 아니라, 내 강연에 참석했다가 자원봉사로서 조사 대상이 되어주겠다고 나선 분들도 있었다. 이성 커플뿐 아니라 동성 커플들도 포함되었는데, 결혼 중인 경우는 물론 별거 혹은 이혼했거나 동거하는 경우도 망라되었다.

조사 대상으로 참여한 사람들은 모두 '관계 만족도 측정표'를 작성했다. 이 중 일부는 몇 달 후 같은 측정표를 다시 작성하도록 해서, 관계가 어떻게 진행되는지 확인해보았다. 3개월 후 어떤 쌍이 애정과 만족도가 깊어지고 어떤 쌍이 여전히 서로 으르렁대는지 예측하기 위한 것이었다. 가정 경제, 성생활, 취미 활동, 여가 생활, 의무적인 일이나 가사의 분담, 육아, 친구 및 친척 관계 등의 처리에 대한 만족도나 불만족도도 설문에 포함시켰는데, 이를 통하여 각 쌍들의 관계를 조감할 수 있었다. 또 상대방에게 얼마나 사랑을 느끼는지, 둘 사이의 관계에 얼마나 충실한지, 죄책감이나 불안, 갑갑함, 우울, 열등감, 좌절감, 분노 등을 느낀다면 어느 정도인지 등도 참여자들에게 물었다.

마지막으로 참여자들은 친밀도 측정표를 작성했다. 다음에 나오는 '갈등을 일으키는 신념들'은 대인 관계 및 자존감에 대한 태도나 신뢰도를 다양한 측면에서 측정한다. 이 표 중 위 두 칸에 제시된 유형 즉 '순종적임'과 '요구가 많음'은 두 사람의 관계에서 자신과 상대방의 역할을 어떻게 설정하는지를 유형별로 제시한 것이다. 그 아래 두 칸에 제시된 유형 즉 '의존적임'과 '무심함'은 자신의 자존감을 어떻게 평가하는지를 제시한다. 많은 사람들은 남의 인정을 받는 것, 사랑 등에서 자존감을 구한다. 반면에 완벽주의자 성향을 보이며 성공에 초점을 맞추는 사람들도 있다.

이 표는 자기파괴적 신념을 구체적인 내용으로 보여준다. 가령 남 탓하기 항목은 "우리 관계의 문제는 모두 상대방 탓이다"라고 서술되어 있다. 참여자들은 각 항목에 제시된 내용이 얼마나 동의하는지 0점(전혀 그렇지 않다), 1점(약간 그렇다), 2점(꽤 그렇다), 3점(상당히 그렇다), 4점(정말 그렇다) 등으로 점수를 매긴다. 이 표를 통하여 참여자들

순종적임	요구가 많음
1. 다른 사람을 만족시켜 주기 언제나 다른 사람을 만족시키기 위해 노력해야한다. 그 과정에서 자기는 비참하게 느껴져도 어쩔 수 없다.	5. 내 기분이 제일 중요함 상대방은 언제나 내가 기대하는 대로 나를 대해야 한다. 나를 기쁘게 하는 것이 상대방의 일이다.
2. 갈등 공포증/ 분노 공포증 서로 사랑하는 사람끼리 싸워서는 안 된다. 화를 내는 것은 위험하다.	6. 정의/공평함 상대방이 내 기대에 미치지 못하면 얼마든지 화를 내고 벌을 줄 수 있다.
3. 나르시시즘적 요구 갈라설 생각이 아니라면 상대방의 비판이나 이견을 묵과하지 못한다.	7. 진실 내가 옳고 상대방이 틀렸으니, 상대방은 내 말을 받아들이는 것이 좋을 걸!
4. 자기 탓하기 우리 관계의 문제는 모두 내 탓이다.	8. 남 탓하기 우리 관계의 문제는 모두 상대방 탓이다.
의존적임	**무심함**
9. 사랑 중독 사랑을 받아야만 행복과 충족감을 느낀다.	13. 실적 중독 내 실적, 지능, 수입이 내 자존감을 결정한다.
10. 퇴짜 맞은 느낌 상대방이 퇴짜를 놓으면 자신이 무가치한 존재로 느껴진다. 혼자 있으면 불행하게 느껴진다.	14. 완벽주의 실수를 해서는 절대로 안 된다. 실수를 한다는 것은 내가 쓸모없는 존재라는 뜻이다.
11. 긍정 중독 상대방에게 인정을 받아야만 행복과 가치감을 느낀다.	15. 완벽주의적 요구 나를 불완전하고 약한 인간으로 여겨서 사랑해주거나 받아들여주지 말라.
12. 독심술 오류 나를 정말 사랑한다면 말하지 않아도 상대방은 내가 무엇을 원하고 내 기분이 어떤지 알아야하는 것 아닌가.	16. 폐쇄공포증 상대방에게 내 속을 털어놓지 못한다. 나만의 진실은 마음속에만 담아야 한다.

의 신념이 어떻게 구성되어 있는지를 알 수 있다.

나는 이렇게 수집된 자료를 분석할 때 다음과 같은 물음에 답하는 것에 초점을 맞추었다.

- 성공적인 결혼생활을 만들어주는 열쇠는 무엇일까? 서로 사랑하고 돕는 관계로 이끄는 특정한 태도가 있을까?
- 불편한 관계를 만들어내는 요인은 무엇일까? 갈등과 비참함을 느끼는 관계로 이끄는 특정한 태도가 있을까?
- 성, 나이, 인종, 결혼 상태, 관계 지속 기간, 종교, 학력, 자녀 수, 사회경제적 지위 등 인구학적 요인은 어느 정도 영향을 미칠까?
- 두 사람의 관계에서 어느 쪽의 태도와 감정이 더 큰 영향을 발휘할까?
- 궁합이 전혀 맞지 않는 남녀 유형이 있다고 할 수 있을까? 어떤 유형의 남녀가 결합해야 서로 사랑하고 돕는 관계가 될까?

동료들과 나는 자료를 분석하기 이전에 미리 여러 가지 예측을 해보았다. 예컨대 요구가 많은 남편과 아주 수동적인 아내의 부부 생활에서는 어떤 일이 일어날까? 서로의 역할이 분명하고 서로 보완하는 셈이니 어쩌면 상당히 잘 지낼 수도 있다. 그렇지만 요구 많은 남편은 행복해하며 만족한 반면에 고분고분한 아내가 항상 남편 비위를 맞춰줄 것이므로 아내는 '주고받기의 불균형' 때문에 갑갑함과 불행을 느낄 수도 있다. 아내는 늘 주기만 하고, 남편은 늘 받기만 하는 것이다. 결국 오래 가지 않아 아내는 남편에게 이용당한다고 느끼고 쓰라린 마음에 시달려 기진맥진할 것이다.

그런데 두 사람의 역할이 바뀌면, 즉 요구만 많은 아내와 고분고분한 남편이 어울리는 경우 어떤 일이 일어날까? 또 남편과 아내 모두 요구만 많은 성격이라면 어떤 일이 일어날까? 나는 이런 조합들에서는 서로 상대방이 자신이 당연히 기대하는 모습과 다르다고 느끼기 때문에 분노는 크고 관계 만족도는 적을 것으로 예측했다. 한편 이와 반대로 나는 '갈등 공포/분노 공포' 측정에서 높은 점수를 기록한 쌍들의 경우는 양쪽 다 다툼과 논쟁을 꺼리게 마련이므로 분노 정도가 낮으리라고 예상했다. 그러면서도 이 유형의 결합에서는 양쪽 다 문제를 터놓고 이야기하기를 두려워할 테니 관계 친밀도가 낮으리라고 보았다.

남편 대 아내의 신념 조합의 경우 수가 워낙 많아서 나는 펜실베이니아대학교 중앙컴퓨터를 이용해서 프로그램을 실행했다. 이 컴퓨터는 우리가 수집한 자료에 제시된 유형에 기초하여 초당 수천 개의 이론을 생성하고 검증해냈다.

그 결과는 어떠했을까? 우선 우리는 인구학적 변수를 조사했다. 그 결과 연령, 남녀, 빈부의 차이에 따른 결과는 거의 보이지 않았다. 학력과 종교도 중요한 요인은 아니었다. 이런 변수들은 당사자들이 행복이나 우울함을 느끼게 하거나 관계에 대한 만족이나 불만을 느끼게 하는 데 거의 아무런 영향을 주지 않았다. 자녀의 유무나 자녀 수, 결혼생활의 기간도 그다지 큰 영향을 미치지 않았다.

한 눈에 믿기 어려울 정도로 전혀 예상 밖인 결과들도 있었다. 남편 대 아내의 신념 조합에 대한 우리의 예측은 단 한 가지도 타당하지 않았던 것이다. 신념의 조합이란 것은 부부관계가 성공적인지 아닌지 하는 문제와는 아무 관련이 없었다. 오히려 각 당사자들의 감정은 상대방의 태도가 아니라 자기 고유의 태도에 전적으로 의존했다.

그렇다면 어떤 태도가 가장 중요한 것일까? 단연 중요한 마음 상태는 '남 탓'이었다. 인간관계에 대해 성내고 화를 터뜨리고 갑갑해하고 불행해하고 아주 불만스러워 하는 사람들은 관계 문제를 상대방(혹은 다른 사람 전체) 탓으로 돌렸다. 뿐만 아니라 이러한 마음 상태를 가진 사람에게 앞으로 어떤 문제가 일어날지도 정확히 예측할 수 있었다. 관계 문제를 상대방 탓으로 돌리는 사람들은 3개월 후 더욱 비참한 상태였다. 이런 집단은 관계가 눈에 띄게 악화되었다. 반면에 관계 문제 해결을 위해 자신의 책임을 전적으로 짊어지려 하고 상대방을 행복하게 해주겠다는 다짐이 뚜렷한 사람들은 연구 초반에 부부관계가 만족스럽고 행복하다고 답했을 뿐 아니라 시간이 갈수록 긍정적인 감정이 강해지는 것으로 나타났다.

처음에 나는 이런 결과에 실망을 느꼈다. 발견된 내용이 너무 단순해서였다. 그때까지 나는 남편과 아내 사이의 반응 유형이 부부관계의 성공과 실패를 좌우한다고 굳게 믿었다. 그런데 연구 결과는 분명히 이런 생각이 타당하지 않음을 말해주었다. 그렇다면 이제 유일하게 문제가 되는 것은 두 사람 사이의 문제가 상대방 탓이라고 생각하느냐다. 그렇다고 대답하는 사람은 아마 힘든 시기를 겪게 될 것이다. 반면에 문제가 있을 때 자기 책임도 돌아보며 상대방을 행복하게 해주어야겠다고 느끼는 사람에게는 보람되고 성공적인 관계를 이루고 있을 가능성, 그리고 앞으로도 계속 성공적인 관계를 이룰 가능성이 매우 높다. 이것이 어떤 인간관계에서도 성공을 이뤄낼 수 있는 진짜 열쇠라고 할 수 있다. 상대방이 배우자든 다른 식구든, 이웃이든, 친구든, 혹은 처음 만난 사람이든 차이는 없다.

이 연구 결과에 나는 처음에는 회의적이었지만 이것이 타당함을 곧 임상을 통해 확인할 수 있었다. 상대방에 대해 불평을 늘어놓고 손가락질하는 사람들은 절대로 상태가 나아지지 않는다는 것을 나는 확인할 수 있었다. 내가 어떤 치료 기법을 동원해도 이들은 논쟁하고 다투기를 그치지 않았다. 반대로 남을 탓하거나 그 사람을 바꿔내려 하는 대신 스스로 변화하는 데 더 집중하는 사람들은 인간관계를 놀랍게 변화시켜냈다. 게다가 대부분의 경우 관계를 변화시키는 데에도 오랜 시간이 걸리지 않았다.

자기 탓이 답일까?

--● 경고의 말부터 드리고자 한다. 남 탓을 그치고 자기 탓을 시작하라는 것일까? 아니다. 주의하라. 자기 탓은 우울증을 유발한다. 남 탓이 문제 해결에 도움이 안 되듯 자기 탓도 문제 해결에 도움이 되지 못한다.

예전에 내가 치료를 맡은 환자 중 힐다라는 여성이 있었다. 힐다는 남편 찰스 때문에 힘겨워 했다. 찰스가 자기를 소원하게 대하며 열정도 친밀함도 전혀 보여주지 않는다는 것이다. 힐다의 말에 따르면 두 사람의 대화는 대부분 피상적이었다. 마치 서로 제대로 모르는 사람끼리 한방에 동거하는 꼴이라는 것이다.

나는 부부 치료 요법을 받으면 서로 터놓고 대화하도록 도움을 얻을 수 있다고 제안했다. 힐다는 머리를 끄덕였고, 남편 찰스도 적극적인 태도를 보여서 치료에 참여했다. 두 사람이 참여한 치료 회기에서 나는 이들의 관계가 놀라운 유형에 속한다는 것을 알았다. 찰스가 약간이라고 부정적이거나 비판적인 말을 꺼내기만 하면 힐다는 격렬하게 흐느꼈다. 눈물을 뚝뚝 흘리면서 힐다는 자기가 아내 노릇을 전혀 하지 못하고 모든 것이 잘못투성이라고 내뱉었다. 그리고 차라리자기가 당장 자살해서 끝장을 내주면 찰스가 편해지지 않겠느냐고까지 했다. 물론 찰스는 이런 말에 기겁을 하고는 즉시 말문을 닫고 사과를 하며 서툴게나마 아내를 달랬다.

힐다는 최악의 상태에 빠진 듯 실제는 대단한 위력으로 남편을 쥐어흔들고 있었다. '자기 탓'이라는 거친 무기로 찰스를 구속복에 묶어버리듯 한 것이다. 힐다의 실제 말은 이런 뜻이었다. "당신이 하는 말을 참고 들을 수가 없어. 내 잘못을 따지는 말을 한 마디라도 하면 대가를 치를 거야!" 힐다가 워낙 불안정한 탓에 나는 부부 치료를 중단하고 힐다와만 개별 치료를 계속했다.

부부 사이의 친밀한 관계를 형성하는 데 가장 큰 장애물은 바로 힐다의 자기 탓 경향이었다. 힐다는 사랑하는 남자와 가까워지기 위해 치러야 할 어려움을 이겨낼 수 없었다. 자기 자신부터 사랑하고 받아들이는 방법을 알지 못했기 때문이다.

다행스럽게도 힐다의 경우는 해피엔딩으로 끝났다. 나는 혹독한 자기비판의 목소리에 어떻게 대꾸를 할 수 있는지 힐다에게 알려주었다. 그러자 힐다는 곧 우울증에서 빠져나와 자존감을 더 튼튼히 키우게 되었다. 이 상태에 이르러 우리는 다시 부부 치료를 시작했고,

그 결과 훨씬 긍정적인 결과를 얻을 수 있었다.

자기 탓은 배우자 탓을 치료하는 처방이 아니다. 다음 표에서 알수 있듯, 자기 탓은 죄의식, 불안, 우울 증세와 자포자기를 불러일으킨다. 자기 탓은 사랑을 낳을 수도 없고, 관계 문제의 쓸모 있는 해결책이 되지도 못한다. '누구 탓'도 하지 않는 개인적 책임감, 이것이바로 친밀한 관계로 이끄는 마음 상태인 것이다.

자기 탓, 남 탓, 개인적 책임감은 서로 다른 영역에 속하는데도 많은 사람들이 이들을 구별하지 못한다. 내 동료인 크리스티나도 그런경우에 속한다. 크리스티나는 마누엘이라는 중증 우울증 환자를 집중 치료하고 있다고 했다. 이 환자는 만성 통증과 마약 중독에 시달렸다. 이 사람은 경계성 성격장애라는 진단도 받았다. 이런 증상의환자들은 아주 까다롭기 때문에 치료가 쉽지 않은 경우도 있다.

어느 날 업무 회의 중에 정신의학과 동료 한 사람이 크리스티나에게 이렇게 말했다.

"당신이 마누엘에게 취하는 치료법은 쓸모가 없어. 그렇게 치료를했는데도 눈곱만큼도 나아지지 않잖아. 그 사람은 신경안정제 하고마약류 처방을 얻으려고 의사를 이용하는 것뿐이야. 게다가 없는 병증을 꾸며서 장애인처럼 의존해서 살려고 한단 말이야."

크리스티나는 황당했지만 입을 꼭 다물었다. 어색한 침묵이 오랫동안 이어졌다. 회의장을 나설 때 크리스티나는 허탈하고 화가 치밀었다. 그런 말을 던진 동료와 마주치지 않으려 했지만 그 손가락질을잊지 못한 채, 자기 탓과 남 탓을 오락가락했다. 자기 탓에 빠지면 스스로 이렇게 생각했다. "나는 아무짝에도 쓸모없어. 치료사로서 실패

	자기 탓	남 탓	개인적 책임감
자기에게 하는 말	자기 자신에 대한 왜곡된 생각이 마음속에 넘쳐난다. "나는 엉터리야. 모든 게 내 잘못이고, 상황은 절망적이야."	타인에 대한 왜곡된 생각이 마음속에 넘친다. "저 자식은 형편없어. 모든 게 저 녀석 잘못이야. 자기 기분이 어떻다고? 말도 안 돼."	객관적이고 편견 없는 생각을 유지한다. 주어진 상황에서 배우고 갈등을 해결하는 쪽으로 한 발 더 나갈 수 있도록 구체적인 실수를 집어내려고 노력한다.
지금 느끼는 감정	죄의식, 수치심, 열등감, 불안, 절망감에 빠져 있다.	분노, 성남, 짜증, 갑갑함, 쓰라림 등을 느낀다.	자기 존중감과 호기심을 느낀다. 건전한 슬픔, 우려, (스스로 못 느끼기도 하지만) 양심의 가책도 섞여 있다.
의사소통 방식	자존심이 흔들리고 비판적인 말을 조금도 참을 수 없어서 뒤로 물러서 있다.	상대방이 잘못이라고, 자기 방어를 위해 말싸움한다.	상대방의 비판을 주의 깊게 듣고 거기에 진실이 담겨 있는지 발견하려고 한다. 자기감정을 털어놓되 요령 있게 하며, 상대방에 대한 존중심을 잃지 않는다.
행동	쉽게 포기한다. 그리고 상대방을 피한다.	상대방을 이기고 앙갚음하기 위해 벽을 쌓고 전투를 벌인다.	상대방을 더 잘 이해하기 위해 적극적으로 관계를 맺는다.
몸짓 언어	허탈하고 방어적이며 낙담하고 기가 꺾여 보인다.	상처받고, 불손하며, 적개심을 보이고 냉소적이고 편견에 빠진 태도를 보인다.	개방적이고 어떤 말도 받아들일 줄 알고, 흥미를 잃지 않고, 존중심과 배려심을 잃지 않는다.
결과	고립감, 우울증, 외로움	싸움, 탓하기, 쓰라림, 말다툼을 그치지 않는다.	친밀감, 믿음, 만족감이 점점 더 해간다.

작이야. 해고되면 어쩌지?" 이런 생각은 무력감, 죄의식, 불안을 불러왔다. 그러다 갑자기 적대적인 태도로 돌변해서 동료를 비난하는 말을 속으로 퍼부었다. "그 자식, 정말 엉터리야. 알지도 못하면서 지껄

이기나 하고 말이야." 이런 생각을 하면 이번에는 원통하고 씁쓸한 감정에 짓눌렸다.

자기 탓과 남 탓 모두 그리 생산적이지 못하다. 자기 탓은 우리를 마비시키고, 허탈하게 만들고, 짓누른다. 남 탓은 다툼의 상대자와 끝도 없는 싸움을 벌이게 한다. 양쪽 모두 인지 왜곡의 모든 경우에 해당하는 부정적 생각이 넘치게 한다. 남 탓과 자기 탓의 유일한 차이라면, 자기 자신을 탓할 때에는 인지 왜곡의 초점이 남이 아니라 자기를 향한다는 정도뿐이다.

나는 크리스티나에게 "나는 쓸모없어, 해고되면 어쩌지?" 하는 생각이 어떤 인지 왜곡에 해당하는지 가려내보라고 권했다. 크리스티나는 자신이 다음과 같은 인지 왜곡에 빠져 있다는 것을 확인하고는 깜짝 놀랐다. 전부 아니면 전무라는 사고, 지나친 일반화, 정신적 여과, 긍정적인 것 깎아내리기, 침소봉대, 감정적 추론, 무의식 속에 숨어 있는 '해야 한다'식 사고, 낙인 찍기, 자기 탓 등. 그리고 '해고되면 어쩌지'라는 생각은 점쟁이 오류에 빠진 것이었다. 동료에 대해 품었던 생각도 같은 경우의 인지 왜곡과 관련되어 있다는 점도 크리스티나는 깨닫게 되었다.

나는 크리스티나에게 부정적 생각을 변화시켜 보도록 권했다. 예를 들어, 자기가 쓸모없는 치료사이며 곧 쫓겨나겠다고 생각했다지만 마누엘 치료에 대한 비판 외에 또 다른 증거가 있는가? 크리스티나는 지금 병원에서 8년을 근무했는데 이번에 들은 비판이 유일한 것이었다고 말했다. 그리고 그동안 환자와 동료들에게서 받은 평가은 최고였다고 했다.

몇몇 환자의 경우 치료가 진전이 없는 경우가 아주 드물지 않으냐고 묻자 크리스티타는 여느 치료사들마다 어려운 환자들 때문에 씨름을 벌이곤 한다고 대답해주었다. 내가 다시 크리스티나에게 여전히 자신이 쓸모없고 해고될 것 같으냐고 묻자, 크리스티나는 자신의 부정적 생각들이 이제 말도 안 되는 것 같고 믿어지지도 않는다고 말했다.

사태를 제대로 파악하는지를 확인하기 위해 나는 크리스티나 마음속 부정적 목소리 역을 맡아서 크리스티나를 불안하고 무능하고 쓸쓸하게 만들어보겠다고 했다. 그리고 크리스티나는 좀더 객관적이고 적극적이고 자기긍정적인 목소리를 맡도록 했다. 이것은 내가 '내면의 목소리 드러내기'라고 부르는 기법으로, 뿌리 깊은 부정적 사고유형을 변화시킬 수 있는, 아주 강력한 방법이다. 우리는 아래와 같은 대화를 나누었다.

데이비드: 크리스티나. 나는 당신을 비참한 느낌에 빠지도록 만드는 머릿속 목소리에요. 나는 지금 당신이 마누엘을 치료한 결과가 전혀 효과도 쓸모도 없다는 생각을 불어넣어주려 해요. 사실 지난 6개월을 허비했잖아요. 그러니까 당신은 엉터리 치료사예요.

크리스티나: 말도 안 돼요. 마누엘은 치료가 효과를 보이지 않았지만 내가 고친 환자도 많아요.

데이비드: 그렇겠죠. 그렇지만 마누엘 환자에 대한 치료법이 전혀 소용이 없다는 얘기가 여러 동료들 앞에서 나왔잖아요. 그래서 당신이 무능해서 해고된다는 소문이 돌고 있어요.

크리스티나: 그것도 말도 안 돼요. 우리 병원에서 나는 지금까지 성과를 많이 올렸어요. 8년 동안 업무 평가도 아주 좋았어요. 게다가 환자가 낫지 않는 경우는 다른 의사들도 마찬가지예요. 그럴 리는 거의 없겠지만, 내가 해고된다고 해도 전화위복이 될 겁니다. 개업하면 두 배로 벌 수 있으니까요!

데이비드: 아, 그럴 수 있네요. 그런데 당신을 비난한 그 의사에 대해서는 화를 낼 만하겠어요. 그 사람 정말 멍청이죠, 어떻게 그런 식으로 말할 수 있는지.

크리스티나: 그 사람이 좀 요령 있게 말했다면 좋았겠지만, 그래도 틀린 말은 아니죠. 마누엘이 나아지지 않았으니까요. 마누엘은 잔꾀가 많고, 증상도 낫지 않고 있어요. 마약류 약물이나 신경안정제 처방을 얻는 데 더 관심이 있어요. 병을 고치려는 것이 아니라 병을 이용하는 것이죠. 나한테 쓴소리를 한 내 동료한테서 혹시 다른 치료법을 알아볼 수 있을지 모르겠네요.

대화가 끝나자마자 크리스티나는 마음이 편안해졌다. 크리스티나의 말에 내가 꼼짝 못하는 바람에 서로 웃음을 터뜨리기도 했다. 크리스티나는 죄의식, 불안, 우울증, 분노 따위가 모조리 사라져버렸다고 했다. 우리는 다음 수순으로서, 지금껏 적대하고 불신하던 관계였던 동료를 찾아 어떻게 협력하고 존중하는 관계를 만들지 의논했다. 이 과정도 우리는 역할극으로 다시 연습했다.

다음 날 크리스티나는 동료를 찾아가 이렇게 말했다.

마누엘 환자에 대한 내 치료가 엉터리라는 말을 그동안 죽 생각해봤어요. 처음에는 심한 말이라고 느껴서 당황했어요. 솔직히 말하면 방어적이 되었고 속도 상했어요. 그러다가 그때 당신이 한 말을 생각해보니, 완전히 옳더라고요. 제 치료가 진전이 없었어요. 마누엘은 의사를 잘 이용하는 환자고, 전혀 개선되지도 않았지요. 이 환자가 왜 그러는지 의심도 돼요. 앞으로 이 환자를 어떻게 치료할 수 있을지 좋은 생각이 있으면 알려줄 수 있겠어요? 피차 같은 처지에 있으니까 저를 도와주실 수 있을 것 같네요.

크리스티나는 이 말을 들은 동료가 감동받은 눈치였다고 했다. 동료는 자기도 환자 치료에 진전이 없는 상태이고, 마누엘에 대해서도 더 좋은 제안을 할 것이 없다고 털어놓았다. 그리고 저번에 심한 말투로 비판해서 미안하다고 사과를 하고는 크리스티나에 대해서는 그동안 줄곧 감탄했다고 했다. 크리스티나의 말에 따르면, 이때 대화 말미에 크리스티나는 새로운 친구이자 동료를 얻은 기분이었다. 이로부터 한 달 여 뒤에 두 사람은 매주 열리는 공동 치료 모임을 함께 주관했다. 이 치료 모임은 이 병원의 역사상 가장 성공적인 프로그램으로 자리 잡았다.

관계일지를
쓰자

08

몇 년 전 나는 볼티모어에서 일반 대중을 상대로 '친밀한 관계 만들기 훈련'을 시행한 적이 있다. 그 지역 병원은 사회 공헌 사업의 일환으로 이 프로그램을 후원했다. 프로그램 초반에 나는 청중에게 편하게 지낼 수 없는 사람을 떠올린 후 문제의 원인을 찾아 좀더 다정하고 만족스러운 관계를 만들어나갈 방법을 모색해보자고 권했다. 그리고 청중 중에 누구든 자기 문제를 얘기해보라고 했다. 한나라는 이름의 여성이 손을 번쩍 들었다. "제게 제일 힘든 사람은 바로 제 남편할인데요, 저를 항상 헐뜯기만 해요. 남자들은 왜 다 그렇죠?"

나는 인간관계 문제를 일으키는 원인에 대해서는 이론이 분분하지만 왜 사람들이 서로 잘 지내지 못하는지(아니, 남자들은 왜 다 그런지!) 학자들도 여전히 알지 못한다고 말했다. 그렇지만 할과 관련된 일 한가지만 실제로 보여주면 여기서 우리가 함께 원인을 찾을 수 있지 않겠느냐고 했다. 할이 한나에게 어떻게 말을 했는지, 그리고 한나가 거기에 정확히 어떻게 대답했는지 사례 딱 하나만 들려달라고 했다. "남편이 상처 주거나 화를 돋운 사례를 하나 기억하실 수 있겠지요?" "그런 일은 숱하죠, 오늘 아침에도 저한테 '당신은 남의 말을 귀담아듣지 않아!'라고 했답니다. 이 말을 제가 35년 동안 들어왔다니까요." 남편한테 이런 말을 들었을 때 어떤 기분이었느냐고 묻자, 한나는 이렇게 말했다. "쓰리고, 화나고, 외롭고, 기가 확 꺾이고, 풀이 죽었죠."

그래서 남편에게 뭐라고 했느냐고 묻자 한나의 답이 이랬다. "아, 그냥 무시해 버렸어요." 이 말을 들은 청중은 폭소를 터뜨렸다. 한나가 깨닫지 못하던 것을 청중은 환히 알아차린 것이다.

인지적 인간관계 치료의 1원리를 기억하는가? 불편해 하는 인간관계 문제를 만들어내는 사람은 바로 우리 자신이며, 그러면서도 이를 깨닫지 못하고 스스로 희생자라고 느끼며 모두 남의 잘못이라고 말한다. 한나가 할과 겪는 갈등이 바로 이런 사고방식의 전형적 사례다. 한나는 남편을 무시한다. 그러고는 남의 말을 귀담아듣지 않는다는 비판을 왜 남편에게서 들어야 하는지 어리둥절해한다.

한나가 겪는 갈등은 그 밖에도 놀라운 점을 더 보여준다. 어떤 사람과 불편한 관계에 놓여 있을 때, 그 사람과 주고받는 말이나 행동한 가지 안에 모든 갈등이 들어 있다는 것이다. 왜 서로 드잡이를 하는지를 한 가지 말과 행동 속에서 이해할 수 있다면, 그 사람과 겪는모든 문제의 원인을 이해할 수 있다. 마찬가지로 그 밖의 다른 사람과의 관계에 대해서도 이런 식으로 문제의 원인을 알아낼 수 있다.

또 어떤 한 가지 문제를 개선할 수 있다면, 그 사람과의 사이의 모든 문제를, 혹은 같은 유형의 문제를 어느 누구와의 사이에서든 해결할 수 있는 것이다.

관계일지는 구체적으로 쓰자

----------------------------------● 불편한 관계에 있는 사람과의 주고받는 특정한 말이나 행동을 '관계일지'를 통해서 잘 살펴보면, 내가 말하는 바를 이해할 수 있을 것이다. 다음에 나오는 관계일지를 보자. 여기에는 다섯 단계가 있다. 1단계와 2단계에서는 상대방이 당신에게 한 말, 당신이 거기에 대답한 말을 정확히 기록한다. 이때 문제가 있던 대화를 선택하도록 유의하자. 여기까지 적은 것이 기초 자료 역할을 한다. 이제 3,4단계로 넘어가서, 무엇인 문제인지 꼼꼼히 분석한다. 이 과정에서 우리는 갈등의 원인이 무엇인지, 상대방과 당신이 왜 서로 불편한지 분명하고 정확하게 이해하게 된다. 여기서 확인된 정보는 놀랍고 또 당황스러울 수도 있다. 5단계에서는 문제를 개선시키는 방법을 찾는다.

다음은 한나가 기록한 관계일지 중 1,2단계를 옮긴 것이다.

1단계: 상대방의 말

다른 사람이 당신에게 어떤 말을 했는지 그대로 적으세요. 간결하게 쓰세요.

"당신은 남의 말을 귀담아듣지 않아."

제2단계: 내가 한 대답

당신이 한 말을 그대로 적으세요. 간결하게 쓰세요.

"아무 대답도 하지 않고 무시해버렸다."

이제 각자 자신의 1단계, 2단계를 적어보자. 불편한 사람과 나눈 대화 하나를 떠올려 그 광경을 눈앞에 그려본다. 아들에게 생활의 범절이나 규율을 부여하려 했더니 발끈 성질을 낸 일일 수도 있다. 우울증을 앓는 친구를 도우려 했더니 자기를 이해하지 못한다는 핀잔만 들은 경우도 있을 수 있다. 잘못을 지적해주려는데 그 동료가 방어적인 태도를 보였을 수도 있고, 부부 금슬을 더 좋게 만들려했는데도 배우자가 자기를 멀리 했을 수도 있다. 여자 친구에게 사랑을 고백했는데 아직은 거리를 두고 싶다는 말을 들었을 수도 있다.

1단계 기록에서는 상대방이 당신에게 한 말 한마디만 기록하면 된다. 간결하게 쓰도록 하자. 한두 문장이면 충분하다. 상대방의 행동을 설명하는 식으로는 쓰지 않도록 한다. 가령 "남편 론이 시도 때도 없이 나한테 핀잔을 준다"라거나 "다이앤이라는 친구가 모든 일에 불평불만이다"라는 식으로는 기록하지 않도록 한다. 그 대신 론이 핀잔을 줄 때 어떤 말을 하는지만 정확히 쓰고, 다이앤이 불평을 어떻게 늘어놓는지 그 한마디만 쓴다. 상대방의 말이 전혀 기억이 나지 않는다면 그 사람이 불편하게 느껴질 때 전형적으로 하는 말만 기록해두자.

다음에는 상대방의 말에 당신이 어떻게 대답했는지를 정확히 기록한다. 이것이 2단계다. 마감을 넘겼다는 이유로 상사가 심한 말을 했다고 해서 "일정이 밀린 이유를 설명하려 했다"라는 식으로는 쓰지

1단계: 상대방의 말
다른 사람이 당신에게 어떤 말을 했는지 그대로 적으십시오. 간결하게 쓰십시오.

2단계: 내가 한 대답
당신이 한 말을 그대로 적으십시오. 간결하게 쓰십시오.

3단계: 좋은 의사소통과 나쁜 의사소통
당신의 대답은 좋은 의사소통의 본보기입니까, 아니면 나쁜 의사소통의 본보기입니까? 왜 그렇다고 생각합니까? '공감-주장-존중 측정표'나 '의사소통에서 흔히 범하는 오류표'를 이용해서 위 2단계에 적은 것을 분석해보십시오.

4단계: 결과
2단계에 기록된 당신의 대답은 문제를 개선했습니까, 아니면 악화시켰습니까? 왜 그렇다고 생각합니까?

5단계: 더 나은 대답
'효과적 의사소통의 다섯 가지 비결'을 이용하여 2단계에서 쓴 당신의 대답을 수정하십시오. 수정된 내용을 하나씩 쓸 때마다, 그것이 다섯 가지 중 어떤 기법인지 적어두십시오. 반응을 수정해도 효과가 없다면 다시 시도해보십시오.

Copyright © 1991 by David D. Burns, M.D. Revised 2007.

말자. 이것은 사건을 설명하는 방식이기 때문이다. 그 대신 실제로 상사에게 말한 내용만 그대로 적는다.

종이 위에 이렇게 써보는 일이 정말로 중요하다. 머릿속으로 하면 아무 소용이 없다. 그러니 다음을 읽기 전에 관계일지의 1단계와 2단계를 반드시 채우도록 한다. 직접 쓰는 과제를 하지 않는다면 이 책에 제시된 기법을 익힐 가능성은 아주 적어진다. 인간관계 치유법을 능숙히 익히는 것은 마치 수영이나 테니스, 자전거 따위를 배우는 것처럼 실제 활동을 통해 이루어져야 한다. 단순히 읽기만 해서는 얻어지지 않는다.

아직 과제를 하지 않았다면 더 읽기를 멈추고 관계일지의 1, 2단계만큼은 완성하자. 불과 1,2분밖에 걸리지 않는 일이지만 다음 장을 읽을 때 전혀 다른 결과를 안겨준다.

좋은 의사소통과
나쁜 의사소통

09

철학자와 명상가들은 오랫동안 이렇게 가르쳤다. 인생에서 가장 심오한 문제의 해답을 구하려면 자기 내면을 들여다보아야 한다고. 귀가 번쩍 뜨이는 가르침이다. 그렇지만 자기 내면을 들여다보려면 어떻게 해야 하나? "성찰하지 못하는 인생은 살아갈 가치가 없다"라고 소크라테스는 말한 바 있다. 우리는 자신의 인생을 어떻게 성찰할까? 눈을 감고 명상을 해서? 정신분석 상담실 소파에 누워 자유 연상을 하는가? 이런 식으로 해서 어떤 흥미롭고 중요한 것을 발견하게 될까? 또 그것은 어떤 깨달음 같은 방식으로 떠오를까? 우리가 찾아 헤매는 해답이 정말로 인생을 살 만하게 만들어줄까?

불편한 관계에 시달리는 사람들을 치료하면서 나는 철학자와 명상가들의 가르침을 생각해보기 시작했다. 자기 내면에서 어떤 깨달음 같은 느낌을 찾았다는 사람도 있을 수 있다. 이 알쏭달쏭한 것을 어떻게 단계적으로 분명하게 해낼 수 있는지 나는 다음 두 장에서 제시하려 한다. 이 책에 제시하는 방법을 한 발씩 같이 밟는다면 자기 자신은 물론 다른 사람을, 놀랍고 불가사의할 정도로 이해할 수 있다. 그렇지만 조심해야 한다. 깨달음이란 고통스러울 수 있다.

이 책을 이미 여기까지 읽은 독자라면 남 탓을 하는 대신 새로운 접근법을 취하여 자기 자신의 문제에 집중하려는 의지를 굳혔을 것이다. 그런데 이 목표를 어떻게 이룰 수 있을까? 독자는 이미 앞서 나온 관계일지에서 1,2단계를 써놓았을 것이다. 3,4단계에서 우리는 상대방과 자신이 왜 불편한 관계에 있는지를 진단한다. 그렇지만 분석의 초점은 상대가 아니라 오직 자신이 범한 오류에만 한정한다. 분명히 상대방이 오류를 숱하게 범해도 마찬가지다.

이제 3단계에 들어가, 자신이 상대방에게 한 말(2단계에 써 둔 것)을 꼼꼼히 살피면서 이러한 반응이 좋은 의사소통의 본보기인지 나쁜 의사소통의 본보기인지 자신에게 물어보자. 이를 위해 좋은 의사소통이란 무엇인지, 나쁜 의사소통이란 무엇인지 밝혀두고자 한다.

좋은 의사소통의
세 가지 핵심 요소

좋은 의사소통은 세 가지 요소로 이루어진다. 잘 귀담아듣기(공감), 효과적인 자기표현(주장), 존중하기다. EAR라는 약자로 기억해두도록 하자. E는 공감^{Empathy}, A는 주장^{Assertiveness}, R은 존중^{Respect}이다. 나쁜 의사소통은 귀담아듣지 않기, 자기감정 나타내지 않기, 배려나 존중심을 보이지 않기 등이다.

공감

공감이야말로 좋은 의사소통의 첫째 특징이다. 공감이란 다른 사람의 눈으로 세상일을 듣고 보려는 태도를 뜻한다. 상대방의 비판이 부당하고 상대방의 관점이 자신과 다를지언정, 그 사람의 말에서 일말의 진실을 찾아내는 것이다. 또 상대방의 말에 입각해서, 그 사람의 생각과 감정을 인정해준다.

대부분의 사람들은 귀담아듣는 일을 제대로 하지 못한다. 대부분의 사람들은 일단 화가 나면 상대방의 말과 감정을 인정하지 않을 뿐아니라 상대방의 말에 일말의 진실이 있는지 들여다보려 하지 않는다. 그 대신 상대방이 틀렸다고 우기며 자기 자신을 방어한다.

자기표현

자기표현은 좋은 의사소통의 둘째 특징이다. "내 기분은 이러저러해"라는 말로, 즉 "나는 지금 조금 마음이 불편해" 혹은 "슬퍼"라는 말로써, 자신의 감정을 직접 솔직하게 표현하는 것이다. 더 나아가 다른 사람이 위축되거나 면박당하거나 무시당한다고 느끼지 않도록, 자신의 감정을 요령 있게 전달한다.

이와 반대로 나쁜 의사소통은 자기감정을 솔직히 드러내기보다는 자신의 부정적 감정을 숨기거나 아예 공격적으로 드러낸다. 가령 "이 멍청이, 꺼져 버려!"라며 욕을 퍼붓거나 화를 터뜨린다. 이런 말은 분명히 화가 났다는 표시이긴 하지만 "내 기분은 이러저러해"라는 표현이라고 할 수는 없다. 적개심이 담겨 있기 때문이다. 이런 말은 오히려 "너는 이러저러하다"는 표현에 속한다. 제 둘레에 벽을 쌓고 상대방을 공격하기 때문이다. "너는 이러저러하다"는 표현은 더 큰 갈등과 싸움을 일으킬 뿐이다.

존중

좋은 의사소통의 셋째 특징은 존중이다. 갑갑하고 짜증스러워도 친절, 보살핌, 존중의 자세로 다른 사람을 대해주는 것이다. 이와 반대로 나쁜 의사소통은 마치 상대방을 싸워 이겨 모멸감을 주려는 양 생색을 내거나 적대적이며 경쟁적인 태도로 대한다. 상대방과 가까워지기는커녕 오히려 꺾어누르는 것이 목표가 된다.

다음에 나오는 의사소통 진단표^{EAR}는 좋은 의사소통와 나쁜 의사소통의 세 가지 특징을 요약해 놓은 것이다. 여기에는 의사소통에서 흔히 범하는 오류 목록도 제시되어 있다. 이렇게 함으로써, 관계일지 2단계에 기록된 내용에서 의사소통 오류를 정확히 찾아낼 수 있다. 관계일지를 넘기면 이 표 두 개를 보게 된다.

이제 3단계에 들어간다. 앞에서 보았던 한나와 할 부부의 경우를 보기로 한다. 남편 할에게서 남의 말을 귀담아듣지 않는다는 지적을 받고도, 한나는 이를 무시하고 아무 대꾸도 하지 않았다. 의사소통 측정표를 이용하여 한나의 대응이 좋은 의사소통의 본보기인지 나쁜 의사소통의 본보기인지 가려보자.

답은 아주 분명하다. 한나가 할에게 공감해주었나? 할이 어떻게 느꼈는지 정확히 알 수는 없지만, 우리는 이제까지 배운 바에 따라 이를 추측할 수 있다. "당신은 남의 말을 귀담아듣지 않아"라고 말했을 관계일지 2단계에 기록한 내용을 다시 살펴본다. 그것이 좋은 의사소통의 본보기인지 나쁜 의사소통의 본보기인지 아래의
내용에 따라 표시한다.

	좋은 의사소통	∨	나쁜 의사소통	∨
E=공감	상대방의 감정을 인정하고 그 사람의 말 속에서 일말의 진실을 찾는다.		상대방의 감정을 인정하지 않으며, 그 사람의 말 속에 일말의 진실이 담겨 있는지 찾으려 노력하지 않는다.	
A = 자기 표현	"내 기분은 이러저러해"라고 말함으로써, 자신의 감정을 직접 솔직하고 요령 있게 표현한다.		방어적인 태도로 말싸움을 벌이거나 상대방을 공격한다.	
R=존중	상대방 때문에 속상하고 짜증나더라도 배려와 존중심을 보여준다.		상대방을 무시하거나, 차갑고 경쟁적이며 생색내는 태도로 대한다.	

때 할은 아마 아내에게 무시당하고, 답답하고, 화가 나고, 외롭고, 꽉
막혀 있다고 느꼈으리라. 그런데 한나는 남편의 감정은 조금도 인정
해주지 않았고 남편의 말에서 일말의 진실을 찾으려는 노력을 하지
도 않았다.

한나가 자기를 표현했는가? 자기감정을 솔직하게 털어놓았는가?
그렇다고 할 수는 없다. 한나는 남편에게 지적당했을 때, 슬프고, 쓰
리고, 비난받는 것 같았고, 화가 나고, 외롭고, 허탈하고, 기 꺾이고,
무시당하는 느낌이었다고 했다. 그러면서도 남편에게 아무 말도 하
지 않았다. 한나는 분명히 자기감정을 숨긴 것이다.

남편에게 아무 대답도 하지 않았지만 몸짓을 통해서 충분히 표현

관계일지 2단계에 기록한 내용을 다시 살펴본다. 아래의 의사소통 오류 중 몇 개가 자신에게 해당되는가?

1. 진실 따지기: 자기는 옳고 상대방은 틀렸다고 주장한다.	10. 회피하기: 대화의 초점을 피하거나 예전에 섭섭했던 일들을 끄집어낸다.
2. 탓하기: 모든 문제의 원인을 상대방 탓으로 돌린다.	11. 자기 탓: 남이 비판하지 못하도록, 먼저 자기가 형편없는 사람인 듯 행동한다.
3. 방어적 태도: 자기 잘못이나 약점 잡힐 만한 것은 전혀 없다고 주장한다.	12. 희망 버리기: 온갖 노력을 해봤는데도 안 되더라고 주장한다.
4. 순교자 노릇 하기: 상대방이 제멋대로 행동했기 때문에 자기가 억울하게 희생당하는 것이라고 주장한다.	13. 요구 늘어놓기: 자기 뜻대로 상대방이 해주어야 하는데 그렇지 않다고 불평한다.
5. 깎아내리기: 다른 사람의 열등감이나 수치심을 자극하기 위해 거칠고 상처 주는 말을 내뱉는다.	14. 부인: 자기는 그 문제와 아무 관련이 없다고 하거나, 화가 잔뜩 났으면서도 전혀 화가 안 났다고 주장한다.
6. 낙인 찍기: 상대방을 '멍청이', '인생 낙오자', 혹은 이보다 더한 말로 부른다.	15. 도와주기 선수: 귀담아듣지 않고 충고를 늘어놓거나 도와주겠다며 나선다.
7. 비꼬기: 행동, 말, 말투 속에 상대방을 무시하거나 훈계하는 태도가 담겨 있다.	16. 문제 해결 선수: 다른 사람의 감정은 무시하고, 그 사람이 겪는 문제를 해결해주겠다며 나선다.
8. 반격하기: 비판에 비판으로 맞받아친다.	17. 수동적 공격: 아무 말도 하지 않은 채, 입을 삐쭉이거나 문을 쾅 닫아버린다.
9. 희생양 만들기: 상대방을 문제 많고 쓸모없는 사람으로 몰아간다.	18. 독심술 오류: 자기감정을 털어놓지도 않는데도 남들이 이를 당연히 알고 있으리라 기대한다.

하지 않았느냐고 반문하는 분도 있을지 모르겠다. 아마 팔짱을 끼고 단단히 심통난 얼굴을 보여주었을 수도 있다. 한숨을 내쉬며 눈을 위로 굴렸을 수도 있다. 그러나 이런 행동은 감정을 털어놓는 일과는

거리가 멀다. 한나는 자신의 감정을 수동적 공격성으로 드러냈다. 이렇게 해서 할을 냉대하고 무시해버렸다. 이런 태도에는 배려나 존중심이 담겨 있지 않다. 오히려 한나는 할이 이 세상에 없는 사람인 듯 행동했다. 입을 꼭 다물어버린 것에는 다음과 같은 뜻이 담겨 있다. "당신은 상대할 가치도 없어." 그리하여 한나는 의사소통 측정표 중 세 항목 모두에서 0점을 받았다.

 '친밀한 관계 만들기 훈련'에 처음 참여했을 때 한나는 모든 것이 남편의 잘못이라고 굳게 믿었다. 왜 남편이 자기를 그렇게 비난하는지 알고 싶어했다. 그런데 문제의 초점을 한나에 맞추자 우리는 한나가 심각한 의사소통 오류를 범하고 있음을 알게 되었다.

 자신이 더 큰 문제덩어리라는 깨달음은 고통스럽다. 상대방 탓이라고 굳게 믿을 때에는 그 고통이 특히 더하다. 불편한 상대방과 더 가까워지려면, 갈등을 빚어내는 자신의 책임을 들여다보게 될 것이므로, 더욱 힘겨운 일이 될 수 있다. 이 고역스런 자기 성찰 과정을 견뎌낼 각오가 되었다면 인간관계에 대한 깨달음과 인격적 능력을 함양할 수 있다. 우리는 다른 사람을 변화시킬 수 없다. 다른 사람의 생각, 감정, 행동은 우리의 통제 밖에 있다. 그러나 자기 자신을 변화시킬 방법은 배울 수 있다.

초점을 자기에게 돌리기

---● 관계일지의 3단계를 기록하면서 자신이 남에게 어떻게 반응했던가를 돌아보려면, 이제 비판의 눈을 자기에게 돌려야 한다. 자기 잘못에 초점을 맞추는 일이 처음에는 힘

겨운 법이다. 그렇지만 앞의 표 '의사소통에서 흔히 범하는 오류' 목록은 자신의 잘못을 파악하는 데 도움이 된다.

이 표의 오류 목록을 이용하여 실제 연습을 해보자. 낸이라는 여성이 있다. 낸에게는 질이라는 딸이 있었는데, 질과의 관계 때문에 화가 난다고 했다. 얼마 전 질이 시집간 이후로 모녀 사이는 영 소원한 상태였다. 말을 주고받을 때마다 팽팽한 긴장감이 감돈다고 했다.

나는 질이 엄마에게 어떻게 말했고, 엄마 낸이 거기에 어떻게 대답했는지 구체적인 예를 하나를 들어달라고 했다. 그 주 초에 질이 이렇게 말했다고 한다. "엄마는 왜 사위를 무시하는 거예요?" 낸은 충격을 받았고, 방어적이 되었으며, 속이 상해 어쩔 줄 몰랐다. 낸의 대답은 이랬다. "난 할 만큼 하고 있어." 언뜻 보면 이런 반응은 괜찮은 듯하지만, 실은 대실수였다. 낸은 팽팽한 긴장감을 분명히 느꼈다고 했다.

이제 '의사소통에 흔히 범하는 오류' 목록을 살펴보면서 낸의 오류를 짚어보자. 스스로 오류를 짚어낸 후에 다음을 읽도록 하자.

진실 따지기

낸은 자기가 옳고 질이 틀렸다고 생각한다. 사위에 대한 자기의 태도나 행동이 부정적이고 비판적이거나 마뜩지 않아하는 것 같다는 것을 인정하지 않는다. 관계가 원만치 않다는 것도 인정하지 않는다.

탓하기

낸은 사위를 탓하는 것 같다. "난 할 만큼 하고 있어"라고 말했다지만 여기에는 사위가 잘 지내기에 아주 힘든 사람이라는 뜻이 깔려 있다.

방어적 태도

낸은 자신이 문제의 한 원인임을 인정하지 않는다. 낸은 지금 제 주위에 담을 쌓고 딸을 밖으로 내몰고 있다. 낸이 차라리 이렇게 말했으면 어땠을까. "날 힘들게 좀 하지 말거라! 네 못난이 남편한테 맞추려고 나도 애쓰고 있거든!"

순교자 노릇 하기

낸의 말에는 자기가 불가능하지만 선한 싸움을 벌이는 영웅이라는 생각이 깔려 있다.

깎아내리기

낸의 말에는 사위가 문제라는 생각이 깔려 있다.

희생양 만들기

낸의 말에는 사위가 못난이라는 생각도 실려 있다.

요구만 늘어놓기

낸은 사위가 달라져야만 하고, 더 싹싹해져야 한다고 생각한다.

부인

낸은 자기는 잘못이 없다고 딱 잘라 말한다.

의사소통 측정표로 점검해보니, 낸이 상대방과 공감해주지 않음을 알 수 있었다. 질은 쓰리고, 짜증스럽고, 실망스럽고, 기가 꺾이고, 방어적이 되었다. 그렇지만 낸은 딸의 이런 감정을 전혀 인정해주지 않았고 질의 말 속에서 일말의 진실을 찾아보려고도 하지 않았다. 낸은 자기감정도 털어놓지 않았다. 낸은 가슴이 쓰리고 죄의식과 분노를 느꼈지만 자기감정을 딸에게 말해주지 않았다. 배려나 존중심도 보여주지 않았다. 엄마가 "난 할 만큼 하고 있어"라고 말했을 때 질은 아마 얕보이고 무시당하는 것처럼 느꼈을 것이다. 이렇게 해서 낸시도 의사소통 측정표 세 항목에서 모두 0점을 받았다.

낸이 "난 할 만큼 하고 있어"라고 말했으니, 이것은 "내 기분은 이러저러해"라고 말한 것 아니냐고 생각하는 분도 있을지 모르겠다. 그렇지만 이 말은 자기감정을 드러낸 것이 아니다. 이런 표현은 질에게 잘못이 있다고 교묘하게 말하는 것일 뿐이다. 실제로 낸은 상처받고, 당황스럽고, 무시당한 기분이고, 수치스러웠지만 이런 감정을 숨기려고 신경을 썼다.

겉으로 볼 때 낸과 질은 장모와 사위 사이의 갈등에 대해 이야기하는 것 같지만 두 사람 모두 무시하는 중요한 갈등이 하나 있다. 낸과 질은 서로를 무시하는 것이다. 분명히 둘 다 상대방 때문에 속 쓰리고, 답답하며, 상대방이 자기를 멀리한다고 느낀다. 숨길 수 없을 만큼 심각한 감정이지만 아무도 말을 꺼내지 않는다. 낸이 계속 질의 감정을 모른 체 한다면, 이제는 한 가지 때문에 두 가지 문제, 즉 사위와의 갈등뿐 아니라 딸과의 갈등까지 겪어야 한다.

이제 각자가 적어놓았던 자신의 갈등에 초점을 맞추어보자. 관계일지 2단계에 각자 적어놓은 내용이 좋은 의사소통에 해당하는지 나쁜 의사소통에 해당하는지 살펴보도록 하자. 다른 사람에 대한 자신의 반응이 어떠했는지 판단하기 위해 '의사소통 측정표'나 '인간관계에서 흔히 범하는 오류' 목록을 이용하면 될 것이다.

이때 분석된 내용을 관계일지 3단계 자리에 요약해 적는다. 이러한 분석을 머릿속으로만 하지 말고 종이에 직접 써넣도록 한다. 가령 다음과 같이 적을 수 있다. "의사소통 측정표에서 세 항목 모두 0점을 받았음. 남편의 감정을 인정하지 않았거나, 내 감정을 남편에게 털어놓지 않았기 때문임. 나는 오히려 남편에게 잘못이 있다고 주장하기만 했음. 배려나 존중심을 전혀 보여주지 않았음."

3단계에서 유의할 점은 상대방의 말(1단계)이 아니라 자신의 말(2단계)에만 초점을 맞춰야 한다는 것이다. 상대방도 숱한 오류를 범했을 수 있다. 그렇지만 상대방의 잘못을 집어내는 것은 아무 도움이 되지 못한다. 의사소통에서 어떤 오류를 범했는지 아무리 설명해줘도 그들은 눈곱만큼도 관심을 기울이지 않으리라고 나는 장담한다!

의사소통 측정표를 처음 접할 때 자신의 의사소통 오류를 깨닫지 못하는 사람들도 있었다. 가령 자기는 상대방의 감정을 인정해주었고 자기감정을 털어놓았다고 고집스럽게 믿는 사람도 있다. 사실은 그렇지 않았는데도 말이다. 정신건강 전문가들도 예외는 아니었다. 기이하게 여겨질지 모르겠으나, 정신건강 전문가들의 의사소통 능력도 보통 사람보다 별로 낫지 않다.

감정 단어

------------------------------------● 인간관계로 고민하는 사람들은 다음 표에 제시된 '감정 단어 목록'을 이용하여 2단계에 기록한 내용을 분석하면 도움이 된다. 이 표에 나오는 단어들이 자신의 대답에 들어있는지 확인해보자. 상대방이 자기 때문에 속상하고 화가 나 있을 때혹시 다음과 같이 대답하지 않았던가. "흠, 밥, 저 때문에 속상하고화가 났군요. 기분이 어떤지 좀더 얘기해줄래요?" 이것은 공감하는반응의 본보기라고 할 수 있다. 밥의 감정을 인정해주기 때문이다.

2단계에 적은 말 중 감정 단어 목록에 해당하는 것이 하나도 없다면 상대방의 감정을 인정해주지 않았다고 할 수 있다. 아니면 자기감정을 솔직히 털어놓지 못하는 것일 수도 있다.

공감과 자기표현의 전형적인 예는 다음과 같은 말이다. "사이면, 화가 나 있군요. 나도 지금 마음이 쓰리고 답답해요." 이런 말은 사이면의 감정을 인정해줄 뿐 아니라 자기감정도 표현해준다.

자기감정을 정말로 털어놓으려 했다면, '내 기분은 이러저러하다'라는 표현을 썼는지 '너는 이러저러하다'라는 표현을 썼는지 자신에게 물어보자. 가령 "너 때문에 진저리가 나!"라고 말했다면, 자기감정을 직접 솔직하게 털어놓았다고 할 수 있을까? 그러나 이런 말은'너는 이러저러하다'라는 표현에 속한다. 게다가 적개심이 담겨 있다. 자기감정을 남의 탓으로 돌리기 때문이다. 이러면 상대방은 방어적이 될 것이다. '너는 이러저러하다'라는 표현으로 덕을 볼 수는없다.

"네가 틀렸어"라거나 "알지도 못하고 함부로 말하는 것처럼 느껴

감정	이 감정을 표현하는 단어들
화	미칠 것 같다, 화가 치민다, 화난다, 짜증스럽다, 진저리 난다, 성가시다, 성이 난다, 악이 오른다, 심통 난다, 분통 터진다, 분노가 솟는다, 씁쓸하다
불안	걱정된다, 근심스럽다, 무섭다, 초조하다, 무섭다, 신경이 곤두선다, 두렵다, 염려된다, 떨린다, 긴장된다, 공포스럽다, 불안하다
지루하다	관심 없다, 흥미 없다
비난받음	공격 받는다, 편견에 시달린다, 무시당한다, 내 탓이라고 욕먹는다, 모욕당한다
당황	바보 같다, 수치스럽다, 어색하다, 자의식이 생긴다, 약오르다, 당황스럽다, 수줍다
속상함	난처하다, 불쾌하다, 초라하다, 패배감을 느낀다
죄의식	부끄럽다, 어쩔 줄 모르겠다, 기분 나쁘다
절망	낙담했다, 비관적이다, 절망스럽다
열등감	쓸모없다, 소용없다, 이류 인생, 쓰레기 같다, 못났다, 한심하다, 멍청하다, 소심하다, 무능하다
질투	질투한다
외로움	버려졌다, 따돌림 받았다, 외롭다, 사랑받지 못한다, 퇴짜 맞았다
편집증	못미덥다, 의심스럽다
슬픔	음울하다, 우울하다, 쓰리다, 황량하다, 가라앉았다, 실망스럽다, 텅빈 것 같다, 처진다, 불행하다, 자포자기, 참담하다, 비참하다
스트레스	짓눌려 있다, 압박감을 느낀다, 기진맥진하다, 지쳤다, 긴장했다, 맥풀린다
힘듦	힘들다, 피로하다, 졸립다, 힘겹다, 쓰러지기 직전이다, 힘빠진다, 피곤하다, 무감각하다, 녹초가 되었다
허약함	약하다, 깨질 것 같다, 허약하다

지는데"라는 말도 자기감정을 표현하는 것은 아니다. 이것은 '기 꺾기'식 표현이다. 상대방을 존중하는 마음을 유지하면서 자기감정을 솔직히 털어놓는 것이 아니라, 자기감정을 이용해서 상대를 공격하는 것이다.

이제 좋은 의사소통과 나쁜 의사소통에 대한 최종적 결론을 내려보자. 2단계에 기록한 자신의 대답에 따뜻함, 배려, 존중심 등이 담겨 있는지 스스로 물어보자. 비판적, 냉소적, 방어적, 경쟁적이거나 가르치는 말투가 있지 않았던가? 자기 말을 다시 돌아보니 상대방이 어떻게 느꼈으리라고 여겨지는가? 분노나 갑갑함을 느끼는 것 자체는 아무 문제가 없다. 그렇지만 그러한 감정을 어떻게 전달하는가에 따라 다음에 올 모든 것이 달라지는 법이다. 감정을 무기로 휘두르며 전투를 벌일 수도 있지만, 존중심을 잃지 않으면서 감정을 털어놓을 수도 있다. 그럼으로써 다른 사람과 더욱 견실하고 의미 있는 관계를 맺을 수 있는 것이다.

만일 자신의 반응이 나쁜 의사소통에 속했음을 알게 되면 충격을 느낄 것이다. 특히 문제가 상대방 때문에 생긴 것이라고 믿었다면 더욱 그러하다. 그러나 자신의 의사소통 오류를 찾아내고 인정하는 용기를 발휘한 분이라면, 한결 보람 있는 인간관계로 다가가게 하는, 고통스럽지만 아주 중요한 발걸음을 내딛은 셈이다.

남을 내 맘대로
움직이는 비결

10

인지 치료의 첫째 원리를 다시 떠올려보자. 인간관계 문제를 만들어
낸 사람은, 의식하든 그렇지 않든, 바로 자기 자신이라는 점이다. 이
제 관계일지 4단계로 넘어오면, 자기의 행동이 타인에게 미치는 충
격이 얼마나 큰지 실감하게 될 것이다.

한나가 남편 할에게 보인 반응이 바로 전형적인 예가 된다. 할이
"당신은 남의 말을 귀담아듣지 않아"라고 말했을 때 한나는 남편을
무시해버렸다. 한나의 반응은 할에게 어떤 영향을 미칠까? 그는 어떤
감정을 느낄까? 어떤 말이나 행동을 하게 될까?

할은 아내가 이번에도 자기 말에 귀담아듣지 않는 것을 보고, 자기
의 비판이 옳다고 결론을 내릴 것이다. 그가 느낀 감정은? 무시당했
다고 느끼고 갑갑해 할 것이다. 그의 다음 말과 행동은? 계속 아내를
비난할 것이다. 아내가 그에게 문을 열어주지 않으니 할은 거듭 문을

두드릴 수밖에 없다. 한나는 남편이 몹시 비판적이라고 불만을 털어놓았지만 남편을 바로 이렇게 만드는 사람은 그녀다.

인간관계 훈련에 참석했을 때 한나는 어째서 남편이 결혼생활 내내 자신을 헐뜯는지 알고 싶다고 말했다. "남자들은 왜 다 그렇죠?" 이 질문에 대한 대답은 아마 한나가 듣고 싶어하는 것은 아닐 것이다. 할이 그토록 비난을 멈추지 않는 이유는 한나가 그렇게 만들기 때문이다. 아마 한나는 지난 35년 동안 이런 일을 거듭했을 것이다.

한나의 질문에 대한 대답에는 좋은 소식과 나쁜 소식이 다 담겨 있다. 첫째, 비난의 손가락이 한나 자신을 향해 돌려질 수 있다. 둘째, 한나는 자신이 생각하는 것보다 상당한 힘을 지녔다. 두 사람의 현실적인 관계를 한나가 끊임없이 만들어내기 때문이다. 원하기만 한다면, 한나는 그토록 바라는 애정 어린 부부 관계를 만들어낼 수 있다.

이런 분석에 한나는 어떻게 느낄까? 분명히 마음이 불편할 것이다. 둘 사이 문제에서 한나 쪽의 책임을 밝혀내는 일이 외부인들에게는 손쉽겠지만, 한나의 입장에서 이 새로운 시각은 수치스럽기 짝이 없을 것이다. 그토록 짜증스러운 문제를 자아낸 사람이 바로 자신이라니, 이런 발견은 한나의 삶의 방식에 충격을 던질 것이다.

결국 누구 책임인가?

아마 한나를 변호하고 싶은 독자들도 있을 것이다. 남편 할도 문제의 한 원인이 아닐까? 할도 한나만큼 손가락질을 받아야 하지 않을까?

할도 문제를 만들어낸 한 원인임이 분명하다. 할이 만일 결혼생활이 힘들다며 나를 찾아 상담을 했다면 나는 할의 행동을 분석하기 위해 관계일지를 작성하도록 했을 것이다. 분석 결과는 분명히 할이 상대방의 말에 귀를 기울이지 않고, 자기감정을 털어놓지도, 배려심이나 존중심을 보여주지도 않았다는 내용일 것이다. 그리하여 할은 자신이 힘겨워하는 한나의 태도는 결국 자신이 만들어낸 것이라고 깨달았으리라. 그리고 두 사람의 부부 관계에 대한 책임이 할에게 100퍼센트 있다고 결론을 내렸을 것이다.

두 사람의 관계에서 어떻게 각각 100퍼센트 책임이 있을 수 있을까? 그것은 두 사람이 순환적인 인과 관계로 함께 묶여 있기 때문이다. 할이 목소리를 높여 거친 말투로 한나를 헐뜯으면 한나는 불안하고 화가 치솟아서 맞받아칠 것이다. 그래서 우리는 한나가 남의 말에 귀를 기울이지 않게 만든 사람은 바로 할이라고 생각하는 것이다. 그런데 한나가 할을 무시해버리면, 이번에는 한나가 할로 하여금 자신을 헐뜯게 만드는 셈이다. 한나는 사태 파악을 하지 못하기 때문이다.

이 돌고 도는 과정의 시초는 어디일까? 닭이 먼저냐 알이 먼저냐 하고 묻는 셈이다. 한나는 늘 할의 행동만 볼 뿐 자신의 행동은 돌아보지 않는다. 그러니 자기는 희생자고 할은 나쁜 사람이 된다. 할도 언제나 한나의 행동만 볼 뿐이니, 역시 자기가 희생자고 한나가 나쁜 사람이라고 생각한다. 누가 옳을까? 두 사람 모두 옳다.

그러나 다른 사람의 잘못에 초점을 맞추는 것은 아무 도움이 되지 않는다. 오히려 상대방을 탓하거나 그 사람을 변화시키겠다고 나설수록, 상대방은 더 강력하게 저항한다. 그런데 만약 한나가 자기가 할을 바꿀 수는 없다고 인정하고 자신을 바꾸는 쪽에 초점을 맞추면,

이번에는 할이 바뀔 것이다. 한나가 바뀌는 순간 할도 바뀌는 것이다. 여기에는 일종의 역설이 있다. 누군가와 관계를 맺을 때 우리는 그 사람을 변화시키고 있는 셈이다. 다만 이를 깨닫지 못할 뿐이다.

낸의 사례를 다시 생각해보자. 낸은 딸 질에게서 왜 사위를 무시하느냐는 말을 들었다. 이때 낸은 이렇게 대답했다. "난 할 만큼 하고 있어." 우리는 앞에서 낸이 의사소통의 오류를 숱하게 범했음을 살펴본 바 있다. 이제 낸의 대답이 어떤 결과를 불러왔는지 들여다보자. "난 할 만큼 하고 있어"라는 대답에 질이 어떻게 느꼈을까? 질은 엄마의 생각이 어떻다고 결론을 내렸을까? 낸의 대답이 사태를 개선할 수 있을까, 아니면 더 나쁘게 만들까?

낸은 문제의 원인이 자신에 있다는 것을 부인함으로써 제 주변에 벽을 쌓고 자신을 지키려 했다. 낸은 자기가 사위를 무시하지 않았다고 주장한 것이다. 이것이 사실이라면, 딸 질과 사위가 낸의 애정을 엉뚱하게, 어리석게 받아들인 셈이다. 그러니 여기에도 깎아내리기가 작용했다. 최소한의 사실이라면 다음과 같다. 즉, 낸의 방어적인 태도는 질의 비판이 타당함을 입증한다. 실제로 낸은 딸과 사위를 모두 무시하고 있다.

낸의 대답에 질은 어떻게 느꼈을까? 아마 질은 엄마에게 답답하고 화가 나서 남편을 변호해야겠다고 느꼈을 것이다. 긴장과 다툼이 더 해질 수밖에 없다. 결국 질은 엄마와 얘기하기를 단념하고 거리를 두었다. 물론 이런 관계는 낸이 먼저 근심스러워했다. 어째서 딸과 자꾸 멀어지기만 하는지 낸은 도무지 알 수가 없었다. 그러나 우리는 지금 그 이유를 알게 되었다. 남편과 자기의 마음을 솔직하게 이야기하려 했지만, 엄마 낸은 방어적인 태도를 보였다. 결국 낸은 딸을 멀리 한 것이나 다름없다.

왜 낸은 이렇게 자신을 망치는 행동을 했을까? 아마 팽팽한 긴장이 감돌던 순간이다 보니 상대방의 말에서 일말의 진실을 인정해주고 싶지 않아서 그런지도 모른다. 아니면 문제의 원인이 자신에게도 있음을 드러내는 것이 너무 힘겨워서 그랬을 수도 있다. 자기 성찰에는 용기가 필요한 법이니까.

이제 각자 관계일지에 적어 놓은 갈등의 내용을 들여다보자. 관계일지 2단계에 써놓은 것의 결과가 어떠할지 생각해보고 다음과 같이 자문해보자.

■ 내가 한 말이 상대방에게 어떤 반응을 일으킬까?
■ 내 말에 상대방은 어떻게 느낄까?
■ 상대방은 내 말을 어떻게 받아들일까?
■ 그래서 상대방은 어떤 행동을 보일까?

이렇게 해서 관계일지의 4단계를 완성한다. 이 단계의 작업을 더 손쉽고 흥미롭게 하는 요령 한 가지가 있다. 즉 상대방이 화가 났을 때 어떤 행동을 할지 생각해보는 것이다. 가령 불편한 관계에 있는 상대방은 꼬장꼬장하고 완고하고 방어적이며 논쟁적일 것이다. 남의 말을 귀담아듣기는커녕 투덜대고 불평하고 당신을 무시할 것이다. 끝없이 요구만 하고 자기 마음을 털어놓지 않을 것이다.

이제 2단계에 써놓은 것들의 결과를 살펴보자. 자신의 말이 의도와

달리 상대방에게 어떤 영향을 미칠지 판단할 수 있겠는가. 예를 들어, 입만 열면 논쟁이요, 남의 말을 귀담아듣지 않는 사람이 있다고 하자. 그런데 2단계에 기록한 말을 살펴보면, 우리도 이 상대방의 말에 담긴 일말의 진실을 귀담아듣지도 인정하지도 않았음을 깨닫게 된다. 우리는 오히려 상대방이 틀렸다고 되풀이하기만 했던 것이다.

　이제 무슨 일이 벌어질까? 상대방은 속을 끓이며, 하고 싶은 말만 되풀이하게 된다. 사태를 이런 관점에서 생각해보니, 우리는 상대방이 논쟁적으로 나오게끔 밀어붙였음을 문득 깨닫게 된다. 상대방이 마땅히 자신의 말에 귀를 기울여야 하며 그렇게 방어적이 되어서는 안 된다고 생각했더라도 말이다.

　실제 양상은 조금씩 다르게 나타난다. 절친한 친구가 마음을 터놓지 않는다고 하자. 그런데 사실은 이 친구가 마음을 터놓으려 할 때마다 "그런 식으로 느끼다니 말도 안 돼"라며 따졌다는 사실을 우리는 깨닫게 된다. 당신이 편견을 가진 것 같다고 느끼면 상대방은 마음을 열 의욕이 싹 달아난다. 때로 우리는 상대방이 마음을 열고 감정을 털어놓을 수 있도록 경청하고 격려해주어야 하는데도 상대방을 돕겠다고 성급히 나서기도 한다.

　4단계 작업의 수고를 덜어줄 요령이 하나 있다. "저 사람이 나를 어떻게 대해주면 좋을까?"라고 스스로 되묻는 것이다. 예컨대 아내가 늘 "그렇긴 하지만, 꼭 그렇지도 않은 게……"라며 변명을 늘어놓는 대신 남편 말을 더 잘 들어주었으면 한다고 하자. 우선 2단계에 적어놓은 내용을 살펴본다. 그렇다면 이런 말을 내뱉었음을 알게 될 것이다 "당신이 틀렸어. 인정하라니까! 바보 천치도 그 정도는 알겠다!" 이런 말을 내뱉으면 어떤 일이 일어날까? 아내가 남편의 말에 귀를 기울이고 그 관점에도 진실이 담겨 있음을 인정할까? 과연 "고마워요, 여보! 당신이 옳았어요!"라고 말할까?

문제를 일으키는 데 자신도 한몫했음을 이해한다면, 큰 발걸음을 내딛은 셈이다. 나는 이런 분들이 자랑스럽다. 3단계와 4단계에서 할 일들은 논리적인 면에서는 지극히 흥미롭지만, 감정 면에서는 아주 힘겹다. 말하자면 여기서 대가를 치르는 셈이다. 이런 노력을 들이고 힘겨운 자기 성찰을 해내겠다고 마음먹은 사람은 관계일지 5단계에서 보상을 얻을 수 있다.

문제의 핵심 원인을
파악하라

11

5단계로 들어가기 전에 지금까지 익힌 것을 연습해보자. 여기에서 우리는 관계가 위기에 놓인 세 쌍의 문제를 진단한다. 이들이 겪는 문제는 잔소리, 성적 매력 감소 등 웬만한 사람들도 앓는 것들이다. 남의 잘못을 집어내는 일은 자기 잘못을 들여다보는 것보다 쉽고 또 덜 고통스럽다. 이제 연습을 통해 우리는 자신의 관계에 어떤 문제가 있는지 좀더 편안히 분석할 수 있을 것이다.

나쁜 의사소통

건축시공업을 하는 제드는 아내 마조리가 항상 핀잔을 주고 부부생활에도 관심이 없어서 고민이다. 가령 그 전날 마조리는 이런 말을 했다고 한다. "미치겠어. 당신, 퇴근길에 또 술마셨죠. 나보다 술이 더 좋은 모양이야. 소파에 멍하니

앉아 밤새 채널이나 돌리고 싶겠네. 어디 그래 봐요. 정말 질렸어!"
제드는 욱하고 화가 치밀어 쏘아붙였다. "차라리 술 마시는 게 낫겠
어. 꼭 얼음덩이처럼 따사롭고 귀여워서 말야. 돌덩어리 같은 여
자!"

두 사람이 주고받은 말을 알았으니, 두 사람의 관계일지 3단계를
채워보자. 제드가 보인 반응은 좋은 의사소통일까 나쁜 의사소통일
까? 제드는 아내의 말에 귀를 기울였나? 자기감정을 솔직하게 털어
놓았나? 배려와 존중심을 보여주었나? 이 관계일지에 제드의 대답을
평가하는 일까지 끝낸 뒤에 나의 생각을 말하기로 한다.

제드가 마조리에게 보인 반응은 나쁜 의사소통의 전형적인 예다.
이 반응은 의사소통 진단표^{EAR} 중 세 항목에서 0점을 받았다. 분명히
그는 상대방에 공감하지 않는다. 마조리는 속상하고 화나고 외롭지
만, 제드는 마조리의 기분을 인정해주지 않을 뿐 아니라 마조리의 말
에 일말의 진실이 담겨 있을 가능성도 인정하지 않았다. 물론 자기감
정도 표현하지 않았다. 그는 마조리에게 쥐여 흔들리고 무시당하는
것 같고 쓰리고 화가 났다. 그는 또 마조리가 부부생활에 흥미를 보
이지 않자 기분이 상했지만 이런 감정을 솔직히 털어놓지도 않았다.
그 대신 그는 아내를 얼음덩어리에 비유하며 반격을 가했다. 그래서
제드의 말은 불손하고 거칠게 들렸다.

제드가 어떤 의사소통 오류를 범했는지는 분명하다. 그는 순수하
고 가엾은 희생자 역할을 자처했다. 즉 술을 자제할 수 없는 이유가
잔소리 많고 애정 없는 지독한 아내 때문이라고 했다.

이제 4단계로 넘어가자. 4단계는 좀더 어려울 것이다. 제드의 최고 큰 불만은 아내 마조리가 쌀쌀맞고 성적으로도 반응하지 않는다는 것이다. 그렇지만 마조리가 어째서 이렇게 되었을까? 제드가 마조리에게 한 말의 결과를 생각해보자. 제드의 말은 마조리에게 어떤 기분을 안겨 주었을까? 그래서 다음에 어떤 일이 일어날까? 더 읽기 전에 다른 종이에 독자 스스로 분석한 내용을 적어보자.

마조리가 왜 성적으로 반응하지 않는지는 쉽게 이해할 수 있다. 제드는 퇴근 때마다 술을 마시고 왔다. 제드가 술냄새를 풍기며 집에 들어왔으니, 마조리는 외롭고 쓰렸으며 무시당한 기분이었다. 이런 기분을 말할라 치면 제드는 모든 것이 마조리 때문이라는 식으로 무시했다. 결국 마조리는 화가 났고, 갑갑한 마음에 방어적 태도를 취했다. 남편에게서 정나미가 떨어지고 성적 매력을 느끼지 못하는 것은 당연하지 않은가. 누군가 때문에 마음이 쓰리고 화가 나며 무시당할 때 그 사람에게 성적 매력을 느끼지 못하는 것은 인지상정이다. 아내가 제드를 사랑하지 못하게 만든 사람은 실상 제드 자신인 것이다.

제드는 두 사람의 결혼생활에 어떤 희망이 남아 있을지 알고 싶어 했다. "마조리가 스스로 변화할 가능성이 있을까요?" 그러나 이것은 잘못된 질문이다. 진짜 질문은 이래야 한다. "제드, 당신은 달라져야겠다는 각오가 있습니까?" 자신의 잘못을 구체적으로 짚어낸다면, 그리고 불편한 상대방에게 자신이 뱉은 말과 행동이 어떤 충격을 주었는지를 깨달았다면, 이제 상대방에 대한 자신의 태도를 변화시켜야겠다고 결심하면 된다. 자신이 변화하는 순간, 상대방도 변하게 마련이다.

내 탓, 남 탓

---------------------------------● 피아노 교사인 해리엇은 남편 제리에게 비판하는 말을 조금이라도 할라치면 부부 사이가 완전히 소원해진다고 했다. 남편이 부정적인 감정을 다스리지 못하기 때문에 금슬이 좋지 않다는 것이다. 남편은 목사라서 사람들이 서로 다정히 대해야 한다고 생각한다고 해리엇은 말했다. 그리고 남편의 종교는 이해하긴 하지만 어떤 때는 자신이 진실 되게 행동하지 못하도록 방해받는 느낌이라고 했다.

나는 문제가 무엇인지 구체적인 사례를 하나 들어달라고 했다. "남편께서 한 말을 한마디 기억해보시고 거기에 어떻게 대답했는지 말씀해주시겠어요?" 그러자 그 주 초에 제리가 이렇게 말했다고 했다. "당신이 내 잘잘못을 따지면 나는 기분이 상해. 욕먹는 기분이야." 해리엇은 이렇게 대답했다. "내가 당신하고 생각이 다르다고 말할 때마다 당신은 화를 내는 것 같아요. 그래서 내가 하는 말에 아주 신경을 써야 하고 어떤 때는 평온을 위해 차라리 입을 다물어야 한다고 느껴. 그러나 나는 평온한 척 하기 싫어." 해리엇은 이 말을 관계일지 1, 2단계에 기록해놓았다.

3단계로 넘어가자. 해리엇의 대답은 좋은 의사소통일까 나쁜 의사소통일까? 해리엇은 남편의 감정을 이해하는 것일까? 자기감정을 솔직하고 직접적으로 털어놓을까? 배려과 존중심을 보여줄까? 남편에 대한 해리엇의 반응을 평가해보자.

해리엇이 관계일지에 적은 내용은 다음과 같다.

> 내 태도는 나쁜 의사소통의 전형이다. 제리의 감정을 인정하지 않기 때문이다. 남편은 우리 관계가 자기 때문이라고 추궁당하는 느낌이라고 말하려 했다. 그렇지만 나는 그 말에서 일말의 진실을 찾아주는 대신 남편이 잘못했다는 식으로만 얘기했다. 내 기분을 털어놓지도 못했다. 그때 나는 갑갑하고 외로운 심정이었는데 이런 기분을 털어놓기는커녕 남편을 무시하고 모든 것을 그의 탓으로 돌렸다. 남편과 말할 때에는 언제나 '철저히 주의해야 한다'고 생각했기 때문이다. 그래서 내 말이 교만하게 느껴졌을 뿐 아니라 당연히 존중심도 보이지 않았을 것이다.

다음에는, 2단계에서 보인 해리엇의 반응이 어떤 결과를 가져왔는지 살펴보자. 제리는 어떻게 느꼈을까? 결과를 확인하기 각자 자신의 판단을 종이에 적어두자.

해리엇은 자신의 대답에 대해 이렇게 평가했다.

> 남편이 자기 기분을 털어놓으려 했는데도 나는 무시하기만 했다. 남편이 잘못을 추궁당하는 느낌이라고 말하면 나는 즉시 맞받아치며 다시 그 사람 잘못을 추궁했다. 그러니 결국 그 사람 말이 맞다고 내가 시인한 꼴이 되었다. 나는 남편과 오손도손 지내고 싶고 서로의 기분을 솔직히 털어놓는 관계를 만들어가고 싶다. 그렇지만 그 사람이 마음을 열고 다가올수록 그에게 계속 벌을 가했다.

평가의 초점이 어떻게 바뀌어가는지 주목하자. 해리엇은 왜 남편이 부정적 감정을 다스리지 못하고 분통만 터뜨리는지 궁금하다고 했다. 해리엇의 이런 말은 남편이 모자라는 사람이고 모든 잘못이 남편한테 있다는 것처럼 들렸다. 그런데 실제 남편과 주고받은 내용을 분석하면서 문득 전혀 다른 각도에서 실상을 보게 되었다. 남편이 자기감정을 털어놓지 못하게 기를 꺾어버린 사람은 바로 해리엇 자신이었던 것이다.

우리가 보기에 해리엇도 부정적인 감정을 회피했다. 해리엇은 남편의 감정을 인정해주지 않을 뿐 아니라 자기감정도 털어놓지 않았다. 해리엇은 남편이 왜 부정적 감정을 다스리지 못하느냐고 따지는 대신, 왜 자신부터가 부정적 감정을 다스리지 못하는지 자문해야 할 것이다. 그리고 더욱 중요한 점은 해리엇이 문제를 해결해나갈 각오가 되어 있느냐 하는 것이다.

아닌 척, 없는 척

--● 배리는 소프트웨어 개발자였다. 그는 동성 친구 리처드가 자신을 마음대로 부리며 잔소리를 그치지 않는다고 했다. 전 주 금요일만 해도 그랬다. 그들은 함께 영화를 보러 가기로 했다. 배리가 주차를 하는 도중에 리처드는 짜증스럽게 말했다. "저 쪽에 자리가 있는데 왜 주차장을 세 번씩 빙빙 도는 거야?"

배리는 짐짓 쾌활한 말투로 대답했다. "주차하기에 딱 좋은 자리를 찾느라고 그래." 배리의 대답은 큰 문제가 없어보인다. 이것은 좋은 의사소통일까 나쁜 의사소통일까? 배리는 관계일지 3단계에서 자신

을 이렇게 평가했다.

내 대답은 나쁜 의사소통의 전형이다. 나는 상대를 경청하지도, 내 기분을 털어놓지도, 존중심을 보여주지도 않았다. 리처드가 속이 끓고 짜증스러웠을 텐데, 나는 그런 감정을 무시해버렸다. 나는 그때 무시당하는 기분이었지만 이 기분을 억누르고 명랑한 척 했다. 주차하기 딱 좋은 자리를 찾느라고 그랬다는 대답은 방어적으로 들렸을 것이다. 리처드가 잘못이라는 뜻을 은근히 흘린 셈이었다. 필시 내 말투나 몸짓이 말과는 다르게 나타났을 것이다. 나는 진실하고 따뜻한 태도를 보이기보다는 '척'했다.

배리의 말은 어떤 결과를 불러왔을까? 리처드의 기분은 어땠을까? 그래서 그 다음에 무슨 일이 이어질까? 각자 이에 대해 잠시 생각한 후에 더 읽어나가도록 하자.

자기 말이 오히려 잘못이라고 배리한테서 지적받았으니, 리처드는 아마 불쾌하고 짜증이 날 것이다. 얼마 안 있어 리처드는 또 다른 문제를 화제로 삼아 배리가 잘못했다고 말할 것이다. 배리는 리처드의 기분을 인정해주지 않을 뿐 아니라 자기감정을 털어놓지도 않는다. 그 대신 그는 희생자가 된 심정으로, 리처드가 잔소리를 계속하도록 자극한다. 양쪽 모두 감정을 꽉 눌러두기 때문에 두 사람의 감정은 간접적으로 드러난다. 즉 잔소리와 변명이 꼬리를 문다.

갈등이 생겼을 때 사람들은 재빨리 화제를 바꾸거나 상황을 무마

함으로써 이를 피하려 한다. 나는 이런 심리를 갈등 공포증 혹은 분노 공포증이라고 부른다. 우리는 자기의 부정적 감정을 솔직히 표현하거나 가까운 사람과 다툼을 벌이면 끔찍한 일이 터질지 모른다고 무의식적으로 무서워한다. 정말로 사랑하는 사이라면 다투거나 화를 터뜨리는 일도 없어야 한다고 믿기도 한다. 혹은 자기는 본성이 선량하다고 생각하며, 감정을 꼭꼭 숨긴 채 '아닌 척'한다.

물론 모두가 갈등을 피하는 것은 아니다. 어떤 사람은 '좋은 싸움'을 즐긴다. 즉 단도직입적으로 반응을 보여 자신을 방어한다. 이런 사람은 싸움에서 이겨야 직성이 풀린다. 이런 경우에도 역시 부정적 감정이 커지기만 한다.

배리는 리처드가 잔소리를 늘어놓고 늘 쪼아댄다고 하소연한다. 그러나 리처드의 말투가 한심하다고 해서 이를 무시하고 아무 문제가 없는 듯 행동하면서 자신을 방어하면, 불에 기름을 끼얹는 꼴이된다. 배리가 리처드를 쪼아대는 이유가 바로 이래서다. 두 사람 모두 짜증스럽다는 사실을 배리가 인정하지 않기 때문이다. 방 안에 코끼리 한 마리가 있는데 둘 모두 '없는 척' 하는 것이다. 둘 사이의 줄다리기를 끝내고 더 솔직하고 정직한 의사소통을 이끌어낼 수 있는 방법이 있다. 엄연히 존재하는 적대관계를 솔직하면서도 부드러운 태도로 인정해주면 되는 것이다.

이제 우리는 관계일지에 나오는 네 단계를 어떻게 완성해가는지 알게 되었다. 이제까지 살펴본 갈등들을 포함하여 어떤 종류의 인간관계 갈등이든, 두 당사자가 주고받은 대화를 한 번만 분석해도 그 정확한 원인을 손쉽게 밝혀낼 수 있다는 것도 알았다. 다음에는 5단계로 나아갈 차례다. 여기서 우리는 불편한 관계를 다정하고 보람 있는 관계로 바꿔가는 방법을 배우게 될 것이다.

3장

불편한 관계를 친밀한 관계로 만들기

인간은 누구나 남에게 존중받고 칭찬도 듣고 싶어한다.
상대방을 친절히 대하고 마음의 상처를 주지 않으면 어떤 주제로 말을 해도
문제가 생기지 않는다.

인간관계의 온갖 문제를
해결하는 비밀

12

《필링 굿》이 출간된 지 얼마 되지 않았을 무렵, 애틀랜타에 사는 크리스라는 남자가 내게 전화를 걸어왔다. 크리스는 양극성 우울증(즉 조울증) 때문에 리튬을 복용했고, 우울증도 앓고 있었다. 그는 미국에서 첫 손가락에 꼽히는 정신의학자들을 만났지만 아무한테도 도움을 얻지 못했다고 했다. 그런데《필링 굿》을 읽으면서, 자기가 지금까지 찾아다닌 사람이 바로 나라고 퍼뜩 깨달았다는 것이다. 그래서 내가 만나주기만 하겠다면 내가 있는 필라델피아까지 매주 비행기라도 타고 오겠다고 했다.

독자도 짐작하겠지만, 나는 상당히 고무되었다. 당시 나는 개인병원을 연 지 몇 년 되지 않았을 뿐 아니라, 내 책을 읽고서 찾아오겠다는 경우는 이번이 처음이었다. 그리하여 나는 크리스를 위해 치료 회기를 연속 두 번 잡아놓았다.

나는 빨리 그를 만나고 싶은 마음뿐이었다. 며칠 후 과연 그가 진료실로 걸어 들어왔다. 그런데 내가 소개를 하는 순간 그는 기운이 쑥 빠진다는 표정이었다. "무슨 문제가 있나요?" 나는 물었다. 그는 우선 미안하다고 말하고 나서, 내 책을 읽었을 때 내가 흰머리 성성한 노의사라고 상상했다는 것이다. 그리고 덧붙였다. "저를 치료하기에는 너무 젊으시군요."

이런! 나는 바람 빠진 풍선처럼 맥이 탁 풀렸다. 이 치료 회기를 이제나저제나 기다렸건만, 경기장에 들어서기도 전에 경주가 끝나다니. 당황하고 실망스러웠다. 그래도 크리스를 설득해서 시험 삼아서라도 치료를 해보도록 했다. 나는 내가 그동안 몇 년 이상 진료를 해왔고, 특히 조울증 치료를 두루 해왔다고 설명해주었다. 대학연구소에서 연구원으로 일하는 동안 VA 리튬 클리닉도 운영했고, 《필링 굿》에서 소개한 새로운 치료 기법에도 전문성이 있다는 이야기까지 해주었다.

남의 비판에서 자기를 지키려고 하면 거의 실패하게 마련이다. 과연, 크리스는 이렇게 입을 열었다.

"번즈 선생, 저는 미국정신건강연구소 소장님한테서도 치료를 받아 봤습니다. 그분도 아무 효험을 못 끌어냈습니다. 다음에는 캘리포니아주립대학교병원으로 날아가서 정신의학과 과장님을 만났는데 거기서도 소용이 없었어요. 시카고 최고의 조울증 전문가도 찾았지만 마찬가지였습니다. 그래도 그분들은 환자를 점잖게라도 대해주셨는데, 지금 선생님은 영 아니올시다!"

실마리가 잘 풀리지는 않았지만, 나는 크리스가 한 번 응낙만 하면 그를 도울 수 있으리라는 믿음이 생겼다. 나는 이렇게 말해주었다. "지금 맹장이 터져서 오셨다면 솜씨가 가장 뛰어난 외과의사를 찾지 않겠습니까. 점잖고 않고가 무슨 상관입니까. 그리고 정신 치료에서도 사정은 마찬가지지요. 신사 같은 의사들을 찾으셨지만 그 양반들의 치료가 마땅치 않았으니 아무 소용이 없던 것 아닌가요."

내가 이렇게 말을 하자 분위기는 더 나빠졌다. 크리스는 속이 끓는 듯했다. 내가 자기를 전혀 이해하지 못할 뿐 아니라 도울 수도 없다는 말만 계속했다. 내가 방어막을 치면 칠수록 그는 더 강하게 공격해왔다. 마침내 크리스는 벌떡 일어났다. "선생님, 저는 2회 치료비를 냈어요. 지금 딱 15분이 지났는데, 이번 회기는 끝났군요. 저 문으로 바로 나갈 테니까 다시는 나를 찾지도 마세요. 치료비는 그냥 받아놓으세요. 그 정도 돈은 나한테 아무것도 아닙니다."

그가 나가려 할 때 나는 《필링 굿》에서 내가 썼던 내용이 문득 떠올랐다. 남의 비판에 대응하는 방법을 써놓았는데, 그 중 한 가지도 내가 구사하지 않았던 것이다. 나는 크리스를 향해 이렇게 말했다. "그렇게 떠나신다니 슬프네요. 선생님이 앓는 문제에 제가 제대로 대처하지 못했다는 걸 스스로 인정합니다. 그렇지만 가시기 전에 저한테 조금만 성의를 베풀어주시면 좋겠습니다. 딱 한 번만 처음부터 다시 살펴보면 어떨까요?" 크리스는 잠시 생각한 후 입을 열었다. "좋습니다. 그렇게 하죠. 당신이 제 의사가 되기에는 너무 젊다는 말을 하려던 것뿐이었어요."

나도 대답했다. "환자님 말씀이 백 번 옳습니다. 저는 젊어요. 환자를 치료한 지가 4년밖에 안 되었어요. 그래도 환자님이 지금까지 얼마나 힘들었을까 충분히 짐작이 갑니다. 아주 유망한 새로운 치료법이 있다고 해서 정말 기대가 많았을 텐데, 저를 만나고 나서 얼마나 실망했을지 이해할 수 있습니다. 게다가 그뿐만이 아니었지요. 제가 너무 젊은 것 아니냐고 말하셨을 때 저는 환자님의 심정을 헤아리기는커녕 자꾸 변명만 하려고 했지요. 정말 아마추어 같은 짓입니다. 저 때문에 답답하고 짜증스러우셨다고 해도 당연합니다. 제가 환자였어도 그랬을 겁니다. 환자님의 입장을 충분히 존중합니다. 실망을 드려서 정말 죄송합니다. 그런데 저 문을 나가시고 나서도 기억해주셨으면 하는 것이 한 가지 있습니다."

크리스는 기분이 좀 풀린 듯 질문을 했다. "그게 뭔데요? 제가 기억할 일이라뇨?"

"환자님이 옳았고, 제가 틀렸다는 것 말입니다."

크리스는 천천히 돌아서 의자에 다시 앉아, 내 눈을 똑바로 쳐다보며 말했다. "선생님, 정신과 의사들 중에 지금까지 아무도 나한테 그런 말씀을 해준 적이 없었어요. 제가 찾던 분이 바로 선생님이군요. 선생님이라면 믿고 맡기지요!" 환자와 의사가 함께 노력하여 이뤄내는 성공적인 치료 과정은 바로 이렇게 시작되는 것이다.

문제가 무엇이었을까? 처음에 내가 너무 젊다는 말을 크리스에게서 들었을 때 나는 기분이 상했고, 그렇지 않다고 방어하려 했다. 환자가 틀렸음을 증명하려 한 것이다. 그러나 그렇게 함으로써 나는 오히려 환자가 옳았음을 증명한 셈이다. 환자의 문제에 대해 공감과 연민으로 응대하지 않았기 때문이다.

'그러니 환자님의 입장을 충분히 존중합니다. 실망시켜드려서 정

경청하기 기법

1. 무장해제: 상대방의 말이 전혀 비합리적이거나 부당하다고 해도, 그 안에서 일말의 진실을 찾아낸다.

2. 공감하기: 상대방의 입장에서 생각하면서 그 사람의 눈으로 세상을 보도록 노력한다.
−생각 공감: 상대방의 말을 자기의 것으로 바꾸어 말한다.
−감정 공감: 상대방의 말에 기초해서, 그 사람의 기분을 짐작하여 인정해준다.

3. 확인 질문하기: 상대방이 어떻게 생각하고 느끼는지 확인하는 질문을 부드럽게 던진다.

자기표현 기법

4. 내 기분 말하기: '너는 이러이러하다'는 말, 즉 '네가 틀렸어, 당신이 날 화나게 해'라는 식으로 말하는 대신, '내 기분은 이러저러하다' 즉 '나는 화가 나'와 같이 말한다.

5. 달래기: 둘 사이의 다툼이 치열할 때에도 상대방에게서 정말로 긍정적인 면을 찾아낸다. 상대방에게 잔뜩 화가 났을 때에도 존중하는 태도를 보여준다.

말 죄송합니다'라는 말이 크리스에게는 음악같이 들렸다. 왜냐하면 거만하게 자기 방어를 하는 대신 나도 연약한 인간임을 보여주었기 때문이다. 우리 두 사람 다 갑갑하고 짜증스러운 상태에서 나는 상대를 존중하는 마음을 내보였다. 지금까지 크리스는 황폐한 심경에 빠져 누군가 자신을 돌봐줄 사람을 찾아 교감하고 싶었던 것이다.

내가 크리스를 대할 때 사용한 기법은 위에 적어놓은 '효과적인 의사소통 비결 다섯 가지'다.

앞에서 좋은 의사소통과 나쁜 의사소통을 가르는 데 이용한, 경청이나 자기표현 기법이 이 표에도 바탕이 된다. 이런 기법을 능숙하게 익히려면 열심히 연습해야 한다. 마치 무술을 배우는 것처럼 다양한 동작을 하나씩 익히면서 몸에 자연스럽게 배이도록 해야 한다. 우리가 불편하게 여기는 사람에게 보이는 반응과는 근본적으로 다르기 때문이다.

이제 다섯 가지 비결을 인간관계의 온갖 문제를 실제로 해결하는 데 이용하는 법을 살펴보자. 이 비결들은 강력한 힘을 발휘하지만 남을 쥐어흔드는 요령이나 주문은 아니다. 가슴에서 우러나는 말이 아니라면, 진실한 연민과 존중심을 보이는 것이 아니라면, 효과가 없다. 이런 비결을 잘 활용하면 두 사람의 관계를 변화시킬 수 있고, 거의 모든 인간관계에 대처할 수 있다.

효과적인 의사소통 비결 1: 무장해제

13

의사소통 기법 중에 가장 강력한 것은 무장해제 기법이다. 무장해제 기법을 쓰면 상대방의 말이 전혀 비합리적이거나 부당하다고 할 때조차 그 안에서 순수한 진실을 찾아내준다. 이 기법을 능숙하게 구사하면 어떤 비판이 잘못이며 진실하지 못한지 보여줄 수 있다. 이 역설적인 효과의 사례는 마지막 장에 제시되어 있다. 앞에서 본 예 중에서 내가 환자 크리스의 말에 진심으로 동의했을 때, 내가 그렇게 새파란 의사는 아니라는 사실을 크리스가 문득 깨달았듯이 말이다.

반대의 법칙

다음과 같은 현상을 나는 '반대의 법칙'이라고 부른다. 즉 전혀 비합리적이고 부당하다고 여겨지는 비판에 대해 방어하려 애를 쓰면, 오히려 그 비판이 전적으로 타당함을 즉각 입증해주는 결과가 된다는 것이다. 이것은 역설이다. 그런데 이와 반대로, 전혀 비합리적이고 부당하게 여겨지는 비판에 대해 진심으로 동의하면, 그 비판이 잘못임을 즉각 증명하는 셈이 되며, 상대방은 문득 우리를 전혀 다른 눈으로 보게 된다. 이것도 일종의 역설이다.

가령 앞에서 읽은 한나와 할 부부의 예를 되새겨보자. 남편 할이 "당신은 남의 말을 귀담아듣지 않아!"라고 말했을 때, 한나는 아무 말도 하지 않고 무시해버렸다. 남편의 말이 너무 어이가 없어서 대꾸할 가치도 없었다는 것이다. 여기서 역설이 작용한다. 한나는 남편의 말을 무시함으로써 그가 옳음을 입증한 셈이다. 남의 말을 또 한 번 귀담아듣지 않은 것이다.

그러면 한나는 "당신은 남의 말을 귀담아듣지 않아!"라는 할의 말에 어떻게 반응하면 좋았을까? 각자 한나의 입장이 되어 무장해제 기법을 이용한 효과적 대응법을 생각하여 종이에 적어보자. 한 가지 명심할 것이 있다. 어떤 사람을 무장해제하려면 그 사람의 비판이 타당하다고 동의해야 한다. 즉 그 사람의 말 속에 진실이 담겨 있음을 인정해주라는 것이다. 완벽하고 세련된 방식으로 말해주려 애쓸 필요는 없다.

한나가 무장해제 기법을 쓰려 했다면 아마 다음과 비슷하게 말하지 않았을까.

맞아요, 할. 인정하기 싫긴 한데, 나는 남의 말을 귀담아듣질 못해요. 당신이 오랫동안 속을 털어놓으려고 노력해온 걸 알아요. 그런데 나는 당신을 무시했어요. 정말 화가 났겠죠. 그래도 지금 얘기해볼 수 있을까요?

남편의 말을 귀담아듣지 않고 한 귀로 흘려버렸다고 인정하는 그 순간, 한나는 남편의 말을 귀담아듣는다. 지난 35년 동안 할이 아내에게서 듣고 싶던 말이 바로 이것이었다. 누구나 화가 났을 때 자신이 옳다고 느끼고 싶어한다. 서로 흉금을 털어놓는 친밀한 관계가 이뤄질 가능성은 이때 생겨나는 것이다.

관계일지 5단계를 쓸 때 꼭 정해진 방식은 없다. 정답이나 왕도라고 할 만한 대답은 없다. 자신에게 들어맞는 말이나 표현을 찾으면 된다.

그 놈의
자존심 때문에

무장해제 기법은 놀라울 정도로 효과가 좋지만, 익히기는 가장 어렵다. 여기에는 몇 가지 이유가 있다. 우선, 자존심이 가로막는다. 자신이 틀렸고 남의 기대에 미치지 못한다고 인정하는 일은 속이 쓰리다. 자기를 비난하는 이가 평소에 아끼는 사람일 때, 그리고 그 사람의 말이 옳다고 인정해야 할 때에는 더욱 고통스럽다. 못된 아빠 혹은 못된 엄마라는 말을 듣거나, 사랑하는 사람을 아프게 했다는 말을 듣고 싶어하는 사람도 없다. 수치스럽기 때문이다. 친밀한 관계를 가로막는 가장 큰 장애물이 바로 수치심이다.

지난 몇 년 동안 나는 딸 사인과 함께 일했다. 사인은 내 원고의 편집장으로 이 책을 포함하여 여러 책의 편집을 도와주었다. 사인이 나와 같이 일하게 되었다는 소식에 나는 설레지 않을 수 없었다. 사인의 글 솜씨에 감탄해서 더 함께 일하고 싶었기 때문이다.

원고 편집을 처음 같이 하게 되었을 때 사인은 샌프란시스코에서 매주 차를 몰고 와서 며칠씩 머물렀다. 편집 작업은 아침 열시 반쯤 시작했다. 오후에 몇 시간 더 일하다가 머리가 무거워지면 우리는 잠시 쉬면서 이야기를 나누곤 했다. 아내와 나는 예쁜 새끼 고양이, 해피와 팝콘 두 녀석을 막 얻어 기르고 있었다. 사인과 나는 새끼 고양이들을 데리고 현관 앞으로 나가 이 녀석들이 모기를 잡겠다고 폴짝거리는 모습을 지켜보며 이런 저런 이야기를 나누었다. 그때 나눈 이야기를 나는 지금도 소중히 기억한다. 그때 인생은 즐거웠다.

어느 날 오후, 옛일들이 화제에 올랐을 때 사인이 울컥했다. 무슨 일이냐고 묻자 딸이 말했다.

"아빠, 참 얘기하기 어려운 건데요, 솔직히 말하자면 제가 십대였을 때 아빠는 제가 바라던 모습이 아니었어요."

심장이 멎는 듯했다. 말로 다할 수 없는 부끄러움과 슬픔을 느꼈다. 그런 말을 듣다니, 정말 고통스러웠다. 그때 나는 정말로 상처받았다. 딸애는 계속 말을 이어갔다.

"제가 사춘기일 때 아빠는 성적 얘기뿐이었어요. 따뜻한 사랑에 목말랐는데 공부에만 허덕이게 하셨단 말예요."

나는 나도 나름대로는 좋은 아빠였고 어떤 아버지도 완벽할 수는 없는 거야, 하고 스스로 변호하고 싶은 충동을 엄청나게 느꼈다. 그러나 그것이 오히려 큰 실수가 되리라는 것을 알았다. 그 대신 이렇게 대답했다. "나 때문에 네가 잘못되었다니, 정말 슬프구나. 나는 너를 정말 사랑한단다." 이렇게 말하고 포옹해주었다. 딸애도 나를 함께 포옹하고 울음을 터뜨렸다. 이 순간 우리는 더 가까워졌다. 실제로 내 인생을 되돌아볼 때 그 순간이 가장 보람 있고 의미 있는 경험이었다.

그 뒤로 우리 두 사람은 놀라운 일을 함께 했다. 우리는 전설적인 팀이 되어 멋진 작품을 여러 번 만들어냈다. 아주 재미있었을 뿐더러, 함께 일하는 동안 딸의 인생을 속속들이 알게 되었다. 그러나 이런 성과에도 대가는 치러야 했다. 자존심을 숙여야 할 때만큼은 기분이 개운치 않은 것이다.

두려움 때문에

-------------------------------● 상대방을 무장해제하기 어렵게 하는 다른 요소는 두려움과 불신이다. 상대방의 말 속에서 진실을 발견하기라도 하면 큰일이라도 난 듯 방어적인 태도를 보일 수도 있다. 상대방 말 속의 진실을 인정해주면 그 사람의 공격이 걷잡을 수 없이 강해져서 온갖 부정적 감정을 드러내며 공세를 퍼부을 것처럼 느낀다. 그래서 상대방이 잘못이라고 우기는 것이다.

그런데 실제 상황은 반대로 풀린다. 상대방 말 속의 진실을 인정해주기를 겁내면, 그 사람의 부정적 감정이 상승해서 더욱 거칠게 공격해오게 마련이다. 그런데 상대방이 옳다고 인정하고 비판의 말 속에서 진실을 찾아주면 역풍이 순풍으로 바뀌고 두 사람은 한 팀으로 뭉

치게 된다.

내 딸 사인이 나를 힐난했을 때, 나는 망연자실했다. 딸아이가 한창 자랄 때 도움이 되지 못했다고 인정하는 것이 부끄러웠기 때문이다. 그런 사실을 시인하면 끔찍한 일이 일어날 것처럼 생각했다. 혹시 딸아이의 애정이 식는 것 아닐까? 그렇지만 내가 딸아이의 말이 옳다고 인정하며 내 감정을 그대로 드러내자 우리는 그 이전보다 더욱 가까워졌다. 그리고 이 경험을 통해 부녀 관계가 한층 돈독해졌다.

무장해제 기법은 기업 간 협상에도 효과적인데, 친구나 가족 관계에서와 마찬가지로 역시 두려움이 큰 장애요소로 작용한다. 페드로라는 분이 내가 앞서 발간한 《필링 굿》을 읽은 후 가족 전체를 데리고 필라델피아에 있는 내 병원으로 찾아왔다. 내 책을 읽고 크게 기대가 되었기 때문에, 그 책에 나온 인지 치료 기법으로 자기 가족 전부 치료를 해달라고 했다. 가족들이 매일 따로따로 한두 회기씩 치료를 받게 해달라는 것이었다. 그러려면 몇 달이나 몇 년에 걸쳐 이루어질 치료를 몇 주 안에 다 압축하여 실시해야 할 형편이었다.

내 병원에서는 환자가 치료 회기 때마다 치료비를 지불하도록 되어 있었다. 페드로의 가족이 모두 여섯이므로 나는 치료가 있는 날마다 그때그때 치료비를 지불해달라고 했다. 페드로는 여기에 응하지 않고 일 주일에 한 번씩 지불하도록 해달라고 했다.

나는 예전에 이런 방식을 써보기는 했지만 만족스럽지 않았다고 설명해주었다. 페드로는 자기가 사업가여서 이런 일은 더 잘 안다고 하면서 주 1회씩 계산하도록 하자며 주장을 굽히지 않았다. 나는 마음이 꽤 상했다. 그래서 치료비 지불을 언제 어떻게 할지를 놓고 힘겨루기가 계속되었다.

페드로는 큰 체구에 용모도 위압적인 사람답게 자기 뜻을 관철하는 데 익숙한 사람이었다. 그래서 그런지 우리의 의견 차이는 좁혀지지 않았다. 대치 상태가 계속되었기 때문에 회기가 끝났을 때 나는 망연자실하고 힘이 쭉 빠졌다. 같은 날 늦은 시각에 페드로와 두 번째 치료 회기를 또 잡아놓았기 때문에 나도 모르게 오싹했다.

다음 치료 회기 전까지 나는 상황을 다시 돌이켜보았다. 그러자 내가 힘겨루기에 몰두하는 바람에 효과적인 의사소통 비결 다섯 가지를 사용하는 것을 완전히 잊어버렸다는 사실을 깨달았다. 그래서 몇 시간 후 두 번째 치료 회기가 되어 페드로가 와서 앉았을 때 나는 지난 실수를 되풀이하지 말자고 단단히 마음먹고 이렇게 말했다.

"페드로 씨, 오늘 아침 회기가 끝난 후 제 기분이 아주 좋지 못했습니다. 돈 문제로 다투느라 귀중한 시간을 허비해서 말이죠. 페드로 씨도 분명히 기분이 나빴겠지요. 사업에 관해서는 페드로 씨가 저보다 더 잘 안다고 하셨는데, 그건 정말로 맞는 말입니다. 게다가 온 가족을 이끌고 베네수엘라에서 여기까지 오실 정도니, 페드로 씨는 희생정신이 대단하신 분입니다. 저에 대해 몹시 실망하셨겠네요. 페드로 씨 기분을 상하게 해드렸군요. 제가 사과를 해야겠네요."

페드로는 깜짝 놀란 표정이었다. 그러고는 품에서 수표책을 꺼내더니 한 장에 서명을 해서 내게 건넸다. 수표를 받아보니 앞으로 20회의 치료 회기를 모두 선불로 계산한 것이었다. 내가 치료비를 선불로 받은 것은 그때까지 한 번도 없었다!

내 말이 어땠길래 그렇게 힘을 발휘한 것일까? 페드로는 마음이 따뜻하고 넓은 사람이었다. 다만 모든 일을 자기가 주관하는 데에 익숙해 있었다. 성격이 강한 것이 그의 최대 강점이었고, 그래서 사업에도 크게 성공할 수 있었다. 그러나 그런 성격은 최대 약점이기도 했다. 모든 일을 혼자 통제해야 직성이 풀렸고, 그러다보니 주변에 사람이 없었다. 그는 동료나 아내, 아이들과도 흉허물을 털어놓지 못했다. 나와 페드로가 서로 누가 옳은지 힘겨루기 함정에 빠졌을 때 우리는 한 경기에서 승부를 벌이는 사람들 같았다. 자존심을 걸고 서로 지지 않으려고 애를 썼다. 그런데 내가 페드로의 입장에 서서 그의 감정을 인정해주자 그는 내가 원했던 것보다 더 많은 것을 준 것이다.

이렇게 의문을 품는 사람도 있을 것이다. "음, 그런데 페드로가 그래도 치료비를 지불하지 않았다면 어떻게 할 거였죠?" 협상을 할 때에는 한계를 그어놓고 단호한 입장을 보여야 할 때도 있다. 아무리 능숙한 협상을 벌인다고 해도 늘 원하는 것을 얻을 수 없다. 그렇지만 무장해제 기법과 존중으로 상대를 대하면 언제나 원하는 것보다 더 많을 것을 얻을 수 있다.

진실이 장애가
될 때도 있다

------------------------------------- 이 책에 나온 어떤 기법이나 개념보다 더 크게 내 인생을 바꾼 것이 무장해제 기법이다. 나는 이 기법을 매일 사용하는데, 실망스러운 결과는 거의 생기지 않는다. 다만 이 기법은 익히기가 매우 힘들다. 마음속에서 이런 목소리가 속삭이기 때문이다. "그 사람 말이 옳다고 해주면 안 되는 거였어. 그 사람

말에는 옳은 구석이 전혀 없잖아. 내가 옳고 그 사람이 틀렸어!"이 목소리에 귀를 기울여 자기를 방어하려는 충동에 굴복하면 상대방과 갈등에 빠질 수밖에 없다.

남에게 비난을 들을 때, 나는 그 사람이 내게 뭔가 중요한 것을 말하려는 것이라고, 어떤 점에서는 그 사람의 말이 항상 옳다고 다짐하려 애쓴다. 내 직업이 다른 사람의 말에 귀를 기울이는 일이므로 나는 상대의 말 중에서 뒤틀렸거나 부당한 부분에 골몰하는 대신 타당한 내용을 가려들을 수 있다. 이 방법에 익숙해지면 누구나 다른 사람과의 관계에서 기적을 이뤄낼 수 있다.

그런데 우리는 상대의 비판이 정말로 진실이라는 점을 볼 수 있어야 할 뿐 아니라, 그 진실을 우호적이고 겸손하며 존경하는 태도로 인정해야 한다. 어떤 비판이든 항상 굉장한 진실을 담고 있다는 것이 내 믿음이다. 그러나 상대방의 말에서 진실을 찾지 못하거나, 상처와 분노가 너무 커서 그 진실을 인정해주지 못한다면 무장해제 기법을 이용한다고 해도 바람직한 결과는 얻을 수 없다.

얼마 전 나는 제리라는 분에게서 이런 말을 들었다. "아내가 나더러 고집쟁이라고 하는데, 도저히 거기에 동의를 못해주겠어요! 쓰레기 같은 말이잖아요!" 그런데 자기가 고집쟁이가 아니라고 말하는 제리의 태도가 바로 고집쟁이 같았다. 이것은 반대의 법칙을 보여주는 좋은 예다. 즉 상대방이 틀렸다고 주장한다면, 오히려 그것이 상대방이 옳다고 증명해주는 것이나 마찬가지다. 이와 반대로 상대의 비판에 고개를 끄덕여준다면 오히려 상대방이 틀렸음이 입증되는 셈이고, 상대방은 갑자기 우리를 전혀 다른 시각으로 보게 될 것이다.

그렇지만 이렇게 행동하는 것은 어려운 일이다. 상황을 보는 우리의 시각이 마음을 흐리게 만들어서 상대의 말에 동의할 구석이 한 치도 없다고 생각하기 때문이다.

　레이나라는 여성이 있었다. 이분은 남편 밀트와 말싸움을 벌였는데, 그때 무장해제 기법을 처음으로 구사해보았지만 여간 어렵지 않더라고 했다. 레이나의 말을 들어보자.

　선생님을 처음 만났을 때 저는 남편의 비난이 틀렸다고 보여드리는 일을 제일 중요하게 생각했어요. 남편의 말에 과장이 있었고, 전부 아니면 전무 식으로 사정을 왜곡했거든요. 그래서 남편이 틀렸다고 스스로 인정하게 만드는 일이 저에게는 정말로 중요했어요. 그래서 저는 주도권을 빼앗아서 강하게 공격하려고 했지만, 오히려 더 비참한 기분이 들더군요. 남편이 틀렸다는 것을 증명하려 하면 할수록 모든 것이 이전보다 백 배 천 배 힘들어지기만 했고, 실수도 자주 저질렀어요.

　예를 들어서 이틀 전에도 우리는 아주 큰 싸움을 벌였답니다. 아이들이 다 자라서 이제 조금 작은 집으로 이사를 하기로 했거든요. 밀트는 거실과 주방을 개조하면 나중에 더 좋은 가격에 팔 수 있겠다고 했어요. 저도 동의했지요. 그런데 어떻게 개조하느냐를 놓고 다툰 것이죠.

　말다툼 도중에 밀트는 오른쪽 시야에 부유물이 보이면서 눈이 부신 것을 느꼈대요. 이런 증상은 보통 별 문제가 없지만 망막에 상처가 생겼을 가능성도 아주 드물게 있어서 검사를 받아봐야 한대요. 그 전 며칠 동안 똑같은 증상이 있었는데 안과 의사는 괜찮다고 했거든요. 그런데 오늘 아침 일어났을 때 눈앞에 부유물이 더 많이 보였고, 밀트는 아주

기겁을 했지요. 그 사람은 안절부절 못하면서 제 말을 들은 척도 안하는 거예요. 그래서 제가 계속 잔소리하면서 참견을 했어요. 이 책에 나온 잘못된 행동은 모조리 다 했던 거죠. 그러다가 자존심을 버리고 이렇게 말했어요.

"있잖아, 밀트. 당신이 맞아. 지금까지 내가 못된 여자같이 행동했으니 당신이 핏대를 올리는 것도 당연해. 내 잘못이라고 인정하려니 참 멋적네. 눈에 이상한 게 떠다니니까 당신은 정말 불안할 것 같아. 그동안 내가 전혀 도움도 못 준 게 사실이야. 정말 미안해 죽겠어."

그러자 갑자기 밀트가 이렇게 말하는 거예요.

"아냐, 당신 말도 맞아. 내가 못난이처럼 굴었지 뭐. 사랑해요."

무장해제 기법이 이렇게 빨리 상황을 바꿔놓을 수 있다니, 놀랍더라고요. 남편 말이 맞다고 인정해주자마자 남편도 금방 방어막을 내리고 자기한테도 문제가 있었다고 인정하는 거예요. 싸움은 그걸로 끝이었고, 그날 하루 우리는 아주 좋았어요.

그러니까 남편이 잘못했다고 증명하는 게 별로 중요하지 않다고 깨달았죠. 남편도 자기가 꼭 옳다고 믿는 건 아니니까요. 그 사람도 기분이 상하고 짜증나니까 나한테 못되게 구는 거죠. 내가 남편한테 소중한 사람이고 남편도 나를 사랑하고 나와 잘 지내고 싶어한다고 다짐하니까 저도 마음을 다잡게 되더라고요.

스스로 적극적이 되고 보복을 한다거나 내가 옳다고 증명하려는 생각을 버리는 게 중요하더라고요. 처음 선생님을 만나러 올 당시에 우리 부부는 싸움이 보통 아니었어요. 밀트가 오랫동안 저한테 화를 품었고요. 그 사람이 귀가할 때에는 저도 이런 식으로 생각이 드는 거예요. '멍청한 사람. 왜 나 혼자 이런 노력을 다 해야 하지? 정말 불공평해!' 그런데 요즘은 이렇게 생각해요. '정말 힘들지만 난 남편을 사랑하잖아. 그리고 나한테는 마음대로 쓸 수 있는 효과적인 무기도 있거든.'

효과적인 의사소통 비결 다섯 가지를 개발했을 때, 나도 가장 익히기 어려운 것이 무장해제 기법이었다. 다른 분들도 역시 만만치 않다고 느낄 것이다. 내 환자, 동료, 가족들이 내게 던지는 비난이 옳을 수 있음을 확인하는 일은 힘겨웠다. 이것을 좀더 잘 할 수 있도록 하기 위해 나는 남에게 들을 수 있는, 가장 말도 안 되고 있을 수 없는 비난을 생각해서 적어보곤 했다. 그리고 여기서 일말의 진실을 찾아보려 했다. 이런 훈련은 참으로 소중했다. 이것은 꼭 놀이를 하는 것과 같아서 어느 정도 후에는 능숙하게 해낼 수 있었다.

다음에 나오는 표에는 혹독한 비판의 말이 제시되어 있다. 무장해제 기법을 사용하여 이 비판들을 인정할 수 있을지 확인해보자. 오른쪽 칸에 각자의 대답을 적어보자. 그리고 각 항목을 다 채운 후 그 다음 쪽에 있는 내 대답을 보기 바란다.

배우자, 가족, 친구, 동료들에게서 들었던 최악의 비난을 각자 적어놓을 수도 있다. 가장 극단적이고 얼토당토않은 내용을 만들어볼 수도 있다. 불쾌한 비판이 포함되도록 해야 한다. 그리고 나서 각 비판 속에서 진실을 찾아내도록 한다. 이 연습은 우리로 하여금 새로운 눈을 뜨게 해준다.

무장해제 기법을 손쉽게 익히도록 돕는 요령이 몇 가지 있다. 첫째 애매하고 일반적인 비판을 구체적인 비판으로 바꾸게 한다. 가령 친

방법: 상대방의 비난에 대해 무장해제 기법을 이용한 효과적 대답을 찾아낸다. 표의 아래 빈칸에 다른 사람에게서 들을 수 있는 비판의 말을 적고, 오른쪽 칸에는 그에 대한 대답을 적는다.

혹독한 비난	무장해제 시키는 대답
난 네가 싫어! 멍청이! 인생 낙오자!	
너는 못됐어.	
이기적이야. 자기 생각만 해.	

방법: 상대방의 비난에 대해 무장해제 기법을 이용한 효과적 대답을 찾아낸다. 표의 아래 빈칸에 다른 사람에게서 들을 수 있는 비판의 말을 적고, 오른쪽 칸에는 그에 대한 대답을 적는다.

혹독한 비난	무장해제 시키는 대답
난 네가 싫어! 멍청이! 인생 낙오자!	나한테 화 많이 났구나. 내 일처리 솜씨가 형편없다는 걸 나도 잘 알아. 일을 망쳐서 나도 어쩔 줄 모르겠어. 네 기분이 어떤지 더 얘기해줄래?
너는 못됐어.	너 나 때문에 기분 상했구나. 널 아끼는 마음에서 그런 건데, 그렇게 느꼈다니 참 미안해. 네 기분이 어떤지 더 얘기해줄 수 있어?
이기적이야. 자기 생각만 해.	맞아. 네 기분이 어떨지 생각을 못했어. 나한테 화내는 것도 당연하지. 내가 잘못이라니, 나도 힘드네. 내가 널 무시하거나 이기적으로 대한 적이 또 있니?

구 하나가 느닷없이 이렇게 말했다고 하자. "너는 멍청이야!" 우리는 당황해하면서 자신을 변호하려는 충동을 느끼게 마련이다. 그러나 그 대신 이런 식으로 말해보면 어떨까. "내 말 때문에 네 마음이 상했다니 미안하다. 내가 그런 식으로 말한 게 잘못이야. 네 기분이 어땠는지 조금 더 말해줄래?" 일반적이며, 그래서 오히려 무의미한 비판 즉 "너는 멍청이야!"라는 비판을, 어떤 말이 친구의 기분을 상하게 했는지를 나눠보는 의미 있는 대화로 바꾸었음에 유의하자. 이러한 반응은 협력하려는 마음을 끌어낸다. 그러니까 더 이상 멍청이로 여겨질 염려는 없는 것이다.

둘째, 무장해제 기법을 행할 때에 반드시 상대의 비판에 조목조목 동의해야 할 필요는 없다. 그 대신 상대방이 말하려는 핵심 취지에 동의하면 된다. 덧붙여서 상대방의 감정이 상하지 않도록 유의해야 한다. 나는 다투는 와중에서도 요령 있게 대답을 하면서 존중심을 보이도록 항상 노력했다.

가령 어떤 사람한테서 이런 말을 들었다고 하자. "당신은 나를 좋아하지 않는군요!" 심리치료사들은 성난 환자들에게 항상 이런 비난을 듣는다. 사람들이 불편한 관계에 있는 자녀나 친구들에게 듣는 비난도 이런 것이다. 그런데 무장해제 기법을 구사한다면서 다음과 같이 대응하는 것은 잘못이다. "네 말이 맞아. 나는 너를 좋아하지 않거든. 다른 사람도 너와 친하기 어렵다고 생각해! 사실 네 어머니도 널 좋아하지 않으실걸." 이런 대답은 언뜻 무장해제 기법에 속한다고 여겨질지 모르나, 사실은 아주 무례한 대답일 뿐이다. 좋은 대답은 가령 다음과 같이 해야 한다.

아, 너한테 그런 말을 들으니 정말 섭섭하네. 하지만 네 말도 맞아. 내가 까다롭게 굴어서 화난 것처럼 보였나봐. 솔직해 얘기해볼까. 너와의 우정은 나한테 정말 소중해. 내 행동이나 말이 어디서 잘못이길래 화가 난 건지 얘기해줄래?

이런 응답은 상대방이 무시당했다거나 섭섭하다고 느끼지 않게 하면서도 비판을 무디게 해준다. 또 가령 '넌 날 좋아하지 않지?'와 같은 추상적인 비판을 구체적인 비판으로 바꿔준다. 두 사람의 관계가 그동안 불편했다고 솔직히 인정하고 도움이 되도록 노력도 하지 않았음을 시인하는 것이다. 이때 역설적으로 상대방은 당신이 자신을 확실히 아껴준다고 금방 느끼게 된다.

내가 운영하는 '친밀한 관계 만들기 훈련'에 참가한 분 중에 전직 신부도 있었다. 그분은 무장해제 기법을 설명하는 대목에서 어떤 통찰을 얻었다고 했다. 그는 사제직을 그만 둔 이후 대학원에 입학하여 고대언어학으로 박사학위를 받은 분이다. 그분에 따르면 '죄의 고백'에 대한 기독교 개념은 사실 아람어로 기록된 단어를 오역한 것이라고 했다. 정확한 번역은 '고백한다'가 아니라 '동의한다'는 것이다. 그는 이 훈련에 참여하던 중 기독교의 고백 개념과 내 무장해제 기법이 아주 닮았다는 생각이 퍼뜩 떠올랐다고 했다. 그러니까 상대의 비판에 동의할 때 우리는 실제로 죄를 '고백'하는 셈이다. 그리고 그 순간 우리는 용서를 받는다. 이러한 개념은 기독교뿐 아니라 사실상 거의 모든 종교에서 전통으로 뿌리박혀 있다.

불교에서는 자아의 죽음을 '위대한 죽음'이라 부른다. 어떤 비판에 대하여 진지하게 동의할 때 우리는 마치 죽임을 당하는 듯 느낀다. 실제로 '자아'라는 자존감과 감각이 죽어야 할 수도 있다. 그러나 비판을 무장해제시키며 마음의 문을 열면, 죽는 순간 우리는 다시 태어나게 된다. 요컨대 '죽음'과 '부활'은 결국 하나다. 즉 똑같은 경험을 다른 방식으로 설명하는 것뿐이다. 다툼을 벌이던 사람을 무장해제시켰다면 스스로 죽음과 부활을 동시에 경험하는 것이라고 말해도 좋다. 우리를 괴롭히던 적대감, 불신, 좌절 따위가 따뜻함, 사랑, 존경 등으로 즉시 변화하기 때문이다.

효과적인 의사소통 비결 2: 생각 공감과 감정 공감

14

선구자 프로이트를 비롯해서 모든 심리치료사들이 치료에서 가장 강조하는 것이 바로 공감이다. 나도 앞에서 좋은 의사소통의 세 가지 요건 중 하나로 공감을 들기도 했다. 그런데 공감이 정말로 그렇게 중요할까? 아니면 집단 감수성 훈련에서 마음을 털어놓는 것을 가리키기 위해 쓰는 용어일까? 공감이란 무엇일까? 공감이 정말로 인생을 크게 바꿔줄 수 있을까?

대부분의 사람들은 자기가 공감을 그런대로 잘한다고 믿는다. 우리는 남들이 무슨 생각을 하는지, 기분이 어떤지, 우리를 어떻게 느끼는지 제법 잘 안다고 믿는다. 가령 동료, 친구, 가족이 지금 어떤 기분이고, 우리를 어떻게 느끼는지 안다고 믿는 사람이 꽤 있을 것이다. 또 그들이 우리의 기분을 잘 안다고 믿을 것이다. 그런데, 다른 사람의 기분을 이미 안다면, 왜 그렇게 공감이 중요하단 말인가?

다른 이들의 기분, 다른 이들이 우리에 대해 느끼는 감정을 우리가 안다는 것은 근거가 없는 경우가 대부분이다. 이것은 인간관계 전문가라고 여겨지는 심리치료사들에 대해서도 마찬가지다. 나를 비롯한 심리치료사들은 사람들의 감정을 잘 안다고 생각하지만, 사실은 그렇지 않다.

최근 나는 스탠퍼드대학교에서 심리치료사들의 정확성에 대한 연구를 마무리했다. 이 연구는 여덟 사람의 연구치료사들이 수행했는데, 이들은 최근 진료를 신청한 정신과 환자 70명을 상대로 여러 시간 면담을 가졌다. 면담 말미에 환자들은 몇 가지 간략하지만 중요한 정확도 측정 항목에 답하도록 했다. 즉 우울, 불안, 분노 등의 감정을 측정하고 '지금 이 순간' 기분이 어떤지를 밝히도록 했다. 또 환자들은 자기를 면담한 연구·치료사들의 태도가 얼마나 따뜻하고 함께 공감했는지도 점수를 매겼다. 이와 동시에 연구자들도 자신이 맡은 환자들의 답이 어떨지 예상하며 동일한 질문지를 채우도록 했다.

연구자들은 이 연구가 자신들의 정확도를 측정하는 것임을 알았기 때문에 환자들이 면담에서 한 말에 집중하여 답을 찾느라 애를 썼다. 자, 이 연구자들의 대답이 얼마나 정확했을까? 정확도 측정의 한 방법으로 상관계수 분석이라는 통계적 기법이 있다. 이것은 복잡한 개념이긴 하지만 발상은 간단하다. 상관계수는 0과 1 사이의 값으로 분포한다(엄밀히 말하면 상관계수는 -1 이상과 +1 이하에서 변동한다. 그 값이 0 미만으로 나올 경우, 이것은 한쪽 변수의 값이 높으면 다른 쪽 변수의 값이 낮다는 것을 의미한다). 변수 값이 1일 경우 이것은 치료사가 환자의 감정을 아주 정확하게 알았음을 의미한다. 변수 값이 0일 경우 치료사의 판단과 환자의 실제 감정이 전혀 관계가 없음을 의미한다. 이 경우는 최악의 결과일 것이다.

이 연구의 결과가 어떠했을까? 거의 모든 계수가 0에 가까웠다. 이 것은 치료사가 생각한 환자의 감정 상태가 실제 환자가 느낀 것과는 전혀 관계가 없었다는 얘기가 된다. 택시기사 아무나 붙잡고 생면부지 환자들의 감정이 어떠하겠느냐고 물어서 얻는 답이나, 전문치료 사의 답이나 서로 다를 바가 없다는 것이다! 치료사들이 환자들의 기분을 주제로 두세 시간씩 면담하자마자 기록한 것인데도 상관계수 값이 이렇게 낮게 나왔다는 것은 정말로 깜짝 놀랄 일이다.

내가 지금 내 동료들을 비난하려고 이런 이야기를 하는 것은 아니다. 이 연구에 참여한 연구자들은 탁월한 능력과 공감력을 지닌 분들로, 그중에는 내가 만난 사람들 중 최고라고 꼽히는 사람들도 있다. 결국 이런 문제는 우리 모두 안고 있다. 우리는 남이 어떤 기분인지, 또 우리에 대해 어떻게 느끼는지 잘 안다고 생각하지만, 실제로는 그렇지 않다. 사랑하는 사람, 친구, 이웃, 동료, 심지어 고객 등 그 상대를 가리지 않고 그러하다.

이러한 문제는 의학이나 심리 분야에만 한정되지 않는다. 나는 최근 수백 명의 어린이들에게 자기가 얼마나 우울하고 화가 나는지 등급을 매겨보라는, 흥미로운 연구가 있었다는 이야기를 동료에게서 전해 들었다. 이 연구에서는 참여 어린이들의 부모, 교사, 상담사들도 똑같은 척도로 측정해보도록 했다. 연구 결과, 어린이들의 실제 감정과 이들의 부모, 교사, 상담사들이 생각하는 것에는 유의한 관계가 역시 나타나지 않았다.

이러한 연구들이 의미하는 바는 매우 당혹스럽다. 부모를 살해하거나 아니면 동네 고등학교에 권총을 들고 들어가서 닥치는 대로 사람들을 쏜 범인이 바로 이웃집 사내아이라는 이야기를 듣고 사람들이 충격에 빠지곤 하는 모습도 이 연구로 설명이 된다. 사람들은 이렇게 말하지 않는가. "그 아이가 그런 감정에 빠져 있었다니 정말 몰랐어요! 그렇게 착해보이기만 하던 아이가!"

우리는 다른 사람의 감정이 어떠한지, 그 사람이 우리를 어떻게 느끼는지 안다고 생각하지만, 그 생각은 실제와 상당히, 아니 전혀 맞지 않을 수 있다. 공감이 중요한 능력이라는 이유가 바로 이 때문이다. 가족, 친구와 갈등이 있거나 상사나 고객과 사업상 이견 등이 있을 때 상대방의 생각과 감정을 정확히 아는 것은 귀중한 도움이 된다.

어떻게 하면 공감 능력을 계발할 수 있을까? 우선 용어 정의부터 하자. 공감을 어떻게 정의할까? 다음과 같은 경우가 바로 상대와 공감하는 것이다.

1 상대방의 생각을 아주 정확히 이해하고 있어서 상대방이 "네 말이 맞아. 그게 바로 내가 생각하는 거야"라고 말한다. 이것이 '생각 공감'이다.

2 상대방 마음속의 감정을 잘 이해하고 있어서 상대방이 "그래, 내 기분이 바로 그래"라고 말한다. 이것이 '감정 공감'이다.

3 상대방이 수치심을 느끼거나 기분이 상하지 않도록, 자신이 이해하는 바를 따뜻하고 존중하는 태도로 전달해준다.

생각 공감

●━━━ 공감의 세 가지 측면을 좀더 자세히 살피도록 하자. 생각 공감은 상대방의 말한 바를 되풀이함으로써 상대방이 말하는 요지를 우리가 파악했음을 알도록 하는 것을 뜻한다. 이때 우리는 상대방이 하는 말에 집중하여, 마치 재판정에서 오가는 모든 말을 주의 깊게 듣고 기록하는 법정기자처럼 정확히 요약하도록 한다.

생각 공감은 언뜻 단순해보이지만 익히기가 녹록치 않다. 특히 서로 갈등이 있을 때는 더욱 그러하다. 남에게 공격을 받으면 우리는 대개 제 정신을 잃거나 화를 터뜨리기 일쑤다. 그래서 자신을 방어하기 위해 어떻게 대답해야 하는지에 골몰하는 경향이 있다. 그러나 이렇게 대처하면 할수록 다른 사람의 말하는 요지를 놓치게 되어 결국 전혀 엉뚱하게 대응하고 만다. 이러면 상대방은 자신의 말을 경청하지 않는다고 여겨 짜증을 느낀다.

이와 반대로 다른 사람의 말을 우리의 말로 바꿔서 해주면 상대방은 우리가 자기 말을 경청하고 있으며 요점을 파악하고 있다고 여긴다. 생각 공감은 언제나 긴장을 풀어준다. 특히 존중심을 담은 말투로 대해줄 때에 더욱 그러하다. 게다가 상대의 말에 주의를 집중하고 그것을 큰 소리로 되풀이하다보면 다음에 어떤 반응을 보여야 할지 생각할 시간을 벌게 된다.

생각 공감을 능숙히 한다는 것은 자신의 생각과 감정 대신 상대방이 말하는 바로 초점을 이동한다는 것이다. 자기 중심으로 의사소통을 하는 사람들이 많지만, 생각 공감은 그 반대, 즉 타인 중심 의사소통 기법이라 할 수 있다.

생각 공감을 할 때 우리가 어떤 말을 하게 될지 다음에 제시한 예들이 알려준다.

- "당신 말은 ……라는 거지?"
- "내가 정확히 이해했는지 들어봐. 그러니까 당신 말은 ……라는 거지?"
- "내가 제대로 알아들었다면, 당신 생각은 ……라는 거지?"
- "내가 제대로 이해했는지 모르겠는데, 지금 당신은 세 가지 중요한 얘기를 하려는 것 같아. 첫째 이러저러한 내용을 말하려는 것 같고, 둘째, 그게 이러저러하다는 것이고, 셋째, 당신 기분은 이러저러하다는 것인데…… 내가 정확히 이해했나?"

위 표현 중 어떤 식으로 말해도 효과는 발휘된다. 다만 상대방의 말을 자신의 말로 바꾸어 표현할 때, 존중심을 담고 여유 있으면서도 사실을 알려는 말투를 유지해야 한다는 것을 잊지 말도록 하자. 위의 예들 중 마지막에서 "내가 정확히 이해했나요?"라는 질문으로 끝맺었음에 주목하자. 이 질문은 상대방으로 하여금 우리가 자신의 생각을 정확히 아는지 판단해주도록 돕는다.

사례를 하나 든다. 캐롤라인이라는 친구와 다투고 있다고 하자. 캐롤라인이 만나는 남자가 캐롤라인과 어울리지 않는다고 우리가 여기면서 다툼이 시작되었다. 캐롤라인은 남자 친구한테 화가 나 있으면서도 충고를 귀에 담으려 하지 않는다. 그런데 캐롤라인이 갑자기 이렇게 말한다.

> 네가 랜스를 놓고 하는 얘기는 얼토당토 않아. 랜스는 정말로 나를 사
> 랑하고, 나 몰래 다른 여자를 만날 사람도 절대 아니야. 바람을 피울 사
> 람이 절대 아냐. 어제 가게에서 절도로 잡혔는데 그건 가게의 실수야.
> 경비원이 착각한 것이지. 랜스는 세상에서 가장 정직한 사람이라고 나
> 는 믿어.

우리가 이때 생각 공감 기법을 가동한다면 이렇게 말할 수 있다.

> 캐롤라인, 그러고 보니까 내가 랜스를 잘못 생각했네. 네가 화낼 말을
> 해서 아주 미안해. 네 말은, 랜스가 정말 너를 사랑하고 또 바람도 필 사
> 람이 아니란 거지? 그리고 랜스가 가게에서 정말 물건을 훔친 것도 아
> 니고 근본이 착한 사람이란 거지? 내가 제대로 알아들었니?

생각 공감은 다른 기법보다는 익히기 쉬운 편이다. 상대방의 말을
존중심 어린 말투로 되풀이해주기만 하면 되기 때문이다. 상대방의
말이 옳다고 동의할 필요도 없으며, 그것이 틀렸다고 논쟁을 벌이려
하지 않아도 되기 때문이다. 가장 중요한 것은 진지함과 진실함이다.
상대방의 말을 형식적으로 되풀이하기만 해서는 앵무새처럼 들릴 뿐
이다. 아래의 예가 바로 그 잘못된 경우다.

> 아내: 당신 때문에 속 터져!

남편: (이제 막 생각 공감을 배웠음) "당신 때문에 속터져!"라고?

아내: 지금 뭐하는 거예요? 앵무새처럼 흉내나 내고!

남편: 내가 앵무새 흉내나 내고 뭘 하려는지 모르겠다는 거지?

아내: 제발 내 말 좀 따라하지 말아요. 어디서 화만 돋구고!

남편: 당신 화만 돋구니까 당신 말을 따라하지 말라는 거지?

이 남편은 지금 너무나 기계적으로만 말하고 있다. 생각 공감으로 사방에 벽을 쌓는 것이다. 이것은 경청이 아니라, 아내가 말하는 것을 그대로 옮겨놓을 뿐이니 화만 돋운다. 다음에는 효과적인 대응을 하는 한 장면이다.

아내: 당신 때문에 속터져!

남편: 와, 당신 정말 나 때문에 화가 났네. 나도 지금 꽤 불안해. 내 행동이나 말이 뭐가 잘못돼서 당신이 화가 났는지 잘 모르겠거든. 당신 기분이 어떤지 더 얘기해줄래?

이 남편은 아내의 말에 공감하면서도 자기감정도 털어놓았다. "와" 하면서 정말 놀랐다는 것을 표현했다. 또 스스로 불안한 기분이며 무슨 까닭인지 모르겠다고 인정했다. 이러한 말은 남편도 인간이며 유약한 존재임을 느끼게 한다. 마음에서 화답하며 더 정확한 정보를 달라고 요청했으므로 앵무새 흉내로 느껴질 리도 없다. 마지막으로 '주관식' 질문을 던졌다. 이것은 그가 계속 관심을 가지고 있으며 귀를 기울일 자세가 되었음을 알려준다. 공감에서 성공의 열쇠가 되는 것은 유연하고, 진실을 알려 하며, 사랑하고 동정하는 마음이다.

감정 공감

------------------------------------● 생각 공감은 정말로 도움이 되지만 언제나 이것만으로 충분하지는 않다. 감정 공감도 함께 하면서 상대의 감정을 인정해야 한다. 갈등이 계속될 때 상대방은 화가 나 있게 마련이다. 상대방은 우리 때문에 마음 상하고, 모욕을 느끼고, 분통 터지고, 짜증스러울 수 있다. 우리가 상대방의 감정을 인정해주지 않으면 상대방은 감정이 급격히 악화되어 자제력을 잃을 수 있다. 그래서 상대방은 어디서부터 자신의 기분이 상했는지 알아주길 바란다. 우리도 마찬가지다. 사람들은 우리가 자신의 감정을 고려해주고 있음을 알게 되면 방어적 자세를 취하거나 감정을 터뜨리지 않게 된다. 그리고 마음을 더 열고 우리의 감정을 받아들여 줄 자세도 보여준다.

감정 공감이란 곧 다른 사람의 말을 토대로 그 사람이 어떤 감정일지 짐작하여 인정해준다는 것을 의미한다. 다른 사람의 말을 자신의 말로 다시 표현해줄 때, 이렇게 생각해보자. "이 상황에 대해 말하는 것을 볼 때, 저 사람은 지금 어떤 기분일까?" 가령 어떤 사람이 우리더러 멍청이라고 내뱉었다고 하자. 이 사람이 기분이 상해 있다는 사실은 뇌과학자가 아니라도 쉽게 알아차릴 수 있다. 절친한 친구가 자기 동생이 백혈병에 걸렸다고 말한다면, 이 친구는 충격과 슬픔에 빠져 있을 것이다.

감정 공감을 할 때 이런 식으로 말을 하면 될 것이다. "욜랜더, 네 말을 들어보니, 너는 이러저러한 기분인 것 같아. 내가 네 감정을 제대로 아는 거니?" 여기서 '이러저러하다'는 것에는 앞에 나온 '감정 단어'들이 들어갈 수 있을 것이다. 위의 대답처럼 마지막 말을 질문으로 끝내면, 상대방으로 하여금 자기감정을 우리가 정확히 아는지 판단할 뿐 아니라 자신의 감정에 대해 더 많은 것을 이야기해줄 기회를 준다.

가령 한 독자가 내게 이렇게 말했다고 하자. "번즈 박사님, 아버지하고 대화를 나누고 싶지만 그때마다 저한테 화를 터뜨리세요. 트집을 보통 잡으시는 게 아니고요. 아버지하고는 뭐든 제대로 같이 할 수 없어요." 이런 질문에 대해 나는 가령 다음과 같이 생각·감정 공감으로 대답할 수 있을 것이다.

> 당신의 말을 들으니 저도 마음이 언짢군요. 대화를 시도할 때마다 아버님이 트집을 잡으시는군요. 정말 괴로우시겠네요. 사랑하는 사람이 우리를 비난하면 정말 절망스럽고, 아무것도 제대로 되는 게 없다는 기분이 들지요. 속이 몹시 쓰리고 기가 꺾이지요? 화가 치솟거나 아니면 겁이 날 수도 있겠지요. 그때 기분이 어땠는지 말씀해주실 수 있을까요.

여기서 내가 상대방의 말을 되풀이해주고(생각 공감), 감정이 이러저러하겠다고 인정해주며(감정 공감), 끝맺음을 질문으로 했다는 것에 주목하자. 상대방이 마음의 문을 열어 어떤 문제가 있는지 더 많이 이야기할 수 있도록 질문하는 것이 중요하다. 게다가 상대방은 자기 생각과 기분을 우리가 제대로 파악했는지 말해줄 수 있다. 종종 우리는 상대방의 생각과 감정이 이러저러하리라고 파악했던 것이 실제로는 근거가 없음을 알게 되곤 한다.

감정 공감을 할 때에는 다른 사람의 입장에 서서 그 사람의 감정이 어떨지 생각해보아야 한다. 가령 열두 살짜리 딸 제나인이 친구들과 토요일 밤 파티에 나가서 새벽 1시까지 놀다 오겠다고 한다. 우리는 그렇게 늦게까지 있어선 안 된다고 말한다. 그러자 딸아이가 불쑥 내뱉는다. "내 친구들은 다 한 시까지 놀 수 있어. 아무것도 아닌데 왜 그래. 엄마는 내 생각은 전혀 안 해! 이래라저래라 명령만 하고."

이 말에 비추어볼 때 제나인은 지금 어떤 감정에 있으리라고 생각될까? 그 답을 읽기 전에 감정 단어 목록에서 예시를 서너 개 찾아보자.

제나인은 지금 분명 화가 나서 어쩔 줄 모른다. 아마 슬프고 실망스럽기도 할 것이다. 친구들보다 일찍 파티에서 나와야 하니 당황스럽고 창피하기도 하다. 통금 시간이 이렇게 일찍이니 친구들한테 얕보이겠다고 염려할 수도 있겠다. 엄마가 자기 생각도 안하고 이해도 안 해준다고 말한 것을 보니, 속이 단단히 상했다.

이제 이번에는 제나인의 엄마 역할을 해보자. 어떻게 대답할까? 별도의 종이에 우리가 할 말을 적어보자. 이때 생각 공감과 감정 공감 기법을 사용해보자. 즉 제나인이 방금 한 말을 다시 말해주고 어떤 기분일지 인정해주면서, 엄마가 제나인의 생각과 기분을 제대로 아느냐고 묻는다. 우선 별도의 종이에 스스로 적어보는 과정을 밟은 후 이 책을 계속 읽어가도록 당부드린다.

제나인, 화났구나. 나도 마음이 좋지는 않아. 엄마는 네가 기분 상하는 것이 정말 싫거든. 우리 딸이 늦게까지 놀고 왔으면 하는 마음이 나도 있어. 그렇지만 몇 주 전에 학교 친구들이 음주 운전 차에 다친 일이 있어서 정말 불안하단다. 혹시라도 너한테 어떤 일이 일어나면 나는 날 용서할 수가 없어. 그런데 네 친구 모두 한 시까지 논다는데, 너만 빠지는 것도 불공평하기는 해. 네 기분이 지금 어떤지 더 얘기해줄 수 있어? 엄마한테 잔뜩 화가 나는 게 당연하다고 생각해.

이 새로운 반응에서 우리는 딸의 입장에 서서 아이의 기분을 인정한다. 그리고 딸의 말에서 일말의 진실을 찾아, 더 이야기를 해달라고 한다. 게다가 엄마의 감정이 어떤지 애정 담긴 태도로 털어놓는다. 이런 반응을 보여주면 제나인이 마음의 문을 더 쉽게 열게 마련이므로 불필요한 힘겨루기 대신 의미 있는 대화를 나눌 수 있다. 그렇다고 해서 딸아이의 요구에 굴복하라는 뜻은 아니다. 궁극적으로 어떤 결정을 내릴 권리는 부모에게 있다. 다만 딸의 말을 경청해주며 딸을 대화의 경계 밖으로 내몰지 않으면서 따뜻한 태도로 함께 문제를 논의하면 약효가 훨씬 잘 발휘된다는 것이다.

이것이 순수한 과학의 문제는 아님을 명심하자. 다른 사람의 생각과 감정이 정확히 어떤지는 그 사람에게 직접 묻지 않고는 전혀 알 수 없다. 생각 공감과 감정 공감 기법을, 세 번째 경청 기법 즉 '확인 질문하기'와 항상 결합해야 하는 이유가 바로 이 때문이다. 확인 질문은 우리가 상대방의 생각이나 감정을 정확히 파악했는지 묻거나, 그에 대하여 더 이야기해달라는 질문을 던지는 것이다. 실제로 나는 이 책에서 소개한 거의 모든 사례들에서 확인 질문을 던졌다.

감정 공감 기법을 이용할 때에는 상황에 맞는 단어들을 선택하는 것도 중요하다. 결혼기념일을 잊어버려 아내가 화를 냈을 때, 아내가 상심하고 화가 나 있다는 것을 인정해주면 된다. 그러나 실적이 시원치 않다고 직장 상사가 화를 낼 때 "지금 상심하고 화가 나셨군요"라고 말하는 것이 적절치는 않다. 그런 식으로 말하면 상사는 '이 친구 머리가 돌았나'라고 생각할지도 모른다! 그러니 직장에서는 거기에 맞는 표현을 써야 한다.

새 사업 제안을 준비하여 뼈 빠지게 일하기는 했는데 제대로 하는 것인지 확신이 서지 않는다고 하자. 상사는 보고를 검토한 후 핵심이 정확하지 않다고 말한다. 이때 이렇게 대답할 수 있다.

> 제 제안서에 실망하셨다니 죄송합니다. 사실은 저도 놀랍지 않습니다. 제안서가 제 뜻대로 잘 써지지 않더라고요. 문제점을 지적해주시면 적극적으로 고쳐 보겠습니다.

이러한 반응은 직장 안에서 아주 적절하다. 상사가 실망했으리라고 적절히 인정하고, 생각 공감과 감정 공감은 물론 무장해제 기법도 구사하면서 더 많은 정보를 요청한다. 이렇게 조직적인 태도를 보이고 상사의 전문성을 존중한다는 자세를 보여주니 상사는 아마 흐뭇할 것이다.

앞에서 보았던 해리엇의 사례를 되새겨보자. 해리엇은 남편 제리가 부정적 감정을 다스리지 못한다고 철석같이 믿었다. "당신이 내 책임을 따지면 나는 기분이 상하고 추궁당하는 것 같아"라는 남편의 말에 해리엇은 이렇게 대답했다. "내가 당신하고 생각이 다르다고 말할 때마다 당신은 화를 내는 것 같아. 그래서 내가 하는 말에 아주 신경을 써야 하고 어떤 때는 평화를 지키기 위해 차라리 입을 다물어버리자고 느껴. 그러나 나는 평화로운 척 하기 싫어."

해리엇의 대답은 너무 윤리적이어서 효과를 발휘하지 못했다. 그리고 제리가 자기 기분을 털어놓으려 해도 해리엇은 그것을 무시해버렸다. 게다가 해리엇은 제리의 책임을 묻게 된 동기, 즉 자기의 감정을 털어놓지도 못했다. 여기서 우리는 해리엇이 문제라고 지적하는 그것은 해리엇 자신이 만들어낸 것임을 알 수 있다. 물론 해리엇은 자신이 이 문제를 만들어냈다고는 깨닫지 못했다.

우리 각자 해리엇의 입장에 서서 더 나은 대답을 제리에게 할 수 있을지 생각해보자. 이때 생각 공감과 감정 공감 기법을 이용한다. 제리가 "당신이 내 책임을 따지면 나는 기분이 상하고 추궁당하는 것 같아"라고 말했을 때 그의 기분이 어땠을지 자문해보자. 감정 단어 목록을 읽고 거기서 제리의 감정에 알맞을 만한 단어를 찾아보자. 그리고 다른 종이에 이것을 적어보자.

가령 이런 식으로 달리 말할 수 있을 것이다.

제리, 당신은 추궁당하는 것 같아 기분 나쁘다고 했는데, 내가 너무 잘 잘못을 따진 게 아닌지 나도 괴롭네. 당신이 나한테 불쾌하고 짜증이 난다고 해도 할 말이 없겠어. 어떤 때는 우리의 대화가 꼭 살얼음판 위에 서 있는 듯 느껴져. 그리고는 나도 감정이 상해서 마음을 꽉 닫고 외롭고 비참한 상태에 빠지지. 당신을 사랑해. 그래서 그렇게 되면 나도 힘들어. 내가 당신한테 편견이 심하다고 느낀 경우를 더 얘기해줄 수 있어? 그리고 그때 당신 기분이 어땠던지 얘기해주었으면 해.

해리엇은 남편의 감정을 인정하고, 자기감정도 털어놓으면서 남편으로 하여금 마음의 문을 열도록 권유한다. 이로써 두 사람은 누가 잘못했는지, 누구 책임인지 자나 깨나 옥신각신 하는 대신에 한층 성숙한 정서 단계에서 교감을 나눌 수 있게 되었다.

경청하기와 도움주기

생각 공감과 감정 공감 기법을 이용할 때 잊지 말아야 할 점이 있다. 우리의 목표는 상대방을 도와 문제를 해결하는 것이 아니라, 상대방의 감정을 정말로 이해하고 싶다는 사실을 보여주는 데 있다는 것이다. 대부분의 경우 사람들은 자신의 욕구를 이쪽이 조금이라고 이해해주기만 하면 더 바랄 것이 없어 한다. 문제를 해결할 시간은 있다. 그러나 상대방의 감정이 격앙된 상태에서는 정말 불가능하다. 제일 먼저 해야 할 일은 요령 있게 상대방을 경청하는 것이다. 이것을 해내려면 훈련과 각오가 필요하다.

최근 어떤 강연 중에 나도 경청하기 대신 '돕기'에 나섰던, 어리석은 실수를 저질렀다. 《패닉에서 벗어나기》를 발간한 후 나는 한 동네 서점에서 저자 강연과 사인 행사를 가진 적이 있다. 질의응답 시간 중에 한 여성이 내 앞에 자리 잡고 손을 번쩍 들었다. 이때 강연의 화제가 불안이었기 때문에 나는 이 여성도 불안에 대해 질의할 것으로 예상했다. 그러나 이 여성은 전혀 다른 화제를 입에 올렸다. "번즈 박사님, 제 딸아이가 아무리 해도 제 말을 듣지 않아요. 대화를 나누려고 시도해봤지만 그래도 전혀 듣질 않아요. 제 딸아이는 왜 그렇게 고집만 피우는 걸까요? 이 엄마가 옳은 말을 할 때 어떻게 딸아이가 귀담아듣게 할 수 있지요? 온갖 것을 다 해봤지만 아무것도 소용이 없더라구요!" 여인은 잔뜩 화를 냈다. 모녀 사이에 엄청난 힘겨루기가 진행 중임을 쉽게 알 수 있었다.

나는 이렇게 답해주었다. "상대방이 우리가 원하는 바대로 행동하도록 열심히 노력해도 오히려 반격을 당할 경우가 있습니다. 때로는 그 반대 방향에서 해결책을 찾을 수도 있지요. 상대방이 말하려는 출발점에 대해 정말로 경청하고 이해하는 것이고요. 그러니까 상대방을 내 식대로 움직이게 하거나 내 말에 귀 기울이게 만드는 대신 상대방의 눈으로 상황을 바라보자는 것이지요."

여인은 힘을 잔뜩 주고 대답했다. "말도 안 돼요. 저는 남의 말을 잘 듣기로는 최고거든요. 그런데 제 딸아이한테만은 소용이 없다니까요. 어떻게 해야 하나요? 그 애는 백약이 무효예요!" 나는 이런 식으로 말을 해주고 싶었다. "진실을 알고 싶습니까? 지금 당신은 딸아이를 쥐어흔들려 해요. 남의 말을 잘 듣는 사람이라니, 전혀 아니올시다군요! 오히려 지금 제 말조차 제대로 귀담아듣질 않잖습니까!" 다행스럽게도 나는 이를 악물고 이 말을 참았다.

이 여성은 자기가 훌륭한 경청자라고 철썩 같이 믿었지만, 그렇지 않아 보였다. 문제는 나도 똑같은 문제를 저질렀다는 데 있었다! 나는 그 여성이 딸아이와의 문제 때문에 겪은 울분과 낭패감을 인정해 주는 대신 이래라저래라 하고만 있었다. 이 여성이 내게 기대한 것은 그저 조금이나마 자기를 이해해달라는 것이었다. 자기의 의견에 고개를 끄덕여 줄 사람이 바로 이 여성이 찾던 사람이었다. 이 여성은 감정을 분출하고 싶었을 뿐, 딸아이와의 갈등에서 자기한테 어떤 문제가 있었는지 되짚을 준비는 아직 되어 있지 않았으니 완전히 새롭고 근본적인 접근법은 생각하기도 어려운 상황이었던 것이다.

내 학생과 환자들이 털어놓는 문제들뿐 아니라, 내가 타인과 만나 주고받는 대화와 행동에 대하여 스스로 평가해볼 때 나는 항상 놀라곤 한다. 빠지기 쉽고 벗어나기 어려운 함정이 인간관계마다 얼마나 많은지! 이 함정들은 바이러스처럼 퍼져서 우리 모두를 감염시킨다. 위의 여성은 딸아이가 자기 말에 귀담아듣지 않는다고 화가 나 있었지만, 그 자신이 딸아이의 말에 귀를 기울이지 않았다. 또 나는 이 여성이 내 말에 귀를 기울이지 않는다고 짜증을 냈지만, 나도 이 여성의 말에 귀를 기울이지 않았다.

이 장은 주로 실제적인 의사소통 기법을 다루지만 이와 함께 영적인 주제도 중요하게 다룬다. 공감이란 연민과 관용이라는 개념과 관련이 있다. 공감이란 자기 머리와 자아 속에서 나와서 다른 사람의 생각과 감정과 고통을 이해하려 노력하는 것을 말한다. 친절, 겸손, 배려, 사랑, 다른 사람의 관점에서 보고 이해하려는 진지한 욕구 들이 공감의 핵심 요소들이다.

상대방의 입장을 그대로 받아들이고 공감해주는 일은 쉽지 않다. 자기의 관심을 억누르고 자아를 잊어버림으로써만 상대방의 생각,

감정, 가치관에 온전히 주목할 수 있는 것이다. 이를 위해서는 옳고 그름이나 책임 따지기를 넘어서 관용과 존중의 정신을 발휘해야만 한다.

때때로 나는 공감이란 '겨냥 기법'이라고 생각하곤 한다. 자기의 생각, 욕구, 감정을 내세우는 대신 다른 사람이 어디에 서 있는가에 가늠자를 맞추어야 하기 때문이다. 우리는 철저히 받아들이는 입장이어야 한다. 그래서 어떤 의미에서는 그 사람에게 아무것도 보태주지 않는다. 우리는 그냥 가늠자가 될 뿐이다. 그런데 역설적으로 이 덕택에 우리는 값을 매길 수 없는 무엇인가를 상대방에게 주는 셈이다.

효과적인 의사소통 비결 3: 확인 질문하기

15

바로 앞 장에서 우리는 공감이 얼마나 중요한지 살펴보았다. 다른 사람의 생각과 감정을 정확하게 이해하는 것은 개인적인 상황뿐 아니라 영업 등 직장 생활에서도 역시 중요하다. 대부분의 사람이 범하는 최악의 실수는 상대방에 귀를 기울이지 않고 제 식으로만 생각하고 자기가 중요하다고 여기는 것을 밀어붙이는 것이다. 이런 접근법은 실패할 수밖에 없다. 상대방이 마음의 문을 꽉 닫아버리기 때문이다.

그러면 정확한 이해란 어떻게 가능할까? 물어보면 된다! 바로 앞 장에 제시된 생각 공감과 감정 공감의 사례들이 거의 모두 질문으로 끝났다. 이런 기법을 확인 질문하기^{Inquiry}라고 부른다.

확인 질문은 가장 유용하면서도 가장 익히기 쉬운 기법이다. 물론 이 기법을 처음 사용할 때 흔히 범하는 실수가 몇 가지 있기는 하다. 확인 질문을 할 때에는 상대방의 생각과 감정에 대해 좀더 알고자 하는 질문을 예의바르게 던져야 한다. 상대방의 말문을 닫게 하거나 대화를 중단하려는 것이 아니라 마치 책장을 펴듯 마음의 문을 열게 하는 것이 목표다. 앞 장에서 우리는 남의 생각과 감정을 이해했다고 확신할 수 없다는 사실을 살펴보았다. 확인 질문하기는 바로 상대방에게 말할 기회를 부여해주는 것이다. 확인 질문하기는 우리가 상대방의 생각과 감정에 진지한 관심을 가지고 있음을 알려준다.

확인 질문하기는 공감하기와 나란히 진행된다. 공감이 이루어질 때 우리는 상대방의 생각과 감정을 정확히 파악하려 애쓴다. 확인 질문을 할 때, 우리는 상대방의 마음속에서 무슨 일이 일어나는지 말해달라고 요청한다. 상대방이 상황을 어떻게 보는지, 정말 어떤 기분인지 알고 싶다는 호기심을 열심히 보여준다. 또 우리가 상대방을 제대로 이해하는지, 상대방의 말을 제대로 따라가는지 상대방으로 하여금 우리에게 알려주려는 것이다.

확인 질문은 다양한 형태로 행해질 수 있다. 우선 상대방의 생각과 감정을 더 알고자 하는 질문을 던질 수 있다. 가령 다음과 같다.

- 그것에 대해 더 말씀해주겠습니까? 방금 얘기하신 것에 대해 더 듣고 싶네요.
- 지금 상황을 어떻게 생각하시나요?
- 이러저러 했을 때 어떤 기분이셨는지 듣고 싶네요.
- 그래서 어떻게 되었는지, 어떤 기분이 들었는지 말씀해주세요.

둘째, 상대방의 생각과 감정을 우리가 제대로 파악하는지 물을 수 있다.

- 지금 외롭고 화나신 것 같네요. 저한테도 화가 나신 것 같고요. 제가 제대로 파악했나요?
- 지금 아주 낙담하고 의욕을 잃으신 것 같습니다. 그런 기분이 맞나요?

셋째, 다른 사람이 더 많은 것을 말해줄 수 있도록 (일종의) 주관식 질문을 던진다.

- 그것에 대해 더 듣고 싶네요.
- 지금 말씀하신 내용이 아주 중요한 것 같습니다. 이 문제에 대해 어떻게 생각하시는지 말씀해주시겠어요?

넷째, 브레인스토밍과 문제 해결을 위한 주관식 질문을 던질 수 있다.

- 여기에 대해서 어떻게 생각하십니까?
- 우리가 이 문제에 대해 달리 접근할 수도 있다는 것을 생각해보셨나요?
- 어떤 방법이 도움이 될까요?

확인 질문하기는 억박지르지 않고 친밀한 방식으로 이루어질 때 아주 큰 효과를 발휘한다. 어떤 태도와 말투를 담느냐에 따라서 똑같은 질문도 비아냥으로 들릴 수도 있고 존중으로 들릴 수도 있다. 상대방은 우리가 그의 감정과 입장에 정말로 관심이 있는지 가리는 법이다. 편안한 상태에서 호기심을 보여주면 상대방이 마음을 내려놓을 수 있는 환경이 조성된다. 추궁하고 상처 주고, 혹은 방어적인 말투로 말하면 상대방은 좀처럼 마음의 문을 열지 않는다. 몸짓도 말 못지않게 중요하다. 팔짱을 낀 채 인상을 쓴다면 상대방도 눈치 채고 의욕을 보이지 않을 것이다.

앞에서 우리는 배리라는 남성의 사례를 보았다. 배리는 남자친구 리처드가 자기를 쥐어흔든다고 생각했다. 자동차 극장에 가서 주차를 하던 중 리처드가 "저기 그냥 주차하지 않고 왜 세 번씩 빙빙 도는 거야?"라고 말하자 배리는 주차하기 좋은 자리를 찾느라고 그런다고 대답했다. 말다툼이 계속되었다. 배리가 리처드의 감정을 인정해주지 않고 자기 기분을 털어놓지도 않았기 때문이다. 배리는 달리 어떻게 말할 수 있었을까?

다음은 배리와 내가 함께 생각해낸 대답이다.

> 네 말이 맞아, 리처드. 저쪽에 주차하면 시간을 절약했을 텐데 말야. 근데 네 목소리에 약간 감정이 섞여서 내가 좀 기가 죽네. 나한테 짜증이 났나봐. 왜 그런지 좀더 얘기해볼까?

이 대답에서 배리는 리처드의 비난을 수용하는 한편 밑에 깔려 있던 적대감을 솔직하지만 부드럽게 끄집어낸다. 그는 리처드에게 짜증이 나느냐고 물으면서 자기감정도 리처드가 기분 상하지 않게 표현한다. 이것은 확인 질문하기의 훌륭한 예다.

두 사람은 그동안 갈등을 피하는 데에 익숙했기 때문에 이렇게 솔직한 의사소통이 불편할 것이다. 그러나 자기감정을 서로 솔직하게 이야기하기 시작하면 오랫동안 경험하지 못했던 친밀한 감정을 처음으로 느끼게 될 것이다.

섣부른 문제 해결은 금물

확인 질문하기에서 가장 흔히 범하는 잘못이 있다. 화를 내는 당사자에게, 어떻게 문제를 해결해줄까 하고 묻는 것이다. 직장에서라면 문제 해결을 묻는 것이 효과적이지만, 화가 나 있는 친구나 가족에게는 통하지 않는다. 대개의 경우 상대방은 감정을 해소하면 충분하다. 거두절미하고 나서서 문제를 해결하도록 돕겠다는 태도는 상대를 괴롭히는 일이어서 아마도 더 짜증을 느끼게 할 것이다. 그래서 문제 해결에 섣불리 나섰다가는 상대방으로 하여금 섭섭함이나 분노를 표현하지 못하게 한다. 이런 태도는 상대방을 열등한 위치에 놓이게 하기 때문에 '윗사람 티'를 낸다고 받아들여질 수도 있다. 상대방은 문제가 있는 존재고, 이쪽은 상대방을 위해서 문제를 해결해주려는 전문가처럼 되는 것이다.

문제 해결하기가 언제나 잘못은 아니다. 다만 적시에 하는 것이 중요하다. 상대방이 감정을 해소하기 전이나 긴장이 팽팽한 시점에 거두절미하고 문제 해결부터 시도하는 것은 실패할 수밖에 없다. 상대방에게는 여전히 자기감정을 표현할 기회가 필요하기 때문이다. 그런데 상대방의 말을 경청하고 그것이 타당하다고 인정하면서 마음의 문을 열도록 격려한다면, '실제' 문제를 해결할 필요조차 없을 수도 있다. 때로는 귀담아듣지 않는다는 사실이 바로 '실제' 문제인 것이다.

금고 제작업을 하는 딘이라는 분이 있었다. 딘은 치료 회기 중에 이렇게 말했다. "박사님이 저한테 도움이 되지 않는다고 제 아내가 말하더라고요. 아내는 제가 전혀 나아지지 않는다는 겁니다."

이때 내가 이렇게 말했다고 하자. "딘, 지금보다 더 도움이 되는 방안이 무엇이라고 생각하시나요?" 이것은 능숙한 확인 질문인 듯 들리지만 그렇지 않다. 이 대답에 어떤 문제점이 있는 것일까?

이런 대답이 효과적이지 않다는 데에는 몇 가지 이유가 있다. 첫째, 딘은 아마 어떤 방법이 자기에게 도움이 될지 아무 대안이 없을 것이다. 어쨌든 그는 내게 도움을 청하러 온 것이고, 나는 전문가 아닌가. 둘째, 나는 딘의 기분이 어떤지 그리고 딘의 부인이 어떤 기분인지 묻지 않았다. 어쩌면 딘 자신은 상태가 나아진다고 생각하는데 그의 부인은 어떤 문제로 딘에게 속상하고 화가 나서 그런지도 모른다. 아니면 딘 스스로 상태가 개선되지 않는다고 느끼되 내 기분을 상하게 할까봐 부인을 끌어들였을 수도 있다. 또 나는 부인이 치료에 대해 무엇이 불만스러운지 묻지 않았다. 부인은 딘이 전혀 나아지지 않는다고 했다는데, 무슨 말일까? 딘의 자존감이 낮아서 문제라는 것일까? 술자리가 잦아서? 부부 갈등? 어쩌면 우리가 우선해야 할 중요한 문제가 있을 수도 있다.

이제 독자가 내 입장이 되어 더 효과적인 대답을 생각해보기 바란다. 별도의 종이에 자기 대답을 적은 후에 계속 읽도록 하자. 생각 공감이나 감정 공감 등 지금까지 배운 의사소통 기법 중 어떤 것을 사용해도 좋다. 다만 한 가지, 확인 질문하기는 반드시 포함시키자.

가령 다음과 같은 대답이 필시 효험을 볼 것이다.

> 딘, 저는 사실 놀랐습니다. 그동안 우리가 같이 노력한 덕택에 많이 개선되었다고 생각했거든요. 그렇지만 제가 상황을 잘못 보았나 봅니다. 부인 기분을 말씀해주셔서 고맙습니다. 부인이 뭐라고 하셨는지, 또 당신은 어떻게 느끼는지 조금 더 말씀해주시겠습니까? 잘못된 점이 있다면 다시 바로잡아야 하니까요.

이 대답은 딘에 대한 존중심을 담고 있다. 동시에 서로 대화를 나누고 치료를 앞당길 수 있는 방향으로 문제를 재규정한다.

지금까지 배운 세 가지 기법, 즉 무장해제 기법, 생각 공감과 감정 공감, 확인 질문하기는 훌륭한 경청자가 될 수 있도록 도와준다. 그렇지만 훌륭한 의사소통을 위해서는 경청하기 이상이 필요하다. 상대방의 생각과 감정도 당연히 중요하지만 우리 각자의 생각과 감정도 마찬가지로 중요하다. 다른 사람이 우리 자신의 입장에 귀를 기울이고 존중해주기를 바란다면 효과적인 경청 기법(공감)과 효과적인 자기표현을 관용과 존중의 정신 속에서 결합할 수 있어야 한다. 이 세 가지 요소 중 어느 하나라도 빠지면 우리의 노력은 효과를 거두기 어렵다.

효과적인 의사소통 비결 4: 내 기분 말하기

16

앞에서 나는 능숙한 경청 능력을 위해서는 이것이 자연스럽고 진지하게 받아들여질 수 있도록 일정한 자기표현self-disclosure이 필요하다고 말한 바 있다. 그러나 자기표현을 한다고 해서, 자기 관점만 상대방에게 퍼부어서는 좋은 결과를 기대하기 어렵다. 자기표현 훈련과정에서 범하는 실수가 그런 것들이다. 즉 자기중심적으로 자신의 원함, 욕구, 감정에만 초점을 맞추기 등. 자기표현은 이론적으로는 멋져 보이지만 현실 상황에서 언제나 효력을 거두는 것은 아니다. 자신의 감정이나 관점을 드러내려 했는데 상대방은 한 귀로 흘려듣는 경험을 종종 해 보았을 것이다. 가령 배우자가 방어적인 태도를 취하면서 말도 안 되는 얘기를 하지 말라고 면박을 준 경우가 있을 것이다.

그렇다면 어떻게 상대방이 귀를 기울일 수 있도록 자신의 감정을 표현할 수 있을까? 이를 위해서는 '내 기분 말하기'가 효과가 크다.

효과적인 의사소통의 다섯 가지 비결 중 내 기분 말하기가 있다. 즉 자기 기분을 분명히 밝히는 단어들을 사용하여 자기 생각과 감정을 솔직하고 직접적으로 표현하자는 것이다. 가령 "나는 속상해", "나는 화났어"라고 표현한다. 이것은 "당신이 틀렸어", "당신 때문에 화가 나"라는 표현과는 다르다. "당신이 틀렸어"라는 식의 표현은 전형적인 '네 탓' 문장^{You Statement}이다. '네 탓' 문장은 문제를 상대방 탓으로 돌림으로써 상대방을 방어적 입장으로 몰아간다. 이와 반대로 "내 기분은 이러저러하다"라고 표현할 경우 자신의 생각과 감정을 담백하게 상대방에게 알리며 그런 감정을 느끼는 이로서 자신을 견지한다.

나는 세상일을 단순한 공식으로 축소하는 것을 좋아하지 않는다. 공식은 현실의 것으로 들리지 않기 때문이다. 그렇지만 공식은 그것을 문자 그대로 혹은 기계적으로 적용하지 않는 한, 올바른 방향이 어느 쪽인지를 가리켜 주는 이점이 있다. "내 기분은 이러저러하다"라고 표현하기 위한 공식은 앞에서 감정 공감을 설명할 때 취한 접근법과 닮았다. 다만 자신의 감정을 표현한다는 점에서만 차이가 있다. 그래서 앞에서 제시된 감정 단어들을 이용하여 "나는 …… 같은 기분이 들어"라고 말할 수 있다. '내 기분 말하기'의 구체적인 예를 제시해본다.

- 나 지금 화났어.
- 나는 상처받았고 무시당한 기분이야.
- 그런 말을 들으니 나는 슬프고 걱정스러워.
- 나 정말 외로워.

- 나 속상해.
- 나 당황스러워. 그렇지만 네 말이 옳다고 인정할 수밖에 없네.
- 솔직히 말하면 나 지금 좀 화가 나.

'내 기분 말하기'는 위에서 보듯 꽤 단도직입적인데, 실제 상황에서 적절히 구사하기가 까다롭다. 가령 친구가 이런 말을 했다고 하자. "넌 고집불통이야! 언제나 곧이곧대로만 하려고 해!" 다음 중 '내 기분 말하기' 표현이 맞는 것은?

1 내 기분으로는, 네가 바보같이 굴고 있어.
2 내가 느끼기로는, 네가 틀렸어! 나는 고집불통이 아니야. 그리고 언제나 곧이곧대로만 하는 것도 아니고.
3 내가 느끼기에 넌 내 책임만 따지는 것 같아.
4 내가 느끼기로는, 네가 날 미치게 해.
5 나 지금 좀 당황스러워.

잠시 답을 생각한 후에 책을 더 읽어나가도록 하자. 위의 예에서 1에서 4까지는 '……라고 느껴'라는 표현 때문에 '내 기분 말하기' 표현에 속하는 것처럼 들리지만 실제로는 그렇지 않다. 이들은 '네 탓' 문장에 속한다. 이들은 자신의 기분이 어떤지를 말하는 것이 아니라 다른 사람의 행동을 그대로 가감 없이 말한다. 1은 상대방에게 바보라는 딱지를 붙인다. 2는 방어적인 상태에서 맞받아치는 것이고 3은 상대방이 자기를 비난한다고 공격하고 4는 상대방을 힐난하면서 방어적 입장으로 본다. 마지막 5가 바로 '내 기분 말하기'에 해당한다. 상대방을 공격하지 않으면서 자기감정을 털어놓기 때문이다.

물론 남에게 비난을 받을 때 '내 기분 말하기' 표현만 사용하고 끝나면 실패를 맛보게 된다. 무장해제 기법, 감정 및 생각 공감, 확인 질문하기 등이 아주 유용하다. '내 기분 말하기'를 사용하여 자기 기분을 털어놓았을 때 상대가 위협을 느끼거나 화를 내는 경우도 있을 수 있음을 유념해야 한다. 이런 반응은 상대에게 지나치게 강하게 다가갔거나 상대가 유달리 상처받기 쉬운 상태라서 말을 귀담아들을 상태가 아님을 알려준다. 이때는 방법을 재빨리 바꿔야 한다. 즉 자기 감정 표현하기를 중단하고 세 가지 경청 방법 즉 무장해제 기법, 생각 및 감정 공감, 확인 질문하기 등을 구사해야 한다. 그래서 다시 상대방의 기분이 풀리고 우리를 신뢰하기 시작하면 이쪽 감정을 부드럽게 표현한다.

나는 상대방이 화가 났다고 여겨지면 '내 기분 말하기'를 더 부드럽게 하려고 애쓴다. '달래기'는 이런 경우에 특히 효험이 있다. 달래기란 불편한 상대방에 대해 긍정적인 시선을 보여주는 것이다. 가령 이렇게 말해준다. "내가 굳이 이렇게 말하는 것은 당신을 좋아하고 또 우리 사이의 우정이 나한테 정말로 소중하기 때문이야." 이렇게 말함으로써, 긴장이 팽팽할 때에도 따뜻한 기운을 전달할 수 있는 것이다.

앞에서 우리는 제드와 그의 아내 마조리의 이야기를 한 적이 있다. 제드가 퇴근해서 집에 오자 마조리는 이렇게 말했다. "미치겠어. 당신, 퇴근길에 또 술 마셨죠. 나보다 술이 더 좋은 모양이야. 소파에 멍하니 앉아 밤새 채널이나 돌리고 싶겠네. 어디 그래 봐요. 정말 질렸어!"

그러자 제드가 쏘아붙였다. "차라리 술 마시는 게 낫겠어. 꼭 얼음덩이처럼 따사롭고 귀여우셔서 말이야. 돌덩어리 같은 여자!"

제드는 마조리의 말에 상처를 입었지만, 이런 감정을 아내에게 털어놓는 대신 아내를 공격했다. 자, '내 기분 말하기' 표현을 포함한, 더 효과적인 대답을 생각해보기로 하자. 앞에서 살펴본 효과적 의사소통의 다섯 가지 비결 중 어떤 것을 이용해도 좋다. 다만 '내 기분 말하기' 표현 하나는 최소한 포함시키도록 한다. 다른 종이에 각자 생각한 답을 적어놓은 후 읽어나가자.

제드는 가령 이렇게 대답할 수 있다.

> 당신 말이 맞아. 퇴근길에 좀 많이 마셨네. 나한테 화내는 것도 당연해. 그동안 나도 답답하고 외로웠어. 당신이 나한테 속을 털어놓는 대신 피해 왔거든. 자꾸 서로 멀어지는 것 같아서 당신을 잃어버리는 게 아닌가 겁도 났고. 사실 지금 나는 속이 아프고 기분이 울적해. 당신도 마음이 상하고 화나고 외로운 것 같네. 거기에 대해서 우리 같이 얘기해보는 게 어떨까? 사실 그게 나한테 힘들긴 하지만 당신 기분이 어떤지 좀 더 알고 싶어요.

제드가 이렇게 대답함으로써 마조리는 자기감정을 털어놓고 이야기할 수 있는 기회를 얻은 셈이다. 내가 제시한 것이 너무 비위맞추기 식이고 실제 대화처럼 자연스럽지 않다고 생각하는 분도 있을 것이다. 그렇다면 좀더 자연스러운 방향으로 수정하면 된다. 관계일지의 5단계를 완성할 때 자연스럽게 느껴질 때까지 답을 계속 수정하면 된다.

능숙한 의사소통 방법을 배우는 것은 일종의 기예라고 할 수 있다. 마치 악기를 연주하는 것과 비슷하다. 가령 효과적인 의사소통의 다섯 가지 비결은 피아노 건반과 같다. 누구든 피아노 앞에 앉아 건반을 누를 수는 있지만 금방 좋은 소리가 나지는 않는다. 연습을 함으로써 비로소 솜씨가 늘고 점점 더 아름다운 음악을 연주하는 법을 익히는 것이다.

자기감정을 직접 솔직하게 털어놓는 일이 중요하다는 데에 많은 사람들이 동의하지만, 실제로 다른 사람과 갈등을 겪을 때 "내 기분은 이러저러하다"라고 표현하기를 꺼리는 경우가 대부분이다. 자기감정을 털어놓는 일이 적절치 않다고 느껴서 그럴 수도 있다. 아니면 멍청해보이거나 지나치게 사적인 태도로 받아들여지겠다고 느껴서일 수도 있다.

이것은 정말 중요한 고려사항이며, 앞에서 내가 공감에 대해 이야기했던 내용과도 관련이 있다. 자신의 감정을 표현하는 방식은 상황에 따라 달라질 것이다. 직장에서라면 우회적이고 전문적인 말을 사용하여 자기감정을 표현할 수 있다. 가령 동료와 불편한 일이 있을 때 자신이 상처를 입었다거나 화가 났다는 식으로 말하기보다는 조금 거북하다던가 곤란하다는 식으로 말할 수 있다. 이와 대조적으로 배우자나 자녀와 말을 나눌 때에는 좀더 솔직하고 즉흥적으로 말할 수 있다.

어떤 사람들은 일종의 독심술을 기대하는 탓에 "내 기분은 이러저러하다"고 말하기를 꺼린다. 자기를 사랑하고 아끼는 사람이라면 군이 감정을 말해주지 않아도 자기가 무엇을 원하고 어떻게 느끼는지 알아야 한다는 것이다. 이런 믿음은 낭만적인 호소력을 발휘하기 때문에 꽤 많은 사람들이 이렇게 믿는다. 또 자기 생각과 감정을 털어놓지 않는 좋은 핑계거리로 써먹기도 한다.

미나라는 여성을 치료한 적이 있다. 이분은 성생활에 문제가 있다고 호소했다. 남편과 20년을 살았지만 오르가즘을 느끼지 못했다는 것이다. 남편 에이브는 이 상황이 자기 탓이라고 느꼈다. 그는 키가 160센티미터였고, 어려서부터 운동에도 소질이 없었다. 그는 자기가 아내를 흥분시킬 만한 매력이 없는 사람이라고 생각했다. 그는 이에 대한 보상 심리로 보디빌딩을 시작해서 극진한 노력을 쏟았다. 오랜 시간을 들인 끝에 그는 엄청난 근육과 체력을 길러 지방 보디빌딩대회에서 자기 연령의 체급 우승을 숱하게 차지했다. 나는 이렇게 되어 성생활이 개선되었느냐고 미나에게 물어보았다. 그러나 미나는 오히려 이 때문에 상황이 악화되기만 했다고 대답했다.

나는 도대체 왜 성생활에 문제가 있는 것인지 미나의 의견을 물었다. "혹시 엄격하고 신앙심 깊은 가정에서 자라서 성생활에 죄의식을 느끼나요? 아니면 남편이 분위기를 깨는 편인가요?" 미나는 눈을 내리깔고 망설이다 입을 열었다. 매번 부부관계를 시작할 때마다 먼저 남편이 젖꼭지를 심하게 쥐어짠다는 것이다. 부부관계가 오래 지속될수록 남편이 더 쥐어짜기만 해서 엄청나게 아프다는 것이다. 게다가 남편의 근력이 더 강해지니까 젖꼭지가 마치 공구로 조여지는 것 같다고 했다.

나는 무엇이 문제인지 이제야 완벽하게 이해했고, 해결책이 하나 있다고 말했다. 미나는 퍼뜩 고개를 들고 그것이 무엇이냐고 물었다.

나는 이렇게 질문은 던졌다. "그동안 남편에게 털어놓고 이야기할 생각은 해보셨나요? 잠자리에서 어떤 것이 좋고 어떤 것이 싫은지 말해주고, 유두를 잡히는 것이 얼마나 아픈지 알려주면 될 텐데요. 이렇게 해야 남편이 잠자리에 더 능숙해지고 서로 더 나은 성생활을 누릴 수 있을 텐데요."

미나는 즉각 벌겋게 화를 터뜨리며 말했다. "그럴 순 없죠! 20년이 지났으면 알아서 눈치 채야지!"

미나는 남편이라면 당연히 아내의 기분을 알아야 한다고 느꼈기 때문에 남편에게 자기 느낌을 이야기하지 않았다. 아니면 혹은 약한 사람으로 보이는 것이 두려웠거나 미주알고주알 털어놓기가 겁나서 그랬을 수도 있다. 우리가 이상적인 세상에 산다면 우리가 원하는 것이나 우리가 느끼는 것을 굳이 남에게 알릴 필요는 없을 것이다. 이상적인 세상의 사람들은 아주 예민하기 때문에 사정을 잘 알아차릴 테니까. 그러나 실제로는 우리의 생각과 감정을 남들이 거의 알아차리지 못한다는 점을 염두에 두어야 한다. '내 기분 말하기' 기법을 사용하여 직설적으로 의사소통하는 것은 할리우드 영화처럼 낭만적이지는 않다. 그러다 남이 내 마음을 읽어주기를 마냥 기다리는 것보다는 훨씬 효과가 있다!

효과적인 의사소통 비결 5: 달래기

17

효과적인 의사소통의 다섯 번째 비결은 '달래기'다. 이것은 자신의 감정이 어떠하든 상대방에 대해 긍정적인 시선을 보여줌을 의미한다. 이에 해당하는 예는 이 책을 읽어오는 동안 이미 많이 보아왔을 것이다. 여기서는 친절, 지속적인 관심, 존중 등이 중요하다. 누군가와 더 나은 관계를 맺기 바란다면 달래기가 꼭 필요하다. 상대방을 무시하면서 그 상대방에게서 사랑으로 보답받기를 바랄 수 없다. 이 명백한 사실을 많은 사람들은 좀처럼 인정하지 않는다. 우리는 모두 사랑받고 존중받고 싶어하지만 상대방에게는 사랑과 존중을 베풀지 않곤 한다. 특히 상대방과 다툼이 생기면서 상처와 분노를 느낄 때에 그러하다.

달래기는 20세기 신학자 마르틴 부버의 연구에 기초한다. 마르틴 부버는 인간관계를 두 유형, 즉 '나-그것'과 '나-당신'으로 구분했다.

'나-그것' 관계에서 우리는 다른 사람을 대상물로 여기며, 마음대로 다룰 수 있는 '그것'으로 취급한다. 상대를 적으로 대하며, 상대를 공격하고 깨부수고 이용하는 것이 목적이 된다. 어떤 남성들은 매력적인 여성을 성적 대상으로 희롱하다가 차버리곤 한다. 하룻밤의 성적 관계야 말로 '나-그것' 관계의 좋은 예가 된다. 사기꾼이나 범죄자들은 사람을 마음대로 상처주고 이용해먹는 대상물로 바라본다. 이도 '나-그것' 관계다.

이 책 앞에서 서술한 경쟁심리도 '나-그것' 관계의 또 다른 유형이다. 우리는 경쟁심리에 쉽게 사로잡힌다. 운동경기에서라면 경쟁은 건전하고 즐겁다. 그러나 경쟁심리라도 친구, 동료 등과의 불편한 관계에서 생기는 경쟁심리는 문제를 일으킨다. 둘 중 한 사람이 이기고 다른 하나는 져야 한다는 생각에 사로잡힐 수가 있는 것이다. 말할 필요도 없이, 자기가 승리자가 되어 상대방을 패배자로 만들어야 한다고 마음먹을 것이다.

'나-그것' 심리는 우리를 쉽게 사로잡는다. 자신이 정당한 것처럼 느끼게 하기 때문이다. 다른 사람을 얕잡아 보고 무례하게 대하면서도, 자기가 올바로 행동하며 상대방은 마땅한 대접을 받는 것이라고 여긴다. 결국 그 녀석이 몹쓸 놈이니까!

'나-당신' 관계는 이와 반대다. '나-당신' 관계에서는 상대방을 품위 있는 존재로 존중해주는 쪽을 선택한다. 설사 서로 답답해하고 화가 나 있으면서도 좀더 친밀하고 좋은 관계로 발전하고 싶다는 욕구를 표현해준다.

'나-그것' 심리와 '나-당신' 심리는 모두 자기충족적 예언의 기능을 발휘한다. 즉 타인을 경멸하고 박대하면 그들도 보복을 할 것이며 우리의 예상대로 짜증스럽고 적대적인 태도를 보이게 마련이다. 이와 반대로, 화가 치솟는 상황에서도 상대방을 친절하게 존중해주면 그들 대부분은 우리의 감정이나 견해에 대해 더욱 유연한 태도로 경청할 것이다. 그러나 '나-당신' 관계는 그다지 인기가 없다. '나-당신' 관계가 수천 년 동안 낡아빠진 것으로 치부되어 왔다는 것이 내 생각이다.

사람들은 온갖 논리를 펴며 '나-그것' 관계를 합리화한다. 그들은 다른 사람들을 존중해주기가 어려울 다름일 뿐이라고 말하지만, 이 말은 사실 "나는 그러고 싶지 않아" 혹은 "그러지 않을 거야"라는 의미다. 배우자, 가족, 이웃 혹은 짜증스러운 동료를 존중해주기 싫은 이유를 대라면 온갖 그럴 듯한 목록을 제시할 사람이 한둘이 아닐 것이다.

달래기 기법을 꺼리는 사람 중에는 가식적으로 받아들여질까 봐 걱정이어서 그렇다는 이들도 있다. 이런 염려도 맞기는 하다. 대부분의 사람들은 가식적 태도를 꿰뚫어볼 수 있다. 그러나 달래기 기법을 시도할 때에는 가식적일 필요도 없고, 지나치게 다정하게 굴 필요도 없다. 자신의 진짜 감정을 감추거나 억누를 필요도 없다. 가식은 효과적 의사소통의 다섯 가지 비결에 해당되지 않는다!

가령 남편에게 화가 났다고 하자. 남편을 따라다니며 식식대며 말싸움을 주고받자 남편은 "망할 ×"이라고 욕을 했다. 이때 자신의 분노를 직설적으로, 그러나 남편을 여전히 존중해주며, 가식적이지 않게 표현할 수 있다.

그레고리, 난 지금 속이 상해 미칠 것 같고 폭발하기 직전이에요. 솔직히 말해서 당신 목을 조르고 싶어. 그렇지만 당신이 나한테 화가 났다는 걸 알아요. 당신을 정말 사랑해요. 그래서 이렇게 서로 싸우면 정말 가슴 아파요. 우리 서로 터놓고 얘기합시다. 내가 당신을 괴롭힌 게 있는지 얘기해줄래요?

이 말은 미칠 듯한 심정을 풍부하고 분명하게 전달한다. 주먹을 휘두르지도 않고 감정을 속이지도 않으며, 그레고리의 자존심을 조심스레 지켜준다. 그레고리를 경멸하거나 조롱하지도 않았다. 그레고리는 아마 부부 싸움을 할 생각이 안날 것이다. 경멸하거나 막다른 골목으로 몰아세우지도 않았고, 상대를 존중하는 태도를 유지했기 때문이다.

달래주라고요?
내가 왜?

-------------------------------------● 달래기 기법을 이야기해주면 나는 종종 이런 식의 얘기를 듣는다. "여동생을 존중해주라고요? 왜 그래야 되지요? 그 애는 아주 못된 애에요. 그 애가 나를 존중해주면 어디 덧나나요?" 이런 감정은 나도 잘 안다. 화가 났을 때 우리는 상대방을 긍정적인 시각으로 바라볼 마음이 들지 않는다. 따끔하게 얘기하는 게 훨씬 더 속 시원하다고 여겨진다.

달래기가 싫다는 사람들의 항변은 다음과 같다.

- 그 사람을 따뜻이 대해주라고요? 싫어요. 그럴 자격이 없는 인간이에요.
- 그 여자한테 좀 따뜻이 대하라고요? 화가 나니 도리가 없어요.
- 아무리 생각해도 그 녀석한테는 무슨 긍정적인 구석을 찾을 수가 없어요.
- 그 여자가 날 이런 식으로 취급하는데, 내가 왜?
- 그 사람에 대해 긍정적인 면을 생각해보라고요? 생각이 안 나는데요. 워낙 못된 녀석이라.

그래도 결국 우리는 '나-당신'이나 '나-그것' 관계 중 한쪽을 택할 수밖에 없다. 달래기 기법을 꼭 구사할 필요는 없다. 달래기가 싫다고 하는 사람도 적지 않다. 그러나 효과적인 의사소통 비결 다섯 가지 중 어떤 것도 달래기 없이는 제 효능을 발휘하지 못한다. 반대로, 다툼이 한창 일어나는 그 순간에도 상대를 정말로 존중해주기로 마음을 먹는다면, 애쓴 것보다 더 큰 효과가 발휘된다.

달래기란 쩨쩨한 기술이 아니라 오히려 일종의 철학에 더 가깝다. 달래기는 타인과 상호작용을 하도록 해주는 정신이자 태도다. 달래기에도 몇 가지 방법이 있다.

- 상대방을 진심으로 칭찬한다. 가령 상대방의 능력이나 성품 중 긍정적이거나 마음에 드는 점을 화제로 올린다.
- 자신이 상대방을 좋아하고, 존중하며, 대단한 존재로 본다는 것을, 서로 화를 터뜨리나 의견이 엇갈리는 와중에도 상대방이 알

도록 한다.

- 모욕적이지 않으며 상처주지 않으며 공손한 말을 써서 자기감정을 표현한다.
- 상대방에 관심이 있으며 어떤 말이든 마음을 열고 들을 준비가 되어 있음을, 즉 따뜻한 마음과 배려를 몸짓에도 담아내라. 얼굴을 찌푸리거나 팔짱을 끼거나 머리를 흔들어 부정적인 판단을 나타내지 않는다.

상대방의 생각과 행동의 이유를 더 긍정적으로, 기분을 살려주며 풀이할 수도 있다. 가령 종교나 정치 문제를 화제로 친구와 논쟁이 그치지 않아 그 친구가 고지식한 돌대가리처럼 느껴진다고 하자. "네 말은 앞뒤가 안 맞아. 네가 틀렸어." 이렇게 말하면 친구는 심사가 뒤틀려 더 고지식하게 나올 것이다. 무시당하기 좋아하는 사람은 없으니까. 게다가 지금 앞뒤가 맞지 않는 말을 하는 사람은 바로 이쪽이라고 친구는 굳게 믿는 것이다.

친구더러 어리석고, 교조적이고, 옹졸하다고 공격하는 대신, 어쨌든 자기 신념을 그렇게 털어놓는 용기가 놀랍다며 점잖게 평해주고 친구 생각을 더 들어보고 싶다고 말해보자. 친구가 자기 생각을 말하기 시작하면 우리는 무장해제 기법을 사용하며 친구의 말에서 일말의 진실을 찾아준다. 확인 질문하기도 함께 구사할 수 있다. 이런 태도로 진지하게 대하면 상황을 진정시키는 효과가 발휘될 것이고, 친구는 이제 이쪽의 말에 마음을 활짝 열게 된다. 십중팔구 친구는 자기의 말도 타당하다는 평을 듣는 순간 논쟁을 그칠 것이다.

그런데, 정말 '못된 사람'한테도 달래줘야 할까? 상대가 인생낙오자이고 백치라는 사실을 솔직하게 이야기해주어야 하지 않을까?

몇 년 전 내가 기르던 귀염둥이 개 솔티가 결장암에 걸렸다. 가족끼리 눈물로 논의한 끝에 우리는 외과 수술로 종양을 제거하기로 결정했다. 그러나 수술은 부분적인 성공에 그쳤다. 암이 퍼지는 동안 솔티는 배변과 배뇨를 제대로 하지 못해 거의 매일같이 우리 집 카펫을 지저분하게 더럽혀 놓았다. 우리는 솔티를 차가운 바깥에 내놓을 엄두가 나지 않았고, 화장실에 가둬놓을 생각도 차마 하지 못했다. 결국 카펫만 점점 더러워졌다.

어느 날 나는 동네 약국에 들렀다가 멋지게 생긴 대형 카펫 청소기가 임대용으로 나온 것을 보았다. 나는 들뜬 마음으로 그 큰 청소기를 임대했다. 차 뒷좌석 발치에 겨우 쑤셔 넣었는데 얼마나 컸는지 후시경 시야를 가릴 지경이었다. 시동을 걸고 운전을 해서야 뒤가 전혀 보이지 않는다는 것을 알았다.

마침 정지 신호등이 켜졌길래 나는 옆 거울을 조금 조정해보았다. 갑자기 누군가 크게 부르며 욕지거리를 내뱉었다. 창문 밖으로 고개를 내밀어보니 내 차 뒤에 거대한 짐차가 바짝 붙어 있었다. 타이어가 엄청나게 컸고, 차 위에 큰 전조등도 달려 있었다. 알통이 울퉁불퉁한 청년 두 사람이 창문 밖으로 몸을 내밀고는 내게 주먹을 휘두르며 욕설을 퍼붓더니 경적도 울려댔다.

나는 등골이 서늘했다. 즉시 교차로를 빠져나와 한쪽으로 차를 세워 트럭이 지나가게 했다. 청년들은 부릉 하고 내 차를 지나치며 고함을 지르고 고약한 손가락질을 했다. 그 중 한 명은 빈 맥주 캔을 내

쪽으로 던졌다. 둘 다 술에 취한 것이 분명했다.

차로가 하나밖에 없었기 때문에 나는 그들을 따라갈 수밖에 없었다. 반 마일쯤 가서 신호등이 나타났고 차로가 둘이 되었다. 마침 빨간불이 들어와, 나는 그 괴물 트럭 오른쪽 차선으로 들어가 나란히 섰다.

조수석에 앉은 젊은이가 한 속에 맥주 캔을 든 채 창문 밖으로 몸을 내밀어 나를 내려다보았다. 내게 욕을 퍼붓거나 싸움을 걸어올 기세였다. 이때 나는 '나-그것' 관계와 '나-당신' 관계의 차이를 떠올렸다. 그리고는 젊은이를 올려다보며 말을 걸었다.

아까 신호등 앞에서 길 막아서 미안합니다. 이 카펫청소기를 차에 싣느라 그랬어요. 우리 집 개 솔티가 결장암에 걸려서 카펫에 자주 실례를 해서 말이지요. 보시다시피 카펫 청소기가 워낙 커서 후시경으로 댁네 차를 못 봤거든요. 아주 바쁜 모양인데, 정말 미안해요.

젊은이는 갑자기 사과한다는 말을 마구 늘어놓기 시작했다. "아, 저도 개를 기르거든요, 근데 맥주 하나 드릴까요?" 젊은이는 정말 어쩔 줄 몰라 했다. 아마 부탁만 하면 우리 집까지 와서 카펫 청소라도 해주었을 것이다!

이제 앞에서 언급했던 질문으로 돌아가자. "그 사람이 나를 이렇게 못되게, 적으로 대하듯 하는데 왜 그 녀석을 존중해줘야 하죠?" 답은 이렇다. 모든 사람을 존중해줄 필요는 없다. 자기가 원하는 대로 대해주면 된다. 단지 어떤 관계를 원하는가에 달려 있는 것이다.

트럭을 몰고 가던 젊은이들은 나를 싸움에 끌어들이려 했다. 그들은 내가 미끼를 물기를 바랐다. 나도 자존심이 걸린 상황이라 미끼를 물고 싶어졌다. 나는 맞대거리를 벌이고 그 녀석들이 망할 녀석들이라고 알려주고 싶은 마음이 있었다. 그런데 내가 그들을 존중하며 따뜻하게 말을 건넸을 때 우리 사이의 관계를 순식간에 변해버렸다. 역설적이게도, 이렇게 함으로써 나는 나 자신을 다스릴 수 있었다. 만일 내가 강하게 버티기만 했다면 나는 그들이 벌여놓은 게임에 빠져 허우적거렸을 것이다. 옴짝달싹 못한 채!

효과적인 의사소통의 비결 다섯 가지가 항상 이렇게 효험을 발휘할까? 물론 그렇지 않다. 인생의 어떤 문제도 다 해결할 수 있는 요술 지팡이는 없다.

그러면 이런 방법이 대체로는 효험을 발휘한다고 할 수 있을까? 그렇긴 하되, 능숙히 구사할 경우에만 그렇다. 이 다섯 가지 비결을 서투르고, 약삭빠르고, 속이 뻔히 들여다보이는 식으로 구사해서는 원하는 결과를 얻을 수 없다. 그러나 진실한 태도로 상대를 존중하며 이 기법을 이용하면 놀라운 결과를 얻을 수 있다.

이 기법을 더 잘 이해하고 구사할 수 있게 해주는 훈련법이 있다. 즉, 앞으로 한 주 동안 최소한 스물다섯 가지 칭찬을 하는 것이다. 칭찬 대상에는 친구, 가족, 가게 점원은 물론 처음 보는 사람까지 포함시킨다. 나는 이런 방법을 늘 쓴다. 가령 이 원고를 쓰기 직전에 나는 막 은행에 전화를 걸었다. 내 은행 계좌 하나가 임시 정지되었기 때문이다. 은행의 담당자는 어떤 사람이 불법적으로 내 은행 계좌에 접근하려 한다고 판단해서 그랬다는 것이다. 그러나 조사 결과 그 판단은 잘못이었다. 은행 여직원이 전화를 걸어와서 사정을 설명하여 말끔히 원상복구를 시켜주었다. 나는 안도의 한숨을 내쉬었고, 이 은행 직원에게 일을 전문가답고 친절하게 처리해주어 얼마나 고마운지 모르겠다고 감사의 말을 해주었다. 이 직원은 몹시 감격해하는 것 같았다. 아마 이 사람은 이날 내내 격무에 시달리면서도 칭찬이나 감사 인사를 한마디도 듣지 못했던 것 같았다. 초면인 경우에도 감사 인사나 칭찬을 해주면 놀랍게도 이렇게 춤추듯 좋아하게 마련이다.

찬사, 존중, 친절의 힘

살다보면 누구나 부정적인 말을 내뱉어 상대방을 화나게 만들 때가 있다. 달래기는 이런 상황에 아주 적격이다. 인간은 누구나 남에게 존중받고 칭찬도 듣고 싶어한다. 상대방을 친절히 대하고 수치심 등 마음의 상처를 주지 않도록 하면 어떤 것을 화제에 올려도 문제가 생기지 않는다. 누군가를 비판해야 할 때에도 호감과 존중심을 함께 표현해주면 상대방은 방어적인 태도를 취하지도 않는다. 말도 안 되는 비판이라며 발끈해 하지도 않는다. 달래기는 상대방으로 하여금 우리의 말을 조용히 귀담아듣게 해준다. 달래기의 힘은 여기서 생긴다.

그런데 상대방이 정말 꺼려지고 혐오스럽다면 어떻게 진실한 호감과 존중심을 보여주란 말인가? 상대방을 정말 참을 수 없어서 아무리 해도 좋은 말을 찾아낼 수가 없다면 어떻게 해야 할까?

내가 전혀 호감을 느끼지 못한 사람으로, 행크라는 남자가 있었다. 내 환자이면서도 내가 그렇게 느꼈으니 나도 이렇게 털어놓기가 난감하다. 행크는 스물세 살이었고 덩치만 크고 무뚝뚝한 청년으로, 부모한테 이끌려 내게 왔다. 그는 부모 집에 살면서 건축 노동자로 일했다. 부모는 아들이 우울증에 빠져 외롭게 살며 술만 마신다고 걱정했다. 그는 친한 친구 하나 없는 외톨이였다.

첫째 치료 회기에 행크가 나타났을 때 나는 멈칫했다. 엉망진창 복장에 지린내가 진동했다. 그가 치료실을 나간 후에도 그가 앉았던 소파 자리에서는 지린내가 남아 있었다. 그날 내 치료실을 찾은 다른 환자들은 저마다 고약한 냄새가 난다는 기색을 감추지 못했다. 나는 그들이 혹시 내가 범인이라고 생각할까봐 안절부절 하지 못했다. 일주일이 지나서야 이 냄새가 가라앉았는데 바로 그날 또 행크가 두 번째 치료를 받으러 똑같이 흐트러진 복장에 지린내를 풍기며 나타났다. 이런 식으로 몇 주가 지났으니 내 치료실은 내내 화장실 냄새가 진동했다.

이 정도로도 만족하기 어렵다는 듯 행크는 내가 참을 수 없는 얘기를 늘어놓았다. 가령 자기하고 나하고 어울려 술 마시고 여자를 꾀면 얼마나 재미있을지 모르겠다고 웃음을 터뜨렸다. 치료 회기 사이에 하라고 내 준 일주일 간의 심리치료 숙제도 하지 않았으니 그의 증상은 나아지지 않았다.

나는 평소에, 환자들에게 최대한 솔직하게 털어놓는 것이 중요하다고 생각했다. 서로 긴장감이 도는데도 이를 무시하면 문제는 더 나빠지는 법이니까. 그런데 지린내가 나서 곁에 있기도 힘들다는 얘기를 어떻게 행크에게 말해야 하나? 그 결과가 최소한 좋지는 않으리라고 눈에 보였기 때문에 나는 좀 있으면 저절로 나아지겠지 하며 문제를 자꾸 미루었다. 그러나 사정은 나아지지 않았다. 매번 치료 회기 때마다 행크는 어김없이 나타났고, 그때마다 지린내는 물론 그만큼 고약한 말을 입에 올렸다.

나는 용기를 내어 이 문제를 행크와 얘기해보려고 온갖 애를 썼다. 그러나 행크가 감정을 상해 치료를 포기하지 않도록 하면서도 어떻게 사실을 털어놓을 수 있을까? 몇 주 동안 전전긍긍한 끝에 나는 눈 딱 감고 이렇게 말했다.

행크, 할 말이 있어요. 당신 감정을 상하게 하기 싫어 참 말하기 힘들었어요. 그렇지만 이제 할 말은 해야겠어요. 내 말이 틀렸다면 미리 사과하지요. 행크가 목욕을 얼마나 자주하는지 모르겠고, 몸에서 악취가 난다는 걸 아는지 모르겠어요. 행크가 간 뒤에서 이 방 안 가구에 그 악취가 배어서 환자들이 항의를 해요. 물론 나도 그 냄새 때문에 힘들어요. 그리고 또 하나. 나하고 밖에 나가서 여자들을 꾀어보자고 했는데 내 기분이 어떨지 생각해 봤나요? 솔직히 말하면 나는 그런 얘기가 몹시 거슬립니다. 집에서 해야 할 심리치료 숙제도 전혀 하지 않으니, 당신이 여기 오는 목적인 치료에는 차도가 없군요.

그런데 이런 생각이 든 거예요. 굉장히 재미있는 생각이 떠오른 거지요. '여기, 고독감으로 힘겨워하는 행크가 있다. 그리고 나는 행크가 좋다. 그렇지만 행크가 나를 힘들게만 하니 나도 치료 회기가 돌아오는 게 겁이 난다.' 내 말을 알겠어요? 우리가 같이 할 일이 중요하니까 나는 그 생각만 해도 기대가 됩니다. 당신이 나를 힘들게 한다는 것을 알고는 있을지, 아니면 정말 원해서 그렇게 하는지 모르겠군요.

다시 한 번 말하고 싶은데, 나는 당신을 좋게 생각하고, 함께 치료할 기회가 생겨서 고마운 심정이에요. 우리가 함께 노력하면 당신의 인생을 멋지게 바꿔놓을 수 있다고 확신해요. 그러면서도 지금 내 기분을 말해주고 싶었어요. 그래야 분위기를 전환해서 한 팀으로 다시 시작할 수 있으니까 말이죠.

행크는 얌전히 내 말을 들었다. 거슬려 하는 눈치도 아니었다. 다음 회기 때 나는 몹시 놀랐다. 행크가 말끔한 차림에 깔끔한 용모로 찾아온 것이다. 심리치료 숙제도 처음으로 성실히 해 왔고, 도움 받고 싶은 문제도 여럿 털어놓았다. 그는 여성 앞에서 안절부절 못하는 성격이라 한 번도 데이트를 해본 적도 없어 어떻게 말을 걸어야 할지 모르겠다고 털어놓았다. 그때부터 나는 치료 회기가 기다려졌다. 두 사람이 힘을 합하자 치료도 큰 진전을 보았다. 나는 실제로도 행크가 좋아졌고 기쁘게 같이 치료에 임했다.

어떻게 해서 상황이 이렇게 바뀔 수 있었을까? 나의 부정적인 감정을 솔직하고 따뜻하게, 경멸적인 태도를 피하며 전달함으로써 행크는 내가 자신을 아끼고 있음을 느낀 것이다. 또 나는 달래기 기법을 사용하면서 행크에 대한 긍정적인 시선을 분명히 보여주었다. 내 말은 진심에서 우러나온 것이었다. 그래서 행크는 내가 짐짓 거짓된 칭찬을 하는 것이 아님을 알 수 있었다. 사람들은 대부분 행크를 혐오스러운 '왕따'이자 낙오자로 보았다. 행크는 사람들의 이런 기대에 따라 제 역할을 해왔을 뿐이다. 그런데 내가 내 감정을 따뜻한 태도로 표현하자 행크는 내가 자기를 비난하지도 따돌리지도 않을 테고 거짓 감정을 지어내거나 기분을 감추려 하지도 않을 것임을 알게 되었다. 인간은 모두 남에게 인정받고 싶은 욕구가 강하다. 행크도 예외는 아니었다.

여러 유형의
인간관계 해결법

18

효과적인 의사소통의 비결 다섯 가지에 대해 어느 정도 알았으니 이제 일생생활에서 겪는 여러 문제에 이 기법을 적용하여 해결해볼 차례다. 가령 어떤 사람은 자나 깨나 불평만 늘어놓고 남의 충고는 귀담아듣지도 않은 친구 때문에 골머리를 썩인다. 자존심이 너무 센 동료 때문에, 혹은 고집만 세고 집안일은 손가락 하나 까딱 않는 게으른 남편 때문에 속앓이 한다. 뭐든 제 고집대로만 하려는 가족이 있을 수도 있고, 질투심이 많아서 동기간 흉만 보는 여동생이 있을 수도 있다. 이 모든 경우마다 효과적인 의사소통의 비결 다섯 가지가 특효약이 될 수 있음을 알게 될 것이다. 다만 문제의 성격에 따라 이들 비결 중 특정한 것이 더 중요해질 것이다.

그렇지만 모든 인간관계를 해결해주는 명쾌한 공식이나 만병통치약은 존재하지 않는다. 구체적인 상황에 따라 처방도 구체적이어야 한다. 관계일지 쓰기는 갈등을 분석하고 실질적 해결책을 찾을 수 있는, 강력하고 유연하며 체계적인 방법이다. 일지 쓰기는 항상 현재 문제가 되는 구체적인 관계 양상을 적는 것에서 출발해야 한다. 먼저 상대방이 자신에게 한 말을 적는다. 그리고 거기에 자신이 정확히 어떻게 대답했는지 기록한다. 그 다음 과정은 자연스럽게 이루어질 것이다.

이 장에서 나는 여러 가지 문제에 대하여 일부분만 채워놓은 관계일지를 제시했다. 남은 부분은 함께 읽어가면서 채워나가게 될 것이다. 관계일지 중 5단계를 채워넣을 때에는 효과적인 의사소통 비결 다섯 가지를 활용하여 좀더 효과적인 대답을 생각해내서 쓰도록 하자. 한 문장씩 기록할 때마다 자신이 어떤 기법 혹은 기술을 사용했는지 기록한다. 한 문장에 여러 기법을 사용해도 좋다. 이들 연습문제를 다 푼 뒤에, 그 상황에서 나라면 어떻게 말했을 것인지 나의 생각을 확인해보기 바란다.

과제 부분을 읽을 때에도 꼭 종이에 기록하는 것이 좋다. 자신의 인간관계 문제를 함께 푼다면 더욱 귀중한 훈련이 될 것이다.

불평꾼에 대처하기

불평을 늘어놓기 일쑤인 사람들에 대해서 우리가 흔히 범하는 몇 가지 실수가 있다. 즉 불평꾼에게 충고나 격려를 해준다는 것이다. 이러한 접근법은 실패가 뻔하다. 불평꾼은 본래 불평을 늘어놓게 마련이다. 왜 그럴까? 대체로 불평을 늘어놓는 사람은 충고, 도움, 혹은 긍정적인 격려를 원하는 것이 아니다. 불평꾼은 불만스러운 문제에 대해 우리에게 해결책을 구하는 것이 아니다. 대부분의 경우 그들은 우리가 그냥 자기들의 말에 귀를 기울여주길 원할 뿐이다. 자신의 느낌을 이해하고 받아주면서 그 불평 속에 진실이 담겨 있다고 고개를 끄덕여주기를 바라는 것이다. 또 그들은 누군가 자기들을 보살펴준다고 느끼고 싶어한다. 따라서 불평꾼에게는 무장해제, 생각 공감과 감정 공감, 달래기 기법이 효과적이다. 이런 기법들은 신통하게 효과를 발휘한다. 이 기법들을 능숙하게 구사하면 불평을 즉시 그치게 할 수 있다. 누군가 마침내 자기 말에 귀를 기울이는 것을 불평꾼도 느끼기 때문이다. 그렇지만 이런 결과를 얻을 수 있으려면 연습이 필요하다!

트레이시라는 여자 분이 있었다. 연로하신 아버지와 사이가 소원한데, 자식들도 제 할아버지에 대해서 그렇게 느낀다고 했다. 트레이시의 아버지는 다른 사람과의 관계를 단절하고 오랫동안 혼자 살아왔다. 아버지의 날을 맞아 트레이시는 의무감에서 전화를 걸었다. 잘 지내시느냐고 안부를 묻자 아버지는 이렇게 대답했다. "늙어가는 중이다." 트레이시는 죄책감과 함께 자신을 변호하고 싶은 마음이 들어 장난스럽게 "저도 마찬가지잖아요"라고 대꾸했다. 그러자 아버지의 답은 이랬다. "나는 죽어가는 쪽이야."

아버지가 건강한 상태였던 것을 아는지라 트레이시는 좀 화가 났다. 트레이시는 부녀의 대화가 언제나 바로 이런 식이라서 아버지를 피하게 된다고 했다. 아버지의 끊임없는 불평 때문에 불안과 죄의식을 느끼니 정말 힘들다고 했다.

두 사람의 대화에 어떤 문제가 있는지 살펴보기로 하자. 딸의 안부 전화에 아버지는 "늙어가는 중"라고 대답했다. 그러자 딸 트레이시는 "저도 마찬가지잖아요"라고 대꾸했다. 트레이시의 이런 대답은 좋은 의사소통에 속할까 나쁜 의사소통에 속할까?

어려울 것도 없다. 트레이시의 대답은 나쁜 의사소통의 전형적인 예다. 트레이시는 아버지의 감정을 인정해주지도 않았고 자기감정을 표현한 것도 아니며 그렇다고 존중심을 보이지도 않았다. 이런 대답이 어떤 결과를 불러왔는지는 뻔하다. 또 다른 불평을 불러왔을 뿐이다. 상대의 말을 경청하지 않았기 때문이다. 트레이시가 아버지의 말을 무시하자 아버지는 "나는 죽어가는 쪽이야"라고 한 술 더 떴다.

효과적 의사소통 비결 다섯 가지를 이용해서 더 좋은 대답을 찾아보자. 아버지가 "늙어가는 중"이라고 대답했을 때 트레이시는 뭐라고 할 수 있을까? 각자의 대답을 다른 종이에 써둔 후 계속 읽어나가자. 이때 자신이 사용한 기법이 무엇인지 각 문장 끝마다 표시한다.

트레이시는 자기의 관계일지 5단계 부분에 이렇게 적었다.

> 아버지 말씀이 맞아요.(무장해제) 아버지가 점점 늙으시는 것 같아서 저도 마음이 아프네요.(생각 공감, 무장해제, 감정 공감) 불편하시니 저도 마음이 좋지 않아요.(내 기분 말하기, 달래기) 건강은 괜찮으신 거죠?(확인 질문하기) 요즘에 힘든 일은 없으셨어요?(확인 질문하기)

그리고 다시 아버지가 무엇이라 대답하든 역시 같은 식으로 대답하되, 무장해제 기법을 꼭 사용하도록 한다. 가령 아버지가 이렇게 대답했다고 하자. "관절염이 다시 도졌는데, 의사는 들은 척도 안 하는 거야. 의사들은 늙고 가난한 환자가 오면 어서 빨리 진료실 밖으로 내몰 생각만 한다고." 트레이시는 여기에 어떻게 대답할 수 있을까?

가령 다음과 같을 수 있다.

> 아버지, 정말 힘드시겠어요.(감정 공감, 무장해제) 관절염은 보통 아픈 게 아닌데, 의사들은 그런 고통을 전혀 몰라준다니까요. 환자가 연로하고 가난하면 더 그렇고요.(생각 공감, 무장해제, 감정 공감) 차분히 시간을 내주지도 않고 곧바로 진료실을 나가라고 그러면 정말 속상하죠.(감정 공감, 무장해제) 당연히 화가 나시겠죠.(무장해제, 감정 공감)

대부분의 사람들은 불평꾼에 대해 이런 두려움을 느낀다. 즉 불평꾼의 말에서 일말의 진실이라도 찾아주면 다른 불평이 봇물처럼 터질 것이라고. 그러나 실제는 그 반대다. 우리가 무장해제 기법을 적절히 구사한다면 불평꾼은 거의 불평을 그치는 법이다. 왜 그럴까? 누군가 자신의 말을 귀담아들어주었기 때문이다.

인간관계 훈련에서 나는 역할 바꾸기를 통해 이런 현상을 보여주곤 한다. 자원자 한 사람이 불평꾼 역할을 맡아 "아무도 나를 좋아하지 않아요", "인생이 왜 이럴까" 등 온갖 불평을 늘어놓게 한다. 이런 불평이 나올 때마다 나는 그 불평 속에서 일말의 진실을 간단히 찾아내보인다. 친구와 이런 역할 훈련을 해보라. 그러면 친구는 갑자기 바람이 빠진 듯, 불평을 늘어놓을 욕구를 잃어버리게 될 것이다. 정말 신통한 효험이 있다.

한 가지 사례를 소개한다.

불평꾼: 아무도 날 좋아하지 않아요!

답: 그 말이 맞아요. 사람들이 당신을 알아주지 않아요.(무장해제, 달래기)

불평꾼: 남편이 나하고 같이 있는 것보다 인터넷 하는 시간이 더 많아요. 아마 야동 사이트 보나 봐요.

답: 글쎄 그렇다니까.(무장해제) 인터넷 야동 사이트에 중독 돼서 아내도 신경 쓰지 않는 남자들이 한둘이 아니에요.(무장해제) 정말 화가 나는 일이죠.(감정 공감)

불평꾼: 제가 치질에 걸렸어요.

답: 아이고 저런!(감정 공감) 치질은 보통 아픈 게 아닌데.(무장해제)

불평꾼: 좌약을 써봤는데도 효과가 없어요.

답: 약이라는 게 말처럼 잘 듣는 것 아니군요.(무장해제)

위와 같은 훈련을 친구와 해보자. 정말 놀랄 것이다. 실제로 불평꾼 역할을 맡아보면 상대가 무장해제 기법을 능숙히 구사하며 이쪽의 말에 진심으로 동의해줄 때 불평을 계속 터뜨리기가 얼마나 불가능한지 알게 된다.

이러한 접근법은 불평꾼과 의사소통하고 그 사람을 판단하는 방식을 완전히 반대로 바꾸어 준다. 우리는 보통 불평꾼이 우리에게 무언가를 요구하는 것이라고 여겨 화가 나거나 속상하거나 혹은 죄의식과 불안에 빠진다. 그래서 그들을 돕겠다고 나서며 격려나 충고의 말을 해줌으로써 그들이 입을 다물고 불평을 멈추기를 바란다. 그러나 이런 방식은 통하지 않는다. 오히려 실제로는 우리 자신도 그들에게 이것저것 요구를 하는 셈이다. 상대가 우리의 충고에 귀 기울이고 끝없는 부정적 이야기를 그치기를 기대하는 것이다. 바로 이 때문에 둘 사이에 싸움이 계속된다. 상대에 대해 이쪽도 힘겨루기를 벌이니, 양쪽 모두 욕구가 충족되지 않으므로 둘 다 속이 상한다.

불평꾼이 충고나 도움을 바라는 것이 아님을 깨닫는 순간 해결책은 간단히 나온다. 불평꾼은 대체로 자기 말을 들어주고 자기에 관심을 가져주고 자기의 불평에서 어떤 진실을 찾아주기를 우리에게 기대한다. 우리가 이렇게 해주면 불평이 그칠 확률은 99퍼센트다. 이것을 알면 누구나 깜짝 놀란다. 우리가 불평꾼에게 아무것도 해준 것이 없다고 느낄지 모르지만, 실상 우리는 그 불평꾼이 내내 바라던 바, 즉 자신이 옳다고 인정해주고 자신에게 관심을 베풀어달라는 요구를 들어준 것이다.

자존심 강한 사람에 대처하는 법

--● 자존심 강한 사람과는 좀처럼 편히 지내기가 어렵다. 요구가 많고 쉽게 삐치고 자기중심적이며 적대적이다. 자기 자랑이 많고 남을 얕보기 일쑤다. 정신건강 전문가들은 이런 성격의 사람들을 나르시시스트라 칭하기도 한다. 나르시시스트들도 여러 유형이 있다.

■ 아첨 받기 좋아한다.

- 남에게 우월감을 느낀다.
- 쉽게 상처받고 비판, 배신 혹은 무시당하는 일을 참지 못한다.
- 요구가 무척 많고 자기가 원하는 일을 위해 남을 이용한다.
- 대체로 매력 있고 카리스마적이며, 남을 자신의 영역으로 끌어들이는 방법도 안다.

나르시시스트들과 관계 맺는 비결을 익히면 세상에 이처럼 지내기 쉬운 유형도 없다. 이 비결만 알면 이 사람들로 하여금 우리가 원하는 바를 기꺼이 해줄 수 있도록 만들 수 있다. 어떻게 그것이 가능할까? 나르시시스트들에 대해서는 효과적인 의사소통 비결 다섯 가지 모두 유용하지만, 그중에서도 가장 열쇠가 되는 것은 달래기다. 나르시시스트들은 남에게서 찬사를 받기를 열망하기 때문에 달래기에 아주 약하다. 그리하여 우리의 주문에 즉각 빨려든다.

진심 어린 찬사는 언제나 찾아낼 수 있다. 모든 인간은 나쁜 점도 있지만, 좋은 점도 있다. 나르시시스트들은 종종 뛰어난 재능이나 탁월함을 보이곤 하기 때문에 그들에게서 뭔가 긍정적인 면을 찾는 일은 어렵지 않다.

최근 나는 댈러스에서 정신건강 전문의들을 상대로 친밀함 훈련 프로그램을 운영한 바 있다. 이때 참가자 중 레기라는 이름의, 나르시시스트 성향이 제법 강한 사람과 약간의 문제를 빚었다. 그는 참가자들을 의식하여 프로그램의 주도권을 놓고 나와 경쟁을 벌이는 듯했다. 프로그램 부분마다 있는 질의응답 시간에 레기는 손을 힘차게 들었다. 나는 의무감에서라도 그를 지목하지 않을 수 없었다. 그런데 레기는 질문 대신 앞부분에서 내가 범한 오류가 있다며 평가를 하기 시작했다. 가령 이런 식이었다. "번즈 박사께서는 가장 중요한 문제를 완전히 놓치셨는데, 그건 바로 수치심이죠. 수치심의 문제를 다루지 않고서는 불편한 관계로 고생하는 사람들을 전혀 도울 수 없을 겁니다. 그런데 수치심에 대해서는 한 마디도 안 하시다니요!"

나는 레기와 겨루기를 해봐야 쓸모가 없으리라 깨닫고 마침 내가 교육하던 내용을 실제로 옮겨보기로 마음먹었다. 그래서 그가 나를 비판할 때마다 달래기와 무장해제 기법을 아낌없이 구사하며 대답했다. "레기 씨 말씀이 정말로 옳습니다. 수치심은 친밀한 관계를 가로막는 가장 큰 장애물 중 하나지요. 이것을 지적해주셔서 기쁩니다. 앞에서 말할 때 분명히 제가 이 문제를 지적해야 했는데 그러지 못했지요. 인간관계에 관한 어떤 이론도 이 수치심의 해악을 분명히 지적하지 못한다면, 핵심을 놓친 것입니다."

레기는 마지못한 듯 수그러들었다. 그러더니 다음 질의응답 시간에도 똑같은 행동을 되풀이했다. 그가 모든 사람들의 찬사를 한 몸에 받고 그 자리에서 진짜 전문가로 인정받고 싶어한다는 것이 분명했다. 그래서 나는 그가 나를 공격할 때마다 달래기와 무장해제로 계속 응했다. 내가 계속 그를 적이 아니라 동료로 대해주었는데도 그는 방어자세를 풀지 않았다.

프로그램 끝부분에 나는 참석자들에게 각자 이번에 배운 것이 무엇인지 그리고 전문가로서 또 한 인간으로서 느낀 점이 무엇인지 소감을 말해달라고 했다. 한 사람씩 일어나서 자신이 경험하고 배운 것을 설명했다. 감동에 북받쳐 눈물을 흘리며 말하는 사람들이 많았다.

레기가 또다시 힘차게 손을 치켜들었다. 나는 속으로 이런 생각이 들었다. "아이고, 이 양반이 또 찬물을 끼얹겠군." 그를 지명하면서도 내 가슴은 내려앉았다.

레기는 자리에서 일어선 후 거의 1분가량 말이 없었다. 마음을 가다듬으려고 애쓰는 듯했다. 방 안은 쥐죽은 듯 고요해졌다. 마침내 그는 차분한 목소리로 입을 열었다.

> 이번 프로그램에서 제가 잘난 척을 한다고 느낀 분들도 있을 겁니다. 이런 말씀 드리기가 정말 힘들지만, 저는 지금껏 살아오면서 내내 나르시시즘 때문에 고통스러웠습니다. 언제나 내가 옳다고 느끼면서 남보다 우월하다는 티를 내며 행동했습니다. 결국 만나는 사람마다 대판 싸우고 끝났습니다. 저는 인간관계 전문가로 밥벌이를 하지만 세 번이나 이혼을 했습니다. 진실이 뭐냐고요? 저는 그냥 외로운 사낸데, 그런 사실을 받아들이기가 수치스러웠지요. 번즈 박사님, 그리고 이 자리에 모인 모든 분께 말씀드리건대, 이번 프로그램은 제가 지금까지 참가한 것 중 최고였어요. 어떻게 감사드려야 할지 모를 정도로요. 이번 경험을 통해 제 인생이 바뀌었습니다.

이렇게 말하는 동안 그의 뺨에서 줄줄 흐르는 눈물이 그치지 않았다. 프로그램이 끝난 후 레기가 내게 와서 잠시 얘기를 하자고 청했다. 바쁜 일정이 없었던 터라 한 시간가량 함께 바람을 쐬었다. 이때 나눈 대화는 참으로 보람이 있었다. 최악의 적으로 보이는 사람도 실제는 최고의 동료였음을 깨닫는 때가 종종 있는 법이다.

이제 연습을 해보자. 내 이웃 중 한 분은 멜린다라는 분과 심심치 않게 마주치는데, 아주 짜증스럽다고 한다. 1990년대 인터넷 호황 때 멜린다의 남편과 딸은 거액을 벌어들였다. 이웃의 말에 따르면 멜린다를 마주치는 것처럼 짜증스럽고 질색인 일이 없다고 했다. 즉 멜린다는 언제나 자기 자랑과 가족 자랑만 늘어놓을 뿐 주변 사람에 대해서는 눈곱만큼도 관심이 없었다. "멜린다는 정말 다루기 불가능한 사람이에요. 입만 열면 자기 자랑을 해요. 내 남편이 100만 달러를 벌었다고 하면 자기 남편은 200만 달러를 받았다며 꼭 한마디 하는 식이죠. 역겨워서 못 견디겠어요. 이런 여자들은 어떻게 대해야 되죠? 정말 피하고 싶은데 하필이면 같은 자원봉사 단체에 속한데다가 회원 생일 축하 때문에 수시로 만나야 해요. 그러니 외면할 수 없죠."

이런 멜린다와 마주쳐서 안부를 물었다고 하자. 먼저 멜린다의 말.

네, 모든 게 좋죠. 만사형통이랄까! 우리 아들 채드가 하버드에서 1등으로 졸업했고요. 아, 우리 아이들 모두 1등으로 졸업했으니까 그리 놀랄 일은 아니죠? 그리고 우리 딸 베치 덕에 아주 기분이 좋아요. 회사를 차렸는데, 매출이 200억 달러래요. 어쩜, 그 애가 그 많은 돈을 어떻게 쓸지나 알까요. 그래서 다음 주 〈타임〉 표지 인물로 나온다는데, 혹시 들으셨어요? 게다가 우리 막내 웨인은 올림픽 대표로 뽑혔어요. 아 참, 댁의 아들은 어떻게 됐나요? 대학에 지원했다던데, 지방 전문대던가요? 걔가 예전에 보이스카웃 활동을 잘했다는 그 애 맞죠?

이런 멜린다에게 어떻게 대답할까? 잠시 책 읽기를 멈추고 생각해보자. 효과적인 의사소통 비결 다섯 가지 제각기 효과가 있지만, 나르시시스트를 대할 때에는 그 중에서도 달래기가 가장 효험을 발휘한다는 것을 명심하자. 자신의 대답을 다른 종이에 써둔 뒤 계속 읽자. 이때 각 문장 뒤에는 어떤 기법을 사용했는지 적어놓는다.

이 문제를 해결할 방법은 두 가지다. 이 인간관계에서 무엇을 추구할지에 따라 어느 쪽을 선택할지 달라진다. 먼저, 멜린다와 친하게 지낼 생각이 없다면 이런 대답 정도로 충분하다.

> 음, 멜린다. 자제분들이 재능도 뛰어나고 사업도 잘 키우고 있다고 하셨는데 사실 그럴 만해요.(달래기) 좋은 유전자를 물려받았으니까요. 그렇게 생각하시죠?(달래기, 확인 질문하기) 정말 자랑스럽겠어요.(달래기)

이렇게 말하면 멜린다는 아주 좋아할 것이다. 자기가 그토록 바라던 찬사를 받으니, 멜린다는 상대가 정말 좋은 사람이라고 생각할 것이다.

이런 접근법이 정직하지 못하고 낯간지럽다고 느낄 수도 있다. 당연하다. 그래서 이와 정반대인 접근법도 뒤에서 기꺼이 제시할 것이다. 그렇지만 모든 사람에게 정색을 하며 자기 생각을 그대로 털어놓을 필요는 없다고 생각한다. 또 모든 사람과 친밀하게 지내는 것이 현명하다고 생각하지도 않는다. 아주 나르시시스트적이고 자신에게 몰두한다고 여겨지는 사람들에게 달래기 전략만 취할 뿐, 대부분은 그 이상 가까운 관계를 맺으려 하지 않는다. 이런 전략은 속이 상하고 화가 나는 상황을 피하게 해준다.

만일 멜린다와 좀더 의미 있는 관계를 맺고 싶다면 이렇게 대답할 수 있다.

> 멜린다를 포함해서 가족마다 대단한 일을 이루는 것을 보면 정말 놀라워요.(달래기) 멜린다는 정말 대단한 사람인가 봐요. 저 같은 사람은 못 따라가겠어요.(달래기, 내 기분 말하기) 그런데 한 가지 마음에 걸리는 것이 있어서, 친구 사이니까 털어놓고 싶네요.(달래기, 내 기분 말하기) 가끔 내가 멜린다와 잘 못 사귀는 것 같다는 느낌이에요.(내 기분 말하기) 그러니까, 우리 둘이 자기 남편이 얼마나 돈을 잘 버는지, 애들이 얼마나 똑똑한지 같은 걸로 서로 경쟁을 벌이는 것처럼 느껴져요.(내 기분 말하기) 이런 느낌이 마음에 걸리는데 혹시 멜린다도 그렇게 느끼지는 않았나요?(내 기분 말하기, 확인 질문하기) 아마 제 탓이겠죠.(무장해제) 멜린다가 워낙 잘 나가니까 나도 뭔가 보이고 싶었나 봐요.(달래기, 내 기분 말하기) 만일 그렇다면 사과할게요.(달래기) 혹시 제가 거북하게 느껴진 적은 없던가요?(확인 질문하기)

이 대답에서는 경쟁하고 이기려는 대신 자기감정을 털어놓으며 약한 모습을 털어놓는다. 이로써 멜린다의 마음을 울릴 수 있다면 훨씬 쉽게 멜린다의 방어적 태도를 누그러뜨리고 마음을 열도록 할 것이다. 이런 전략의 성공을 장담할 수는 없지만 시도할 만한 가치는 분명하다. 멜린다도 실제로는 겉보기와 달리 여느 사람처럼 외롭고 허전함을 느끼거나 불안감에 시달린다는 사실을 알고 깜짝 놀랄지도 모른다.

그래도 멜린다가 여전히 방어벽을 치우지 않는다고 해도, 자신이 주도권을 쥐고 있음을 알게 될 것이다. 좀더 가깝고 의미 있는 사이가 되자고 따뜻하게 손을 뻗은 셈이다. 멜린다는 이제 이쪽에서 내민 손을 잡아줄지 결정해야 한다.

이렇게 해서 우리는 나르시시스트들을 대하는 비결을 알게 되었다. 달래기는 이처럼 강력하다. 쉬우면서도 놀라운 효과를 발휘한다. 그러나 여기에도 한계는 있다. 즉 나르시시스트적인 사람에게는 기대치를 아주 낮춰야 한다. 나르시시스트들은 상대를 사랑하거나 진정한 관심을 표현할 역량이 계발되어 있지 않기 때문이다. 이들에게 많은 것을 기대할수록 바닥 모를 실망감만 느낀다.

슬픈 일이다. 그렇지만 동전의 양면이라는 말을 염두에 두자. 나르시시스트에 대해 과도한 기대를 하는 것은 돌에 피가 돌기를 기다리는 것이나 마찬가지다. 따라서 이들에 대한 기대를 낮추면, 자신이 원하고 또 필요로 하는 것을 줄 수 있는 사람들과 관계 맺는 데 시간과 정력을 쏟을 수 있다.

게으른 고집쟁이를 대하는 법

나는 이런 고민을 자주 듣는다. "남편은 집안일에 손 하나 까딱 안 해요. 왜 그렇게 게으르고 고집만 세죠?" 지겹도록 자주 듣는 푸념이지만, 많은 남녀들에게는 중대한 현안이다. 위에서 고민을 털어놓은 주부는 또 이렇게도 말한다. "자동차 카뷰레터는 다시 조립할 줄 알면서 진공청소기는 어떻게 돌리는지도 모른다니까요!" 비슷한 예를 들자면 끝도 없겠다.

몇 년 전 나는 주얼이라는 매력적인 여성 사업가를 치료한 적이 있다. 그녀는 남자친구 라시드와 약혼을 할지 말지 고심했다. 오랜 고민 끝에 주얼은 라시드와 헤어졌고 큰 안도감을 느꼈다. 6개월 후 두 사람은 다시 교제를 했다. 주얼은 라시드가 진짜 배필이라고 믿고 결혼했다.

2년 후 주얼이 다시 나를 찾아왔다. 첫 아이를 임신한 지 7개월인데도 결혼생활에 확신을 하지 못했다. 심각한 문제가 있는 것은 아니었지만 라시드에게 점점 짜증이 난다고 했다. 고민거리 하나가 이랬다. 집안일에 도움을 청할 때마다 라시드가 고집을 피우며 비협조적으로 나온다는 것이다. 주얼의 말을 직접 들어보자.

> 저는 라시드를 사랑해요. 그렇지만 요즘 점점 그 사람한테 화가 나요. 솔직히 말해서 그 사람은 좋은 남자고, 그래서 제가 행운아라는 것도 알아요. 그렇지만 제가 정말 필요한 것을 해주지 않아요. 정말 화가 나서 마음을 꽉 닫고 대화도 하지 않아요. 어떤 때는 내가 바가지가 심한 편인가 하는 기분에 자다가도 벌떡 일어나곤 해요. 어제만 해도 그 사람이 부활절 감자요리를 내가 원하는 대로 해주지 않아서 하루 종일 속을 끓였답니다. 너무 속상해서 샤워를 해야 할 정도였어요. 왜 이런 작은 일로 하루 종일 사이가 틀어질까요?

라시드가 감자를 만지고 있는데 주얼이 조리기를 이용하는 게 좋지 않겠느냐고 조심스레 제안했다. 10분 후 주방에 돌아와 보니 라시드는 조리기를 찬장에서 꺼내 놓지도 않았다. 그래서 다시 말을 했는데도 라시드는 들은 척도 안 했다. 다시 10분 후에 주방에 와보니 조리기가 조리대 위에 놓여 있었다. 주얼은 한마디 했다. "조리기를 이제야 꺼내놓으셨군." 라시드가 대꾸했다. "이래라저래라 하지 마! 가만히 좀 놔두면 덧나?" 주얼이 맞대꾸했다. "편한 도구를 사용하라는 게 잘못이야?" 라시드도 대답했다. "당신 할 일이나 신경 써. 감자는 내 식으로 할 거야." 주얼은 발끈 성을 내며 뛰쳐나왔다.

라시드가 기대만큼 다정하지 않은 것도 근심이었다. 가령 라시드더러 뱃속의 아이가 발길질 하는 것을 느껴보라고 했지만 그는 내키지 않아 했다.

저는 정말 화가 났어요. 라시드가 초음파 사진을 그냥 슬쩍 보고 마는 거예요. 어젯밤만 해도 아이가 얼마나 배를 세게 차는지, 소파에 누워서 그 사람더러 만져보라고 애걸을 했어요. "여보, 당신도 느껴봐야 돼." 그러자 그 사람은 정말로 슬쩍 손을 제 배에 올렸다가 재빨리 치우더니 "응, 느꼈어!" 하고는 다시 텔레비전을 보는 거예요. 그 사람이 손을 올려놓았던 2초 동안 아이가 움직이지도 않은 것을 저는 알아요. 저를 감싸안고 제대로 아이를 느껴보려고도 하지 않으니 정말 걱정이 돼요. 길에서 만나는 다른 남자들도 그렇게 하는데, 라시드만 안 그러는 거예요. 신체 접촉도 항상 한 팔로 슬쩍 안는 정도밖에 안 하고요. 사람이란 변하게 마련이라고 엄마가 그러셨는데, 그 말씀을 들을 걸 그랬어요!

사람들은 대부분 결혼 초기에 배우자에 대한 낭만적 기대에 설렌다. 배우자가 당초 기대와 다르다는 것을 알게 되면 상대를 변화시키려고 노력할지, 아니면 그 모습을 그대로 받아들일지 선택해야 한다. 이제까지 우리가 함께 확인한 바로는, 누군가를 변화시키겠다는 노력은 절대로 성공하지 못하며 상대방의 모습을 수용하는 것이 차선책이다. 배우자가 변화되기 전까지는 행복할 수도 없고 충족감을 느낄 수도 없다고 생각하는 사람이 있겠지만, 상대방을 변화시키려고 강하게 노력할수록 상대방은 더욱 완강히 버티며 저항하는 법이다. 그리하여 두 사람 모두 답답함과 실망감에 빠진다.

나는 주얼에게 상대를 쥐어흔드는 경향이 있는지, 그래서 관계가 악화되는지 물었다. "맞아요. 제가 아주 주도권을 꽉 잡는 쪽이죠. 그렇지만 라시드한테서 고삐를 놓아버리면 아무것도 안 되는 거예요. 어쩔 수 없죠! 안 그러면 모든 일을 저 혼자 해야 하니까 지치죠. 모든 일을 나 혼자 떠맡고 있다는 걸 라시드가 알아야 해요."

주목할 사실은, 주얼이 느끼는 두려움이 자기충족적 예언으로 작동한다는 것이다. 주얼은 라시드가 완고한 사람이기 때문에 라시드의 몫을 자기가 떠안을까 염려가 되어 자나 깨나 이래라저래라 잔소리를 하는 것이다. 라시드는 이것 때문에 짜증이 나서 적극적으로 일을 도우려는 의욕을 잃어버려, 결국 아무것도 안하게 된다. 라시드는 화가 치솟지만 꾹 참는다. 그 대신 아내를 무시하고 아내가 잔소리하며 시키는 일을 잊어버리는 것으로 맞받아친다. 그 결과 온갖 잡일을 떠맡는 사람은 결국 주얼이다. 이로써 라시드의 수동적 공격 행동은 보상을 받는 것이다. 역설적이게도, 주얼은 라시드가 집안일을 돕지 않고 아내를 무시하게 하는 강력한 행동 강화 프로그램을 운영하는 셈이다. 인지적 인간관계 치료법의 첫째 원리가 바로 이것이다. 즉 우리가 힘겨워하는 인간관계 문제는 바로 우리가 만들어낸 것이지만 그 사실을 스스로 모르기 때문에 다른 사람 탓을 하고 자신을 희생자로 여긴다.

주얼은 라시드가 그렇게 고집 세고 게으르고 목석같은 사람이 되어서는 안 된다고 굳게 생각하며 라시드를 변화시키려고 온갖 애를 쓰지만 언제나 벽처럼 꼼짝 않는 저항에 부딪치기만 한다. 그러나 주얼에게는 또 다른 대안이 있다. 만일 주얼이 두 사람의 문제 중 자신의 책임에 초점을 두겠다고 마음을 먹는다면, 그리고 자신부터 변한다면, 원하는 것을 얻을 확률이 더 커질 것이다.

나는 우선 두 사람의 관계가 어긋나는 어떤 한 장면에 초점을 맞추어보자고 제안했다. "라시드가 뭐라고 했고 거기에 주얼은 어떻게 대꾸했지요?" 주얼은 주방조리기 때문에 옥신각신한 예를 들어 얘기해보겠다고 했다. 라시드는 이렇게 말했다. "이래라저래라 하지 마! 가만히 좀 놔두면 덧나?" 그러자 주얼은 이렇게 말했다. "편한 도구를 사용하라는 게 잘못이야?" 주얼은 이 대화를 관계일지 1단계와 단계 칸에 적었다.

다음은 3단계를 할 차례다. 의사소통 진단표를 참조하여 주얼의 반응이 좋은 의사소통인지 나쁜 의사소통인지 판단해보자. 판단이 어렵지는 않을 것이다. 첫째, 주얼은 라시드의 말에 공감해주지도 않았고 귀담아듣지도 않았다. 아마 라시드는 훈계를 받는다고 느껴 화가 났을 것이다. 그러나 주얼은 남편의 감정을 전혀 인정하지 않았고 남편의 말에서 일말의 진실을 찾지도 않았다. 자기감정을 분명히 털어놓은 것도 아니다. 주얼은 속이 상하고 쓰렸으면서도 이런 감정을 남편에게 털어놓는 대신 남편이 자신의 제안을 묵살하는 바보 같은 사람이라는 듯이 말했다. 마지막으로, 따뜻한 마음이나 존중심을 보여주지 않았다. 그 대신 주얼은 빈정거리는 질문으로 남편을 무시했다. 이렇게 해서 주얼은 자신의 의사소통진단 점수가 0점이라는 것을 알고 충격을 받았다.

이어서 나는 주얼에게 자신의 말이 어떤 결과를 가져왔을지 물었다. "주얼의 말이 남편에게 어떤 영향을 주었을까요? 상황을 낫게 했나요, 더 나쁘게 했나요?" 주얼의 대답을 듣기 전에 독자들도 판단해보기를 권한다.

문제의 분석은 간단명료했다. 주얼은 라시드가 자신을 무시하고 집안일을 돕지도 않을 뿐 아니라 가까이 가지 못하게 해서 속이 잔뜩 상했다. 주얼은 라시드가 기분을 그대로 털어놓고 자기와 아이에게 관심을 가져주기를 바랐다. 그러나 막상 라시드가 자기감정을 털어놓으려 하면 주얼은 이를 무시하며 꽉 막힌 사람이라는 식으로 대꾸했다. 그 결과 라시드는 짜증이 치밀어 아내를 도와주거나 보듬어줄 생각이 싹 가셨을 뿐 아니라 자기 기분을 털어놓을 마음도 없어졌다. 아내가 요청하는 어떤 일도 내키지 않았다. 짜증과 화를 억누르느라, 아내가 요청하는 어떤 일도 내키지 않았기 때문이다.

남편이 왜 그렇게 게으르고 고집 세고 목석같은지 주얼은 알고 싶어했다. 이제 답을 찾았다. 주얼이 남편을 그쪽으로 밀어붙였기 때문이다. 두 사람 사이에서 다른 문제도 똑같은 길을 밟는다는 것은 금방 알 수 있다. 주얼이 잔소리를 하면, 라시드는 그냥 물러나거나 자기가 할 집안일을 '깜빡' 잊어버린다. 우리가 분석한 사례는 둘 사이에 매일 벌어지는 일의 전형적인 모습이다.

자신이 힘겨워 하는 문제를 만들어내는 사람이 바로 자기였다는 사실을 아는 일은 참으로 고통스럽다. 불편한 관계를 맺은 상대에게 자신이 실제로 어떤 행동을 통해 충격을 주었는지 용기를 내서 들여다본다면 이를 더욱 큰 힘의 원천으로 삼을 수 있다. 라시드를 소원하게 만든 사람이 바로 자신이고 라시드는 자기가 불러준 그 역할을 의무 삼아 행했음을 알게 되자, 주얼은 울음을 터뜨렸다.

그러나 이렇게 약한 모습이 바로 주얼의 장점이다. 과감하게 남편 앞에서 이 눈물을 보이고 네 탓도 비난도 없이 존중해주며 부부 갈등에 대해 이야기한다면, 남편은 주얼을 더 가깝게 느끼게 될 것이다. 주얼은 남편의 말을 경청하며 동의해주어야 한다. 화가 났으면 났다고 솔직하게 털어놓으라고 격려해야 한다. 사랑을 얻고 싶다면 지시나 따끔한 말 대신 사랑을 주어야 한다. 즉 무장해제, 생각 공감과 감정 공감, 확인 질문하기, 달래기 등을 아낌없이 구사하며 라시드를 대해야 한다. 그리고 잘못을 따지지 않는 태도로 따뜻하게, '내 기분 말하기'를 사용하여 자기감정을 털어놓아야 한다. 감정이 상했다고 해서 방어벽을 세워 까다롭게 비난하지는 말자. "이래라저래라 하지 마! 가만히 좀 놔두면 덧나?"라는 말을 들었을 때 주얼은 어떤 다른 말을 할 수 있을까? 효과적인 의사소통의 다섯 가지 비결 부분을 다시 읽고 각자의 답을 다른 종이에 적어보자. 이때 어떤 기법을 사용했는지 적어놓는 것도 잊지 말자.

주얼은 가령 다음과 같이 대답할 수 있을 것이다.

라시드, 내가 당신한테 이래라저래라 한다니, 참 섭섭하네요. 하지만 당신 말이 맞아요. 나 때문에 짜증난다는 것, 나도 인정해야겠네요.(내 기분 말하기, 무장해제, 감정 공감) 난 정말 당신을 사랑해요. 그래서 당신 기분이 어떤지 더 듣고 싶어요.(달래기, 확인 질문하기) 나 때문에 많이 화난 것 같네요.(감정 공감) 가만히 내버려두라고 했는데, 확실히 지금 나 하고 얘기할 기분이 아니군요.(생각 공감, 감정 공감, 달래기)

주얼이 라시드에게 이래라저래라 하는 것을 인정하는 순간 이와 모순된 일이 벌어진다. 즉 주얼은 더 이상 라시드에게 이래라저래라 하지 않는 것이다. 자신의 행동 때문에 라시드가 짜증이 났음을 인정하며 라시드의 기분이 지극히 당연하다고 말해주면 바로 그 순간, 그의 짜증은 가신다. 다만 여기서 주얼의 태도나 말투가 아주 중요하다. 자기를 변호하거나 라시드를 공격하려는 태도가 조금이라도 섞여 있다면 주얼의 노력은 물거품이 될 수 있다. 상대로 하여금 마음의 문을 열게 하고 싶다면 따뜻함과 공손한 태도가 가장 중요하다. 라시드를 무시하거나 라시드 때문에 이렇게 되었다는 식으로 들리면 마음의 문은 다시 닫혀버린다.

고집 세고 게으른 사람을 어떻게 움직일 수 있을까? 자신의 행동을 돌아보며 혹시 무의식적으로 불길에 기름을 더 끼얹지는 않았는지 생각해보자. 주얼은 모든 것이 라시드 때문이라고 여기며 라시드를 변화시키려고 갖은 애를 썼다. 이러저러한 일을 하라고 시키고 아직 손대지 않은 일이 무엇이 있는지 항상 상기시켰다. 그러나 아무 소용이 없었다. 오히려 주얼이 애를 쓰면 쓸수록 문제는 악화되기만 했다.

주얼은 문제를 해결하려고 애를 쓰는 대신, 라시드의 기분이 어떤지 같이 느끼고 감정을 털어놓는 데 힘을 기울이는 것이 좋다. 두 사람 모두 무시하지만, 그 이면에는 강한 감정 덩어리가 도사리고 있다. 이 감정이 두 사람 사이를 갉아먹는데도 둘 모두 이를 피한다. 서로 정서적으로 멀어진 상태에서는 둘 다 문제를 해결할 수 없다. 친밀한 관계는 전혀 없이 주도권 싸움만 계속된다. 주얼과 라시드가 감정을 분출하고 예전처럼 가까운 관계로 돌아갈 때 현실의 문제는 대부분 자연스럽게 사라지는 법이다. 이런 문제들은 해결하겠다고 나설 필요도 없다. 그래도 풀어야 할 문제가 있긴 있다면, 사랑하는 사이로 한 팀에 되어 힘을 합치는 편이 훨씬 쉽다.

남을 부리기 좋아하는 사람 다루기

--------------------------------● 주변 사람 중에 지배광, 즉 남을 부려먹기 좋아하는 사람이 있을 수 있다. 상사, 배우자, 자녀 중에도 그런 유형이 있을 수 있다. 이런 유형은 사사건건 제 뜻대로 하려 할 뿐 상대의 생각이나 감정은 안중에 없다. 하나라도 제 뜻대로 해주지 않으면 삐쳐버린다.

테리라는 여성이 있었다. 테리는 자기 언니 마곳이 바로 그런 사람이라고 했다. 늙은 어머니가 거동도 못하고 점점 치매가 심해지는데 마곳이 어머니를 돌본다면서 함부로 대하는 모습 때문에 테리는 괴롭다고 했다. 테리는 마곳이 자기와 상의도 없이 일을 혼자 결정해서 더욱 화가 났다.

언니는 엄마를 위해 방문 돌봄 프로그램을 한다고 애를 쓰고는 있는데요, 제가 보기에는 완전히 틀렸어요. 집에서 돌볼 사람을 고용하느라고 한 달에 만 달러가 넘는 돈을 쓰는데, 이런 식으로 돈을 쓰다가는 엄마 집이 남아나지 않겠어요. 차라리 엄마를 간호 시설로 보내드리는 게 좋을 텐데요.

테리는 어찌해야 좋을지 모르겠다고 했다. 나는 한 가지 구체적인 예를 들려 달라고 했다. 마곳이 무슨 말을 했는지, 그리고 테리가 거기에 어떻게 대답했는지 말이다.

그러니까 전 주말에 테리와 마곳은 어머니 건강이 점점 나빠진다는 얘기를 나눴다고 한다. 마곳이 이렇게 말했다. "난 너한테 실망이야. 내 결정에 왜 따라주지 않는 거야?" 테리의 대꾸는 이러했다. "결정은 언니 혼자 다 하잖아. 나한테 상의도 없이 말야." 나는 테리에게 이것을 관계일지 1단계와 2단계에 기록해보라고 했다.

이제 3단계에 들어왔다. 테리의 대답은 좋은 의사소통에 속할까 나쁜 의사소통에 속할까? 상대의 말을 경청하고 자기감정을 솔직히 털어놓되 애정과 존중심을 보여주었는가?

이 세 가지 항목에서 테리는 모두 낙제였다. 첫째, 테리는 마곳의 감정을 무시했다. 마곳은 실망스럽다며 도움을 기대하는 듯 말했다. 마곳도 속상하고 외롭고 힘겨웠을 텐데 말이다. 테리는 자기감정도 털어놓지 않았다. 테리도 속상하고 소외감을 느꼈으면서도 이를 털어놓는 대신 마곳을 비난하기만 했다. 애정과 존중심으로 대하지 않았음을 물론이다. 테리의 대답은 책임을 따지고 비난하는 것으로 들렸다.

이제 관계일지 4단계로 넘어가자. 테리의 대답은 어떤 결과를 가져올까? 문제를 개선했을까 아니면 더 나쁘게 만들었을까.

언니 마곳이 테리에게 자기를 도와주지도 않고 힘을 합치지도 않는다고 말했을 때, 테리는 귀담아듣지 않았다. 언니의 말에서 일말의 진실을 찾아주지도 않았다. 오히려 언니 때문에 팀으로 움직이지 못하는 것이라고 했다. 두 자매가 각기 원하는 것은 한 가지, 즉 지금보다 더 함께 결정하고 움직이자는 것이었다. 그러나 테리는 이를 인정하지 않고 언니만 비난했다. 그 결과 싸움과 불신은 더욱 짙어졌다. 일을 상의할 때마다 테리한테 계속 무시당하자, 언니 마곳은 테리와 상의하지 않고 일을 결정하게 되었다.

테리는 자매끼리 협동하지 않는 것은 모든 일을 혼자 좌지우지하는 테리의 성격 때문이라고 믿었다. 그러나 테리는 문득 깨달았다. 관계를 멀어지게 하고 협동심이나 자매애를 전혀 발휘하지 못하게 만든 사람이 바로 자기임을. 그리고 수치심을 느꼈다. 모든 문제가 언니 마곳 탓이라고 믿었는데, 테리로서는 충격적인 전환이었다.

이제 5단계 작업을 할 차례다. 마곳이 "난 너한테 실망이야. 내 결정에 왜 따라주지 않는 거야?"라고 말했을 때 테리는 어떻게 대답할 수 있을까? 효과적인 의사소통 비결 다섯 가지 모두 도움이 되겠지만 무장해제와 달래기 기법이 아주 중요하다. 덧붙여 감정 공감과 '내 기분 말하기' 기법을 능숙하게 같이 쓰도록 한다. 자신이 생각해 낸 대답을 별도의 종이에 적어놓도록 하자. 자신이 어떤 기법을 사용했는지도 각각 표시한다.

관계일지 5단계에서 테리가 생각해 낸 것은 다음과 같다.

> 아, 언니, 우리 두 사람이 지금 똑같이 느끼는 것 같아.(내 기분 말하기,
> 무장해제) 언니가 뭔가를 결정할 때 내가 도움을 주지 않아서 실망이라
> 는 거지?(생각 공감, 감정 공감) 그런 말을 들으니 안타까워. 그리고 언니
> 혼자 모든 일을 짊어지는 것 같아.(내 기분 말하기, 무장해제, 감정 공감)
> 내가 언니를 도와주지 않아서 힘 빠지고 답답한 것 같네.(감정 공감) 나
> 는 언니가 좋고, 어떤 일이든 언니하고 같이 해내고 싶어.(내 기분 말하
> 기, 달래기) 언니 기분이 어떤지, 엄마를 어떻게 해 드려야 할지 나한테
> 얘기 해줄래?(확인 질문)

이 대답에서 테리는 자기가 언니의 바람대로 도와주지 않았음을
인정한다. 아끼는 사람의 기대에 보답하지 못했음을 인정하기는 쉽
지 않다. 그러나 이때 느낀 섭섭함은 친밀함과 믿음을 강하게 하는
도약대가 될 수 있다.

어떤 사람과 사이가 불편하다고 느끼지만, 그 갈등이 우리 자신의
망상인 경우가 종종 있다. 상대방도 똑같은 문제에 대해 나와 같이
느끼고 원하고 있음을 알아차리지 못해서 화가 나는 경우도 있을 수
있다. 자기 생각과 감정을 너무 강압적으로 표현해서 대화가 아니라
오히려 싸움을 만들어내기도 한다. 다른 사람이 범한다고 비난하는
잘못을 스스로 저지르기도 쉽다. 어떤 사람이 남을 좌지우지하는 성
격이라고 생각하는 순간, 스스로 그 사람과 힘겨루기에 들어간다. 그
때부터 두 사람은 주도권 다툼을 시작하여 결국 아무도 이길 수 없는

싸움에 빠진다.

내가 내놓은 해결책은 약간 다른 것이다. 자기를 지키기 위해 책임을 따지고, 싸우고, 요구하고, 기세등등하게 버티는 대신, 요령 있게 경청하고 자기감정을 부드럽게 털어놓고, 진심으로 애정과 존중심을 보이라는 것이다. 이런 접근법은 대부분 신뢰, 팀워크, 협력의 길을 열어줄 것이다.

질투심 강한 사람을 상대하는 법

실내장식업을 하는 리즈는 자매 사이인 카트리나의 질투심 때문에 고민이 된다고 털어놓았다. 어린 시절부터 카트리나는 과체중을 벗어나지 못했다. 그 반면에 리즈는 똑똑하고 날씬하고 인기가 있었으니, 카트리나는 이 때문에 항상 화가 났다. 리즈는 카트리나와 더 잘 지내자며 대화를 나누려고 몇 번 시도했지만 언제나 퇴짜를 맞았다.

나는 카트리나가 먼저 뭐라고 말했고 거기에 리즈가 어떻게 대답했는지 한 가지 예를 들어달라고 했다. 그러니까 전날 리즈는 두 사람 사이를 화제로 카트리나와 얘기를 나눴다고 한다. 이때 카트리나가 이렇게 말했다. "우리는 공통점이 전혀 없어." 리즈가 "너하고 더 가깝게 지내고 싶어"라고 말하며 카트리나를 안아주려 하자 카트리나는 리즈를 물리쳤다. 리즈는 기분이 상해 내뱉었다. "너는 질투심이 심해! 현실을 좀 직시해!"

리즈의 대답은 나쁜 의사소통일까 좋은 의사소통일까? 언뜻 보면 리즈의 대답에는 애정이 담긴 듯하지만 이 책 앞에 나오는 의사소통 진단표를 이용하여 살피면 전혀 다른 결론이 나온다.

리즈는 카트리나에게 공감했는가? 카트리나는 어렸을 때부터 리즈를 질투하고 리즈에게 화를 냈다. 아마 지금도 외로움과 열등감을 느낄 것이다. 카트리나가 리즈 때문에 속상하고 화가 나있을 텐데, 리즈는 카트리나의 감정을 전혀 인정하지 않았다. 카트리나가 리즈를 물리친 것도 이 때문이다.

자기감정을 솔직하면서도 부드럽게 표현하는 일도 리즈는 하지 않았다. 서로 공통점이 없다는 카트리나의 말에 리즈는 퇴짜 맞은 것 같아 마음이 상하고 슬펐으면서도 이런 기분을 숨겼다. 그 대신 더 가깝게 지내고 싶다고 말했다. 이 말을 하는 순간 리즈가 실제로 가깝게 지내고 싶어한 것은 아니었으니, 거짓말을 한 것이다. 오히려 화가 치밀었다! 이런 기분을 털어놓는 대신 리즈가 화를 숨기고 카트리나를 무시했기 때문에 카트리나가 리즈를 물리친 것이다. 그러나 리즈는 카트리나의 질투심이 문제라면서 "현실을 직시하라"라고 응수했다. 분명히 이 장면에는 애정이나 존중심이 보이지 않는다. 리즈의 첫 번째 말은 가식적이었고 두 번째 말은 적대감을 담았다.

리즈는 의사소통진단표 측정에서 세 항목 모두 0점이었다. 이제 4단계로 넘어간다. 리즈의 대답은 어떤 결과를 불러왔을까? 리즈의 말이 카트리나를 어떻게 변화시킬까? 식은 죽 먹기 같은 문제일 것이다. 리즈 자신의 평은 이렇다. "카트리나는 앞으로 나를 적이라고 생각하고, 정말 공통점이 없다고 마음을 굳힐 거예요."

이제 각자 리즈의 입장이 되어 더 나은 대답을 찾아보자. 이때 효과적인 의사소통 비결 다섯 가지를 활용하도록 한다. "우리는 공통점이 전혀 없어"라는 카트리나의 말에 어떻게 대답할 수 있을까? 다른 종이에 자신의 답을 기록해놓도록 한다.

리즈와 내가 함께 생각해낸 대답은 이렇다.

> 카트리나, 우리가 공통점이 없다니, 내 마음이 참 쓰리다. 그렇지만 네 말도 맞다고 생각해.(내 기분 말하기, 생각 공감, 무장해제) 우리 사이가 오랫동안 좋지 못해서 나도 정말 힘들어.(무장해제, 내 기분 말하기) 지금 나한테 몹시 화가 나 있는 것 같아.(감정 공감) 나 때문에 여러 가지 문제가 생겼다는 걸 나도 알아. 그렇지만 오랫동안 깨닫지 못하는 바람에 너를 원망했어.(무장해제) 그래도 내가 너를 좋아하고 서로 가까이 지내지 못해 섭섭하다는 걸 알아주면 좋겠어.(달래기, 내 기분 말하기) 더 좋은 사이가 되도록 노력해볼 수 있지 않을까. 그리고 네 기분이 어떤지 알고 싶어.(확인 질문)

카트리나가 "우리는 공통점이 전혀 없어"라고 말함으로써 마음의 문을 영원히 닫아버린 듯 보이지만, 이 말에 대해서도 달리 생각할 수 있는 구석이 있다. 사람들은 종종 주변에 벽을 치고 까탈스럽게 굴곤 한다. 이는 마음 상하고 실망하지 않도록 자신을 보호하기 위해서다. 카트리나가 퇴짜를 놓은 것에 대해 리즈는 오히려 이를 황금 같은 기회로 여길 수도 있다. 즉 카트리나의 감정을 인정하여 마음의 문을 열도록 격려하고, 카트리나를 사랑하고 있음을 보여주는 것이다. 이때 리즈는 자신의 감정을 솔직하고 부드럽게 털어놓아야 한다.

사람 사이에 대한 각자의 생각과 믿음이 다음 상황을 촉발하는 법이다. 마음속으로 상대방이 자신의 적이라고 생각한다면 즉시 전투에 돌입한다. 그러나 갈등이 오히려 이해와 사랑의 폭을 넓혀줄 기회라고 생각한다면 적은 이쪽을 동료로 여기기 시작한다. 이것이 바로 인지적 인간관계 치료법의 근본 원리 중 하나다. 즉 우리는 매일 매 순간마다 인간관계 현실을 자기 나름으로 만들어내지만, 스스로 그런 힘이 있다는 것은 깨닫지 못한다.

카트리나와 화해하려면 리즈가 한 가지 대답을 능숙히 하는 것만으로는 부족하다. 카트리나가 마음을 연다면 리즈가 방어적으로 대응하지 않는 것이 가장 중요하다. 리즈 탓, 감정이 상한 이유, 부당한 일 등을 카트리나는 분명히 끝없이 내놓을 수 있을 것이다. 카트리나가 털어놓는 불만을 부드럽고 따뜻하게 경청한다면 카트리나가 방어막을 내리고 리즈를 훨씬 긍정적인 눈으로 보아줄 가능성은 매우 높다.

남의 비난에 대처하기

인간관계 문제 중 가장 흔한 것이 비난이라고 할 수 있다. 남의 비난에 능숙하게 대처하는 법을 익히고 싶다면 그 중 무장해제 기법이 가장 중요하다. 이 기법을 능숙하게 이용한다면 어떤 비난도 대부분 즉시 잠재울 수 있다. 그러나 이것은 쉽지 않은 일이다. 누군가에게 무시 당하는 일이란 쓰라린 경험이기 때문이다. 게다가 비난이란 잘못되고 불공평하며 사특한 마음에서 나온 경우가 종종 있게 마련이므로 그 일을 당하는 우리는 성을 내고 방어적이 되기 쉽다. 물론 상황은 더욱 악화될 것이다.

내가 운영하는 친밀함 훈련프로그램 중에 실비아라는 영문학 교수 한 분이 참여했다. 실비아는 자매인 조앤과 오랫동안 갈등을 빚어왔다고 털어놓았다. 실비아의 말은 이랬다. "우리 가족 중에서 대학은 물론 대학원까지 다닌 사람은 내가 유일했어요. 조앤하고 관계도 계속 삐걱거렸죠. 어렸을 때부터 조앤은 항상 내가 잘난 체하고 자기를 무시한다고 일렀어요. 그러나 그건 잘못된 얘기죠. 조앤이 나를 잘못 생각하고 있다는 걸 어떻게 알려주죠?"

상대방이 오해하고 있음을 확인시켜주는 일은 보통 힘겨운 것이 아니다. 상대가 이쪽에 대한 분노에 가득 차 오랫동안 부정적인 감정을 지녀왔을 때는 더욱 심하다. 나는 말로써 상대를 농락하거나 속이는 법은 다루지 않겠다. 우리는 상대방의 비난이 실제로 타당하다는 사실을 인식해야 한다. 이것은 항상 쉽지는 않다. 자신의 행동이 주변 사람에게 어떻게 영향을 미치는지에 대해 우리가 평소에 눈을 감기 때문이다.

나는 실비아에게 조앤의 비난 속에 일말의 진실이 있느냐고 물었다. 실비아는 자기가 조앤에게 우월한 체한 적도 절대로 없고 잘난 체한 적도 전혀 없다고 극구 부인했다. 그래서 나는 두 사람이 나눈 실제 대화를 제시해달라고 했다. "조앤이 먼저 뭐라고 말했고, 실비아는 거기에 뭐라고 대답했지요?" 실비아의 말에 따르면 전 주에 조앤이 이렇게 말했다. "실비아, 너는 다른 가족들보다 잘났다고 생각하는 거야?" 실비아는 이렇게 대답했다. "내가 어떻게 살아왔는지 언니는 알지도 못하면서!"

이제 3단계 작업에 들어간다. 즉, 실비아의 대답은 좋은 의사소통일까 아니면 나쁜 의사소통일까? 실비아는 조앤에게 공감하고 조앤의 감정을 인정해주었나? '내 기분 말하기' 기법을 사용하여 자기 기분을 솔직하게 털어놓았나? 애정과 존중심을 담아 조앤을 대해주었나? 이 책을 더 읽어가기 전에 먼저 실비아 자매의 경우를 의사소통 상황표에 따라 분석하고 잠시 생각을 해보자.

실비아는 자신의 대답에 대해 이렇게 평가했다.

> 내가 한 대답은 나쁜 의사소통에 속한다. 왜냐하면 조앤의 감정을 인정하지도 않았고 조앤의 말에서 일말의 진실을 찾지도 않았기 때문이다. 그 대신 나만 변호했다. 내 감정을 털어놓은 것도 아니다. 나는 쓰리고, 슬프고, 화가 났으면서도 내 감정이 이렇다고 조앤에게 말하지 않았다. 오히려 나는 조앤이 멍청하며, 말도 안 되는 소리만 한다는 식으로 얘기했다. 이런 대답에는 애정이나 존중심이 전혀 실려 있지 않다.

이제 4단계로 넘어간다. 실비아의 대답이 어떤 결과를 가져왔을까. "내가 어떻게 살아왔는지 언니는 알지도 못하면서!"라고 실비아가 말했을 때 조앤은 어떻게 생각하고 느꼈을까?

실비아는 조앤이 틀렸다고 말하려 했을 것이다. 그러나 조앤이 불만을 털어놓는 이유가 바로 이것이다. 실비아의 말은 조앤을 무시하는 것으로 들린다. "이 멍청이! 함부로 지껄이지마!"라고 말한 것이나 다름없으리라. 만일 그랬다면 조앤은 실비아가 자기를 가족 중에 제일 잘났다고 여긴다는 생각을 굳혔을 것이다.

실비아는 조앤이 옳을 리가 없다고 확신했다. 나는 바로 그래서 조앤이 불만스러워한다고 지적했다. 즉 실비아는 정말로 우월감에 사로잡혀 있었다. 실비아의 대답에는 잘난 체하는 태도가 역력히 드러났다.

실비아가 내게 던진 첫 물음을 되새겨본다. "조앤이 나를 잘못 생각한다는 걸 어떻게 알려주죠?" 실비아는 자신에 대한 조앤의 생각이 틀리지 않았음을 깨닫고 괴로워했다. 실비아는 실제로 조앤을 불손하게 대하고 무시했던 것이다.

이제 우리 각자가 실비아의 입장이 되어 더 나은 대답을 생각해보자. "너는 자기가 우리 가족 중에서 제일 잘났다고 생각해!"라는 조앤의 말을 염두에 두어야 한다. 효과적인 의사소통 비결 다섯 가지모두 이용할 만하지만, 그중에서도 무장해제 기법이 열쇠가 된다. 조앤은 실비아에게서 자기 말이 모두 옳다는 말을 듣는다면 그때서야실비아에 대한 자기 생각이 틀렸다고 믿을 것이다. 이를 위해 필요한것은 용기, 애정, 겸손이다. 각자 자신의 대답을 종이에 적어두자.

실비아와 내가 함께 생각해낸 대답은 이렇다.

언니 말이 맞아. 나는 가끔 고상한 척한 것 같아.(무장해제, 생각 공감) 언니 말이 나한테는 무척 아파. 지금까지 언니를 무시했다는 걸 이제야 깨달았고, 내가 언니를 얼마나 아끼는지 제대로 보여주지도 못했다는 것도 깨달았어.(내 기분 말하기, 무장해제, 달래기) 아마 나한테 많이 실망 했겠지.(감정 공감) 섭섭하고 화나는 것도 당연해.(감정 공감) 거기에 대해 얘기해보고 싶어.(확인 질문) 내가 언니를 섭섭하게 한 일이 어떤 게 있는지 얘기해줄래?(확인 질문)

이 대답은 앞에서 얘기한 '반대의 법칙'을 보여준다. 조앤의 비판이 옳다고 실비아가 인정하면 그 비판은 효력을 잃는다. 실비아가 겸손하게 잘못을 뉘우치며 애정 어린 모습을 보여주기 때문이다. '우월감'을 느끼는 사람이 이렇게 의사소통을 할 리 없으니까 말이다! 실비아가 진심에서 우러나오는 말을 하면 조앤은 실비아를 대하는 태도를 바꿀 것이며, 두 사람의 관계가 나아질 희망이 생겨날 것이다.

4장

인간에 대한 이해를 관계에 적용하기

관계 회복의 열쇠는 노련하고 능숙한 소통 기술이 아니다.
상대방과 더 친해지고 싶다는 강한 욕구가 가장 효과적인 도구가 된다.

다섯 가지 비결
완벽히 익히기

19

효과적인 의사소통 비결 다섯 가지를 일상생활에서 이용할 수 있으려면 다음과 같은 것들이 필요하다.

1 다섯 가지 방법을 연구해야 한다. 그리고 이 방법들이 이성적으로도 타당하다는 점에 동의해야 한다.

2 겸손함을 갖추어야 한다. 불편을 느끼는 그 문제가 바로 자기 때문이라는 점을 깨닫는 일은 쉽지 않다. 남의 비판에서 일말의 진실을 찾아주는 것도 그리 즐거운 일은 아니다. 그러므로 자존심을 다스린다면 훨씬 쉬워질 것이다.

3 더 사랑이 넘치고 만족스러운 관계를 타인과 맺겠다는 욕구를 강하게 가져야 한다. 불편한 상대방과 더 좋은 관계를 맺어야겠다는 마음이 없으면 어떤 비결도 소용이 없다.

4 인내, 끈기, 훈련이 필요하다.

다섯 가지 비결을 처음 연습할 때 나는 매일 저녁마다 관계일지를 작성하며 내가 환자, 동료, 가족들과 어떤 식으로 관계를 맺는지 분석하며 수정해나갔다. 관계일지의 처음 네 단계는 가끔 고통스럽기도 했다. 특히 내 행동이 남에게 미치는 영향을 다시 들여다볼 때 그러했다. 5단계로 들어가 '더 나은 대답'을 작성해보는 일도 처음에는 영 시원치 않았다. 그렇지만 얼마 후에는 능숙하게 해낼 수 있었다.

효과적인 의사소통 비결 다섯 가지의 달인이 되는 것은 마치 테니스를 배우는 것과 비슷하다. 처음에는 몸에 익지 않아서 공을 원하는 곳으로 보내지 못한다. 그러나 연습을 거듭하면 시간이 갈수록 나아진다.

지금 내게는 이 기법들이 제2의 천성처럼 몸에 배었다. 나는 치료나 강의는 물론 사적인 생활에서 이 기법을 매일 적용한다. 내가 언제나 100퍼센트를 발휘하지는 못하며, 이 기법을 적용하는 것을 잊어버릴 때도 있다. 그렇지만 대부분의 경우 나는 이 기법들을 이용하며 효과도 놀랍다. 이 기법들은 정말로 내 인생을 바꿔놓았다. 이 기법들이 여느 사람들의 삶도 변화시킬 수 있다고 나는 굳게 믿는다.

이 책 앞에 나온 관계일지 중 5단계를 채우는 과정은 매우 유익하다. 다섯 가지 비결을 이용해서 더 효과적인 대답을 상대방에게 어떻게 할 수 있었을지 자신에게 묻는 것이다. 그리고 관계일지에 이 대답을 기록하되, 다섯 가지 중 어떤 것을 적용한 것인지 함께 적어둔다. 자신이 어떤 기법을 사용했는지 의식적으로 가려보면 훈련이 훨씬 잘된다.

이 기법을 언제 어떻게 구사할지에 대한 공식은 따로 없다. 무장해제 기법을 먼저 사용해서 상대방의 말이 완전히 옳다고 인정해주는 일을 먼저 해야 할 경우도 있다. 어떤 경우에는 생각 공감 기법을 먼저 구사해서 상대방의 말을 요약함으로써 자신이 상대의 말을 경청하고 있음을 보여줄 수도 있다. 감정 공감 기법을 발휘해서 상대방의 감정을 인정해줄 수도 있다. 그리고 어떤 경우에는 "흠, 한 대 얻어맞은 기분인데"라고 하며 '내 기분 말하기' 기법으로 대할 수도 있다. 이처럼 경우의 수는 창의성과 개성에 따라 무한하다.

더 나은 대답이 진실하고 자연스럽게 들리지 않는다면 효과는 거둘 수 없다. 더 나은 대답으로 생각해낸 것이 처음에는 좋게 느껴지다가도 몇 시간 후에 적어둔 것을 다시 보면 잘난 체하거나 서투르거나 가식적이거나 적대적이거나 혹은 방어적인 대답이었음을 깨달을 수도 있다. 그럴 경우는 더 좋은 방향으로 고치면 된다. 좋은 대답을 생각해내기까지는 숱한 연습이 필요하다. 나도 관계일지 쓰기를 처음 했을 때에는 다섯 번 혹은 열 번까지 고치고 나서야 제대로 되었다고 여겨지는 대답을 찾을 수 있었다. 지금 당장 자신의 관계일지 중 5단계를 해보자. 책장을 다시 펼치는 일은 이것이 끝난 후에 하자.

그냥 읽는 것도 도움이 되겠지만 다섯 가지 비결을 실제 상황에서 즉시 구사할 수 있으려면 종이에 써보는 연습이 필요하다. 매일 10분 내지 15분씩 관계일지를 작성해보기를 권한다. 그렇지만 앉은 자리에서 다섯 단계를 전부 채워놓을 필요는 없다. 초반의 세 단계나 네 단계는 오늘 쓰고, 나머지는 내일 완성해도 된다. 잠자면서 생각하는 것도 도움이 된다. 처음에는 생각하지 못했던 점을 갑자기 깨달을 수도 있다. 5단계에서 정말로 더 나은 대답을 찾을 수 있기까지는 많은 노력이 필요하다. 그렇지만 노력은 반드시 보답을 한다. 힘써 노력하면 이해도는 급격히 올라가는 법이다.

실제 상황에서 통하는
친밀감 훈련

20

5단계까지 끝내면서 더 나은 대답이 만족스럽게 여겨지면 이제 다섯 가지 비결을 실제 상황에서 구사할 수 있을지 궁금해진다. 보통 사람들은 자기감정에 사로잡혀 평소대로 즉흥적으로 반응하기 때문에 처음에는 이 기법들을 구사하는 일을 잊어버리기 일쑤다. 그리고 이 기법들을 시도할 경우 생각지도 못한 실수를 많이 저질러 일을 그르친다. 많은 사람들이 가장 어려워하는 부분은 비판을 받을 때 자기를 변호하려는 욕구를 포기하는 것이다.

희망을 잃지 말자! 나는 실제 상황에서 어떤 갈등, 어떤 문제든 능숙하게 대응할 수 있도록 강력하고 재미있는 역할 바꾸기 기법을 개발해놓았다. 나는 이것을 친밀감 훈련^{Intimacy Exercise}이라 부른다. 내가 스탠퍼드에서 진행하는 세미나나 미국 전역에서 실시하는 워크숍에서 이 친밀감 훈련은 인기가 높을 뿐 아니라 효과도 매우 크다.

이 연습을 행하려면 짝이 있어야 한다. 불편한 관계에 있는 사람보다는, 효과적인 의사소통 능력을 키우도록 도와줄 사람이면 좋다. 친구나 가족 혹은 동료 중에서 찾으면 된다. 물론 짝이 되는 사람도 이 훈련 과정에서 같이 배우게 된다.

훈련은 이렇게 진행된다. 짝이 되는 사람에게 불편한 관계에 놓인 사람(적수) 역할을 해달라고 부탁한다. 그리고 이 짝에게 평소 불편해 하는 사람이 하던 것처럼 자기를 공격해달라고 한다. 자기가 쓴 관계 일지를 주고 그 중 1단계의 내용을 가차 없이 읽어달라고 한다. 가령 "너는 자기 생각만 해"라든가 "귀찮게 요구만 하고 있어" 혹은 "내가 옳고 너는 틀렸어"라는 내용을 그대로 읽어달라고 한다. 이때 여기에 대해 다섯 가지 비결을 이용하여 가능한 즉시 대답을 하는 것이다.

상대방의 비난에 대답을 한 후에는 이 역할 훈련을 그친다. 비판과 맞대답의 과정을 계속하지는 말라. 상대 역할자의 비판에 대해서 한 번의 대답만 하는 것이다. 이 점이 아주 중요하다. 그리고 나서 자신의 대응이 어떠했는지 상대 역할자로부터 세 가지 점에서 구체적으로 평가를 받도록 한다. 상대 역할자를 위한 지침은 다음 쪽에 표로 제시되어 있다.

첫째, 자신이 전체적으로 어느 정도였는지 상대 역할자로 하여금 A에서 F까지 점수를 매겨달라고 한다. 이 훈련을 처음 할 때에는 A를 받기는 힘들다. 심지어 정신건강 전문가들도 처음에는 B나 C, D를 맞기 십상이다. 이 점수는 자신이 어느 상태에 있는지 정확히 보여주기 때문에 아주 중요하다. 예를 들어 B를 맞았다면 대체적으로 잘해내긴 했지만 개선할 여지가 있다는 뜻이다.

평가를 받은 뒤에는 자신이 무엇을 잘하고 무엇을 잘못했는지 상대 역할자에게 듣도록 한다. 잘 된 점은 무엇이고 잘 안 된 점이 무엇이었나? 자신이 말한 내용뿐 아니라 몸짓과 표정에 대해서도 평가를 듣도록 한다. 가령 마음을 열고 듣겠다는, 흥미를 느끼는 표정이었는지? 아니면 어깨를 으쓱하며 거부했는지, 얼굴을 찌푸리거나 눈썹을 치떴는지 등등.

마지막으로 자신이 다섯 가지 비결을 능숙하게 구사했는지 상대 역할자에게서 평가를 듣는다. 다섯 가지 비결을 구사해야 한다는 것 자체를 완전히 잊어버렸을 수도 있고, 혹은 도움이 될 기법 하나를 빠뜨렸을 수도 있다. 상대의 말을 다시 정리해주기를 잊었다거나 상대가 화가 있다는 점을 인정해주는 일을 잊었다거나, 상대방의 말 속에서 일말의 진실을 찾아주지 않았다거나 등등.

평가 점수가 A 이하인 경우가 분명히 있을 텐데, 이때에는 역할을 바꾸어 해본다. 즉 자신이 공격자가 되고 상대방은 반대자가 되는 것이다. 이전 훈련에서 상대방이 했던 말로 자신이 공격하고, 상대방은 더 나은 대답으로 응수하도록 한다. 그러고 나서 상대방에 대해 앞에서 보인 세 가지 측면에서 평가해준다.

1 A에서 F까지로 평가를 해준다.
2 상대방의 대답이 얼마나 효과를 발휘했는지 말해준다. 잘 해낸 것은 무엇이고 잘못한 것은 무엇이었는지.
3 효과적 의사소통 비결 다섯 가지를 얼마나 능숙히(혹은 잘못) 구사했는지 평가해준다.

공격자 역할을 해보면 엄청나게 많은 것을 배운다. 가령 상대방이 방어적인 태도로 대답하거나 이쪽 감정을 인정하지 않을 때 얼마나 화가 나는지 비로소 깨닫는다. 의기소침하거나 죄의식을 느낀다거나 바보가 된 것 같다며 속상한 마음을 털어놓았는데, 상대방이 여기에 공감하며 격려하지 않고 그저 힘내라고만 할 경우 얼마나 짜증스러운지도 알게 된다. 갈등 상황에서 효과적으로 대처하는 일이 얼마나 힘든지 다른 사람 입장에서 더욱 확실히 깨닫는 것이다. 우리가 배우며 키워야 할 점이 바로 이런 능력들이다.

반대자의 어떤 비판에도 효과적으로 대응할 수 있을 때까지 이 훈련을 거듭한다. 처음부터 이런 수준까지 도달할 수는 없다. 친밀감 훈련을 거듭할수록 이해도와 능력은 놀라운 비율로 발전한다. 내 동료와 환자들 중 이 훈련을 통해 인생이 바뀌었다고 털어놓는 이들이 무척 많다.

그런데 많은 사람들이 자칫 간과하기 쉬운 점이 몇 가지 있다. 한 가지 비판에 한 가지 대답으로 대응해야 한다. 계속 말을 되풀이하지 않도록 한다. 상대방이 공격을 해오면 거기에 한 번 대답하는 것으로 끝낸다. 그러면 다시 훈련 상대가 이 대답을 비판하도록 한다. 이 지침을 무시하고 그냥 대화를 계속 이어가면 상황이 걷잡을 수 없게 된다. 비판 한 번에 대답 한 번이라는 원칙만 지키면 된다.

이 친밀감 훈련은 관계일지 5단계의 내용을 똑같이 행하는 것이지만, 다만 쓰기가 아니라 말하기를 통해서 이루어진다는 데에 차이가 있다. 역할 훈련을 하다 보면 마치 실제 상황인 것처럼 느껴지며 섬뜩하기까지 하다. 바로 그렇기 때문에 도움이 되는 것이다.

1. 상대방을 공격하라

상대방이 관계일지 1단계에 기록한 것 중 하나를 읽는다. 상대방은 다섯 가지 기법을 이용해서 최대한 효과적으로 대답을 해야 한다. 다음에는 역할 나누기를 멈추고 2단계로 넘어간다. 계속 비판하거나 대화를 하고 싶어도 억눌러야 한다.

---

2. 상대방의 점수를 매겨주어라

상대방의 대응이 어떠했는지 전체적으로 점수를 매긴다. A인가, 아니면 B, C, D인가? 처음에는 B, C 혹은 그 이하일 수 있다. 점수를 통해서 상대방이 자신을 인식할 수 있기 때문에 아주 중요한 일이다.

---

3. 총평을 하라

상대방이 제대로 했는지 그렇지 않은지를 말해준다. 가식적이었나 아니면 진실했나? 상대방의 대답은 따뜻함, 진실, 솔직함 등을 강화해주었나 아니면 적대감만 더 느끼게 했나? 소통과 신뢰의 문을 열어주었나 아니면 벽을 쌓고 밀어냈는가? 상대방의 말과 행동에 대해 평가해준다.

---

4. 구체적으로 평가하라

상대방이 다섯 가지 비결을 얼마나 효과적으로 구사했나? 각 기법에 대해 구체적으로 평가해준다.
- 무장해제: 내 말 속에서 진실을 찾아주었나 아니면 방어적인 모습만 보였나?
- 생각 공감과 감정 공감: 내 말을 정확히 요약하고 나의 부정적 감정 즉 분노, 답답함, 슬픔 등을 인정해주었나?
- 확인 질문하기: 내가 마음을 열도록 격려해주었나?
- 내 기분 말하기: 자신의 감정을 솔직하게 털어놓고 "내 기분은 이래" 하고 서슴없이 말했는가?
- 달래기: 진심으로 나를 따뜻하게 대하고 존중해주었나?

자기 맹점 짚어내기

────────────────────────● 친밀감 훈련을 하다보면 일관되게 구사하기 어려운 기법이 꼭 한 가지 있다. 아주 어색하게 구사하거나 아예 잊어버리는 것이다. 가령 훈련 초기에는 많은 사람들이 무장해제 기법을 어려워한다. 이런 사람들은 방어적 태도를 보이며 상대의 비판에서 일말의 진실을 찾아주지 못한다. 또 어떤 사람들은 감정 공

감과 생각 공감을 어려워한다. 이들은 자기감정에 사로잡힌 탓에 상대방의 말을 금방 잊어버리거나 상대방의 감정을 인정해주는 일을 잊어버린다. 확인 질문하기를 놓치는 사람도 많다. 이들은 그 대신 사과를 하거나 문제 해결 방법을 찾으려 한다. '내 기분 말하기'를 어려워하는 사람들도 있다. 이들은 자기감정을 숨기고 '아닌 척'한다. 상처받거나 화가 난 탓에 달래기 기법을 잊어버리는 경우도 있다. 그러다보니 이 사람들이 내놓은 대답에는 따스함이 느껴지지 않고 친절한 구석이 없다.

자신이 어려워하는 기법이 무엇인지 확인하게 되면, 상대 역할자가 "넌 인생 낙오자야" 등 따가운 말로 계속 공격하게 해서 대처법을 습득한다. 이때 자신이 가장 서툰 기법으로 대응하는 것이 과제가 된다. 예를 들어 '내 기분 말하기'에 서툴다면 "내 기분은 이렇다" 식으로 꼭 대답하도록 한다. 가령 "기분이 좀 상했어. 무시당한 기분이네"라고 대답하는 것이다.

그러면 상대 역할자가 다시 비판을 하고, 여기에 다시 '내 기분 말하기'에 해당하는 다른 말로 대답한다. 이 과정을 계속 되풀이한다. 잠시 이렇게 해보면 그토록 어렵게 느껴졌던 이 기법을 한결 능숙하게 구사할 수 있다. 그리고 불편한 관계에 놓인 상대와의 실제 대화에서도 전과 같이 불안이나 당혹감을 느끼지 않는다. 이런 훈련을 통해서 상대의 비판에 어느 정도 면역이 생겼기 때문이다. 다툼이 절정에 달한 순간에도 평온을 유지하는 법을 배운 것이다.

친밀함 훈련에서 계속 고득점을 받으면 이제 다섯 가지 비결을 실제 상황에서 구사할 준비가 된 셈이다. 그리고 첫 번부터 성공을 거둬 상대에게서 아주 좋은 반응을 얻을 수 있다. 그렇다면 이 기법이 얼마나 강력한지도 실감할 터이니, 이보다 더 즐거운 일은 없을 것이다.

이 기법들이 실제 상황에서 통하지 않더라도 포기하지는 말자. 다섯 가지 기법을 능숙하게 구사할 가능성은 극히 작다. 성공하지 못하는 경우가 더 잦다. 이때는 다시 기본으로 돌아간다. 관계일지를 채워보고 자신이 구사한 기법이 통하지 않은 순간을 다시 짚어본다. 상대방의 말을 기록하고(1단계), 거기에 자신이 대답한 내용을 적어놓는다(2단계). 이어서 3, 4단계까지 계속하노라면 자신의 말이 왜 먹히지 않았는지, 둘 사이의 갈등이 왜 더 깊어졌는지 분명히 드러날 것이다. 이어서 5단계에서는 더 나은 대답을 생각해낸다. 다섯 가지 기법을 익히는 일은 처음에는 누구에게나 힘겹다. 남의 말에 귀 기울이고 자기감정을 털어놓고 존경심을 보이는 일이 쉽기만 하다면 세상은 이미 전혀 다른 곳이 되어 있지 않겠는가.

커플을 위한
1분 연습

21

불편한 상대방이 배우자나 동업자 등 가까운 사람이며, 두 사람 다 관계를 개선시키기를 바랄 경우, 내가 권하는 '1분 연습'은 놀라운 결과를 맺어줄 수 있다. 이 훈련은 재미있고 쉬우며 시행하는 즉시 편안하고 긍정적인 분위기로 소통할 수 있는 능력을 키워준다. 이 훈련을 통해 자신의 감정을 효과적으로 표현하고 상대방의 말을 경청하는 법을 배울 수 있다.

친밀감 훈련과 1분 연습의 가장 큰 차이는 이렇다. 친밀감 훈련은 불편한 관계에 놓인 그 사람이 아니라 동료, 친구, 가족 등 우리를 도우려는 자원자를 상대로 이루어진다. 반면에 1분 연습은 불편한 관계에 놓인 바로 그 사람이 참여하여 이루어진다.

1분 연습은 이렇게 이루어진다. 두 사람이 각각 '화자'와 '청자'로 역할을 나눠 맡는다. 화자는 30초 정도 동안 어떤 것이든 하고 싶은 대로 말한다. 화자의 말이 끝나면 청자는 화자가 방금 이야기한 내용과 화자의 감정을 최대한 정확하게 요약한다. 화자는 청자가 요약한 것이 얼마나 정확한지 0퍼센트에서 100퍼센트까지로 점수를 매긴다. 점수가 95 미만일 경우 화자는 청자가 못 들었거나 잘못 알아들은 것이 무엇인지 지적해준다.

이때 지적받은 부분을 청자가 다시 요약하면 화자는 다시 점수를 매기는데, 대체로 새로운 점수는 이전보다 나아진다. 이런 식으로 청자의 점수가 95점이 될 때까지 계속한다. 이번에는 역할을 바꾼다. 즉 화자가 청자가 되고 청자가 화자가 된다. 화자는 같은 주제를 이야기할 수도 있고 새로운 주제를 화제로 삼을 수도 있다.

어떤 관계든 당사자 두 사람끼리 이런 훈련을 할 수 있다. 결혼한 부부 사이, 동거한 사이, 혹은 직장 동료도 좋다. 자녀와 훈련을 할 수도 있다. 관계를 개선시키겠다고 마음먹고 서로 협조하려는 사이라면 이 훈련이 가능하다. 한쪽이 적대적이거나 변명조로 일관할 때, 혹은 은근히 관계를 끊고 싶어한다면 이 훈련은 아마 도움이 되지 못한다.

이 훈련을 위해 15분을 할애하자. 다른 일로 방해받거나 산만해지지 않도록 조용한 공간을 찾는다. 텔레비전, 라디오, 전축 등은 *끄고*, 사생활이 드러나지 않도록 문도 닫는다. 훈련 동안에는 술은 물론 음식을 먹거나 다른 일을 벌이지 않는다.

두 사람이 얼굴을 마주보고 의자에 앉는다. 누가 화자가 되고 청자가 될지를 정한다. 몇 분 후 역할을 바꾸게 되므로 어떤 역할을 먼저 하든 차이는 없다.

화자를 위한 지침

--● 화자 역을 맡은 사람은 자신의 생각과 감정을 털어놓아야 한다. 끙끙 앓아오던 문제를 이때 말할 수 있겠다. 이때가 바로 하고 싶은 이야기를 할 수 있는 기회가 된다. 다만 30초 동안 조리 있게 말해야 한다는 점을 염두에 두어야 한다. 감정을 잔뜩 넣은 이야기를 30초 동안 듣는 일은 그리 녹녹치 않을 것이다.

상대가 지금 주의 깊게 귀를 기울이고 있으니 화자는 지나치게 감정을 털어놓을 필요가 없다. 화자는 자기감정을 힘 있고 분명히 직설적인 말로 털어놓을 수 있다. 다만 고함을 치거나 과장하거나 상대를 무시하기까지 할 필요는 없다. 가령 이렇게 말할 수 있겠다.

퇴근해서 집에 오면 피곤해서 조용히 있고 싶어. 그런데 당신은 잔소리로 나를 볶고, 애들하고 놀아줘야 하지 않느냐고 하는 거야. 그래서 나는 속상하고 화가 나. 일이 힘들어서 일과를 마칠 때면 녹초가 된단 말이야. 긴장을 풀고 쉬면서 남이 하는 말을 좀 안 들어도 될 시간을 나도 가질 만한 것 아닌가?

또 한 가지 속상한 일이 있어. 당신은 언제나 나를 마음대로 부리려고 하면서, 내가 당신에게 이렇게 해달라고 하면 아주 순결한 척하며 모든 것이 나 때문이라고 우기는 거야. 이러니 화가 날 밖에. 어떤 때는 당신도 그리 완벽한 사람이 아니라고, 딱 한 번이라도 인정해주었으면 하고 바라기도 해. 당신도 나처럼 결점이 많은 사람이라고.

이렇게 말을 끝내면 상대방은 이쪽이 무슨 말을 했고 어떤 기분인지 정확히 요약해준다. 가령 청자는 다음과 같이 말할 것이다.

당신은 하루 종일 힘들게 일했기 때문에 밤늦게 집에 돌아올 때는 녹초가 된다고 말했어. 내가 당신더러 아이와 놀아주라고 말했는데, 당신은 그 때문에 속상하고 화가 난다고 했어. 피곤해서 긴장을 풀고 싶어서 그렇다는 것이지. 당신은 내가 이것저것 요구하는 게 많다고 생각해. 그리고 내가 당신한테 감사할 줄 모른다고 생각해.

이렇게 청자가 화자의 말을 요약하면, 화자는 0퍼센트에서 100퍼센트 중 어디에 해당하는지 점수를 매긴다. 점수가 95퍼센트 미만일 경우 화자는 청자가 무엇을 빠뜨렸는지 지적해준다. 위의 경우에서 청자는 요약을 잘한 편이지만 몇 가지 빠뜨렸다. 그래서 화자는 이렇게 말해준다.

당신은 75퍼센트야. 내 말을 대체로 알아들었지만 빠뜨린 게 있어. 내가 당신에 대해 뭔가 지적할라치면 당신은 언제나 방어적이 되면서 내 탓이라고 해. 당신은 자기는 완벽하고 하나도 잘못이 없다는 식으로 행동하지. 그래서 내가 속이 상하는 거야. 당신도 잘못할 때가 있다고 인정해주면 좋겠어.

청자는 이제 이 말을 다시 요약해본다. 점수가 95퍼센트 이상으로 오르면 역할을 바꾸어 계속한다.

청자를 위한 지침

● 청자는 화자가 30초 동안 이야기할 때, 이를 끊지 말고 의자에 앉은 채 공손하게 경청한다. 이때 상대방의 눈을 차분히 응시한다. 눈살을 찌푸리거나 부정적인 몸짓을 보이지도 말고, 옳으니 그르니 판단하려 하거나 방어적인 태도를 보이지도 않도록 한다. 의자에서 몸을 뒤틀거나 그게 아니라는 듯 팔짱을 끼지도 않는다. 이런 태도는 적대적으로 받아들여지게 마련이기 때문이다. 마치 "됐어, 그만해"라고 말하는 듯 눈알을 위로 굴리거나 머리를 앞뒤로 흔들지도 말아야 한다.

상대방의 말에 동의하거나 반대하는 것이 청자가 할 일은 아니다. 화자의 말을 정확히 이해하는 것이 바로 청자가 할 일이다. 이해가되었으면 상대방의 말에 기초하건대 상대방이 지금 어떤 기분일지 스스로 생각해보도록 한다. 상대방의 말을 적으면서 들어도 좋다. 이럴 경우 방금 들은 말을 기억해내려 안간힘을 쓰지 않고도 핵심을 파악할 수 있다. 다만 받아쓰느라 고개를 파묻고만 있지 말고 이따금 상대를 바라보도록 한다. 화자가 말을 마치면 그 말을 최대한 정확하게 요약한다. 핵심이 되는 내용을 모두 언급한 후 상대의 기분이 어떨지도 덧붙여 말해준다.

자신이 청자일 때에는 상대방의 입장에서 세계를 바라보도록 해야한다. 옳고 그른지는 따지지 않는다. 상대방의 감정이 잘못이라며 공격하지도 않는다. 그 대신 상대방이 궁극적으로 말하려는 것이 무엇인지를 파악하도록 한다. 상대의 말을 정확히 요약하자는 것은 상대로 하여금 이쪽이 귀를 기울이며 요지를 파악했음을 보여주기 위해서다. 상대의 말을 통해 그의 감정을 파악하고 인정해주는 일을 잊지 말아야 한다.

화자인 상대방이 청자에게 95퍼센트 이상의 점수를 주었다면 이번에는 역할을 바꾼다. 95퍼센트 미만이라면 청자로서 이쪽이 잘못 알아들었거나 빠뜨린 점이 무엇인지 이야기해달라고 부탁한다. 이때 화자의 말을 꼼꼼히 들은 후, 그 말을 자신의 말로 다시 해준다. 이런 식으로 95퍼센트 이상이 될 때까지 거듭한다.

두 사람이 서로 한 번 이상 화자 청자 역할을 다 해보았다면 훈련 1회가 끝난 셈이다. 여기서 훈련을 그칠 수도 있고 1회를 더 할 수도 있다. 훈련을 계속한다면 이전 주제를 계속 이야기해도 좋고 새로운 주제를 택해도 좋다. 큰 차이는 없을 것이다.

상대의 말을 제대로 요약했는가에서 처음에는 낮은 점수를 받게 마련이다. 이것은 정상적인 일이다. 점수가 빠르게 올라갈 것이므로 그리 걱정할 일이 아니다. 일단 이 훈련을 몇 번 하면 그 이후는 대부분 처음 한두 번 만에 95퍼센트 이상 점수를 얻게 된다.

이 훈련이 언제나 효과가 있을까? 그렇지 않다. 화자 역을 할 때 가혹하고 쓰린 말을 내뱉는 것은 상대방이 성공적으로 대응하지 못하도록 고의적으로 기만하는 것이다. 화자의 이런 행동은 자기감정을 진지하게 털어놓는 것이 아니라 상대방을 공격하고 조롱하려는 것이다.

청자 역을 할 때에도 비꼬거나 비아냥거리거나 생색을 내는 태도로 상대의 말을 요약해보인다면, 역시 이 훈련을 고의로 기만하는 것이다. "웃기시네! 당신 기분이 어떻든 나는 신경 안 써! 당신 때문에 다 문제가 생기는 거라고!" 이런 메시지를 전달해서는 안 된다.

이 기법들은 그저 도구일 뿐이다. 이것들을 성공적으로 구사하려면 겸손함과 선의가 필요하다. 수술 칼이 외과의사의 손에 있을 때에는 사람의 생명을 구하지만 살인자의 손에 들릴 때에는 생명을 앗아간다.

이 기법을 성공적으로 구사할 수 있는가는 우리가 어떻게 이 도구를 이용하는가에 달려 있다. 성공과 실패는 우리가 의욕이 있느냐의 여부에 크게 좌우된다. 애초부터 누군가와 더 친해지겠다고 원하지 않는다면 어떤 도구나 기술도 친밀함과 신뢰를 높여주지 못한다.

5장

자주 빠지는 관계의 함정 피하기

누구나 가끔 짜증을 내고 분노를 느낀다.
이런 감정은 100퍼센트 정상이다.
우리의 현실적인 선택은 단 하나, 이 분노를 어떤 방식으로 표현하느냐다.

흔히 저지르는 잘못에서
벗어나라

22

효과적인 의사소통 비결 다섯 가지는 능숙하게 구사할 경우 거의 실패하지 않는다. 다만 처음에는 몇 번 실수를 범하게 마련이라 상대방을 더 화나게 할 수도 있다. 그래서 다섯 가지 기법들이 소용이 없는 것이 아니냐고 생각할 수도 있다. 그러나 이는 마치 테니스를 칠 때 공이 네트에 걸린 것이 라켓 때문이라고 여기는 꼴이다. 실제 문제는 대부분 이 기법들을 능숙히 구사하지 못한 데 있는 것이다.

나는 불편한 인간관계로 고통받는 남녀들을 수천 회기 치료했고, 내가 진행하는 심리치료 훈련 프로그램에는 미국과 캐나다의 정신건강 전문가 수천 명이 참여한다. 이런 경험을 통해 나는 사람들이 다섯 가지 기법을 이용할 때 흔히 범하기 쉬운 잘못들을 많이 알 수 있었다. 내게 훈련받은 사람들 누구나 처음에 범하는 똑같은 잘못이 있다. 이런 함정이 무엇인지 안다면 실수로 비틀거릴 일은 없을 것이다.

흔히 범하는 잘못:
무장해제

-------------------------------●─ 다섯 가지 비결이 실제 어떤 식으로 작동하는지 완전히 오해하는 사람들도 있다. 가령 밀드레드라는 여성은 남편 브래드에게 무장해제 기법을 사용해보았지만 전혀 소용이 없었다고 했다. 그리고 말하기를 남편과 속내를 털어놓기란 불가능하기 때문에 애초에 소용없을 줄 알았다고 했다. 이야기는 이렇다. 밀드레드는 어느 날 치료 회기를 끝내고 집에 가서 남편의 퇴근 시간에 맞춰 깜짝 놀라게 해줄 작정으로 저녁을 차렸다. 몇 시간을 주방에서 보내고 식탁 위에 초도 준비해 놓았다. 그리고 남편의 귀가 시각 전에 멋진 드레스를 차려입은 후 실내등을 끄고 촛불을 켰다.

브래드는 정성들여 차린 저녁상을 보고 당황하며 오늘이 무슨 날이길래 그랬느냐고 밀드레드에게 물었다. 밀드레드는 답했다. "그냥 오늘 하루 당신이 힘들여 일한 것에 보답해주고 싶었어."

식사 중에 밀드레드가 맛이 괜찮냐고 묻자 브래드는 맛있다고 대답했다. 밀드레드는 또 물었다. "그래도 혹시 마음에 안 드는 건 없고?" 브래드는 모든 것이 아주 좋긴 한데 돼지고기가 조금 뻑뻑하다고 했다. 밀드레드는 기분이 상해 벌컥 화를 냈다. "그래, 돼지고기가 싫으면 내다 버리시든지!"

이 이야기를 듣고 나는 왜 무장해제 기법이 밀드레드의 바람대로 되지 않는지 알겠다고 했다! 밀드레드는 의도는 좋았지만 무장해제 기법을 제대로 이해하지 못했다. 밀드레드는 불편한 상대방을 점잖게 대해주는 것이 곧 무장해제 기법이라고 알고 있었다. 물론 아끼는 사람을 배려하고 사랑으로 챙겨주는 일이 나쁘지는 않다. 그러나 무장해제 기법은 이런 것이 아니다. 남의 비판을 무장해제한다는 것은 상대의 말 때문에 화가 나든 혹은 그 비판이 부당하다고 여겨지든 거기서 일말의 진실을 찾아준다는 것이다.

무장해제 기법을 익힐 때 유의해야 할 몇 가지 잘못이 더 있다.

1. 상대방의 말에서 일말의 진실을 찾아내지 못한다

가장 흔한 잘못이 이것이다. 자신의 생각이 상대방과 다르고 사태 판단이 분명하지 못하여 마음이 흐려진 탓에 상대방의 눈으로 상황을 바라보지 못하는 경우가 종종 있다. 상대의 비판이 워낙 혹독하거나 수치스러워서 변명하려는 충동에 휩싸이기도 한다. 이런 충동에 굴복하면 상대방의 비판이 틀렸다고 따지게 되고 논쟁이 격화된다.

2. 윗사람 티를 낸다

이도 흔하게 범하기 쉬울 뿐 아니라 상대방의 신경을 바짝 긁는 잘못이다. 가령 비판을 받았을 때 "당신이 그렇게 느낄 법도 하지만"이라거나 "당신이 그렇게 볼 수도 있겠지만"이라고 하는 식인데 이런 말은 "네가 틀렸어"라는 얘기를 돌려서 하는 것일 뿐이다.

3. 상대방의 요지를 제대로 파악하지 않은 채 겉으로만 동의한다

마치 세일즈 사원이 고객에게 상품을 팔기 위해 겉으로 번지르르한 말을 늘어놓는 것과 같다.

4. '맞아, 그렇지만' 식으로 대한다

"네가 뭘 하려는지 알겠어, 하지만……"이라고 말하는 경우가 그렇다. '하지만'이라는 말로 토를 다는 것은 자기 변호를 하고 있음을 보여줄 뿐이다. 그러니 '하지만'이란 말은 빼놓고 살자.

흔히 범하는 잘못: 생각 공감, 감정 공감

앞에서 살펴보았듯이, 생각 공감이란 다른 사람의 말을 자기 말로 다시 풀어서 해주는 것이고 감정 공감이란 상대방의 말에 기초해서 그 사람의 감정을 추측하여 인정해주는 것이다. 이것은 언뜻 쉬워 보이지만 흔히 범하는 몇 가지 잘못들이 있다.

1. 생각 공감과 감정 공감을 하긴 하지만, 진부한 방식으로 혹은 경멸하는 태도로 한다

똑같은 말, 가령 "네 말은 이런 뜻이지?"라는 어구만 몇 번씩 되풀이하는 경우, 혹은 누가 화가 났다고 하면 "네 말은 화가 났다는 뜻이지?"라고 대답하는 경우가 그렇다. 상대방은 아마 이렇게 말할지 모르겠다. "그래, 그게 내가 말하려는 뜻이야, 이 멍청아." 여기에 대고 다시 "내가 멍청하다는 얘기지?"라고 반문한다면 상대방의 신경을 자꾸 긁어대는 셈이다!

2. 자기감정을 털어놓지 않고 상대방의 말만 계속 되풀이한다

이런 잘못에 빠지면 앵무새가 된다. 상대방은 이쪽이 진지하지 않음을 깨닫고 화를 낼 것이다. 내 환자 한 분의 남편은 이렇게 말하곤 했다. "그 엉터리 기법 좀 나한테 쓰지 마!"

3. 핵심을 놓친다

상대방이 다음에 무슨 말을 하려는지 미리 짐작하는 데에만 정신을 쏟다가 정작 방금 한 말을 제대로 요약해주지 못하는 경우가 그러하다. 상대방이 화가 나 있거나 비판을 할 때 이런 잘못을 흔히 범한다. 이럴 경우 몹시 불안하고 방어적이 되어 상대방의 말을 제대로 이해하지 못하는 것이다. 그래서 상대방의 말을 자기 식으로 다시 풀어주려 해도 핵심을 완전히 놓쳐 엉뚱한 얘기를 하고 만다.

4. 갈등 공포증 혹은 감정 공포증

감정 단어를 사용하여 상대방의 기분을 인정해주지 못하는 경우가 가장 많다. 가장 흔히 놓치는 감정은 분노인데, 자신을 향해 터져 나올 때 특히 그렇다. 이런 마음 상태를 갈등 공포증이라 부른다. 부정적 감정에 대해서는 어떤 것이든 인정해주기를 겁내며 과도하게 논리적으로만 접근하는 사람이 많다. 나는 이런 마음 상태를 감정 공포증 혹은 부정적 감정 공포라 부른다. 감정적 완벽주의라 부를 수도 있겠다. 이것은 우리가 항상 행복감을 느껴야 한다는 잘못된 생각과 관련이 있다.

5. 상대방의 감정을 인정해주지 못하고 비판만 한다

가령 이런 식으로 말한다. "까다로우시네" "그런 식으로 느낀다니, 말도 안 돼!" 혹은 인정해주기는 하되 "화난 것 같네"라고 말하며 상대방을 판단하거나 적대적인 태도를 보인다. 이것은 사실상 상대방에게 자기 감정을 부정하라고 강요하라는 셈이다. 상대를 무시하거나 잘못을 따지는 것으로 들리기 때문이다.

6. 여러 가능성을 찾기보다는 어떻게 느끼느냐고만 묻는다

가령 감정 단어를 이용하여 "너는 분명 ……한 감정 상태에 있어"라고 말한다. 그러나 대개 이런 말은 오히려 상대방의 공격을 불러올 수 있다. 상대방이 실제 이런 감정을 느끼지 않았거나 이쪽의 말에 감정이 더 상할 수 있기 때문이다. 질문을 할 때에는 온화하게, 여러 가능성을 언급하도록 한다. "혹시 네가 ……한 감정 상태에 있지 않은가 하고 여겨지는데, 꼭 그런지는 모르겠어. 네 기분이 어떤지 좀 더 얘기해줄래?"

흔히 범하는 잘못: 확인 질문하기

확인 질문하기는 상대의 마음을 열어 궁금한 것을 부드럽게 확인하려는 데 핵심이 있다. 그러기 위해서는 이쪽이 상대방에게 관심이 있음을 보여주고 상대방의 감정과 생각에 대해 더 듣고 싶다고 부탁해야 한다. 거듭 강조하지만 이 기법은 쉬워보이지만 여기에도 여러 잘못이 빚어진다.

1. 도와주겠다, 혹은 문제를 해결해주겠다고 나선다

남에게 비판을 받으면 누구나 어떻게 그 문제를 해결하고 개선시킬 수 있는지 묻고 싶어진다. 가령 "나보고 어떻게 달리 해달라는 얘기지?", "이 문제를 우리가 어떻게 풀 수 있지?" 등. 이것은 제대로 된 대답처럼 들릴 수 있지만, 사실은 큰 잘못이다. 사람들이 어떤 문제로 화가 났을 때 그들은 우리에게 어서 와서 문제를 고쳐달라고 부탁하는 것이 아니다. 대부분의 경우 사람들은 자기 말을 들어주고 자기 감정을 이해해주기를 원한다.

2. 뻔하고 형식적인 질문만 던진다

마치 "음, 좀더 얘기해주세요"라는 말만 되풀이하는 심리치료사 같은 오류다.

3. 비꼬거나 적대적인 태도로 질문한다

가령 이런 식이다. "그러니 내가 어떻게 해야 하는 거지?" 이것은 진실한 질문이 아니라 '아닌 척'하는 자기변호다.

4. 사과한다

"미안해"는 때로는 상대방이 얼마나 상처받았고 어떤 기분인지 듣고 싶지 않아 말문을 닫기 위해 에둘러 말하는 것이다.

흔히 범하는 잘못:
내 기분 말하기

자기감정을 분명히 드러내고 털어놓는 일이 중요하다는 데는 거의 누구나 동의한다. 그러나 몇 가지 실수나 몰이해 때문에 이런 노력이 방해 받기도 한다.

1. 감정을 털어놓는 대신 비판을 한다

"내 기분은 이런데……"라고 감정을 표현하기를 꺼리는 사람들이 많다. 이들은 그 대신 상대방을 비판하는 쪽을 택한다. "나하고 논쟁하자는 것으로 느껴지네." "네가 잘못했다고 인정하면 어때서?" "내 말을 귀담아듣지 않는 것 같군" 등. 이런 말은 '내 기분은 이러저러하다'가 아니라 상대방의 행동을 지적하는 것이고, 역시 상대를 무시하는 것이다. '내 기분 말하기' 기법과 관련하여 흔히 저지르는 잘못은 그밖에도 매우 많다.

2. 상대방에게 영향을 미쳐야겠다는 생각에서 계속 자기 얘기만 한다

내성적인 사람들이 흔히 이런 잘못을 범하며, 취업 면접이나 입학 면접에서도 이런 실수가 흔히 나타난다. 대부분의 사람들은 우리가 그들의 기분에 주목하고 관심을 보여주기를 바란다.

3. 공격적인 행동 혹은 수동적 공격

자기감정을 털어놓는 대신 소리치고 위세 부리고 욕을 하거나 깔보는 행동을 하는 사람도 있다. 이런 충동은 화가 치솟아 답답할 때 건잡을 수 없이 일어난다. 이런 행동을 할 때 자신의 힘이 강력하고 정당하다고 느껴질지 모르지만 이것은 아무 효과가 없다. 상대방에게 바보, 낙오자로 여겨질 것이기 때문이다.

이와 반대 모습을 보이는 사람도 있다. 화가 나면 상대방을 쌀쌀하게 대하며 입을 닫아버리는 것이다. 침묵으로써 상대에게 벌을 주려는 행동이다. 이런 사람은 자신의 적대적 감정을 숨기려고 하지만 대화를 거부하는 것도 공격의 한 형태다.

4. 드러냄 공포증

'내 기분 말하기' 기법을 가르칠 때 내가 가장 많이 접하는 잘못이 바로 이것이라고 할 수 있다. 어떤 사람들은 자신의 감정이 잘못이라고 생각해서 혹은 감정에 흔들리는 사람이 되지 말아야겠다는 생각에서 감정을 털어놓기 두려워한다.

어떤 여성은 남에게 이용당하지 않으려면 감정을 내보여선 안 된다고 어머니에게 가르침 받았다고 했다. 이 여성은 밝고 매력적이며 남성과 교제하는 데에도 아무 문제가 없었다. 건설회사 사장으로 큰 성공을 거둔 상태이기도 했다. 그러나 속으로는 극심한 외로움에 빠져 있었다. 데이트를 해도 그 이상 가까운 사이가 되지 못했기 때문이다.

나는 이런 태도를 '드러냄 공포증'이라 부른다. 이런 마음 상태를 가진 사람들은 자기의 진짜 감정을 드러내면 끔찍한 일이 벌어질 것이라고 확신하고 열심히 감정을 숨긴다. 감정을 내보이고 흔들리기라도 하면 어리석은 사람으로 무시당하리라고 믿기 때문에 마음을 열지 못하는 것이다. 이들은 자기들의 감정이 잘못된 것이라고 여긴다. 핵심적인 문제는 믿음이 없는 것이다. 즉 자신의 감정을 믿지 못할 뿐 아니라 감정을 털어놓아도 다른 사람이 여전히 자기를 사랑하고 받아들이리라고 믿지 못하는 것이다.

놀랍게도 심리치료사들 대부분도 이런 문제를 앓는다. 그들은 치료 회기 때에 긴장이 팽팽해지면 자기감정을 숨기고 판에 박힌 말을 하는 쪽을 택한다. 가령 "좀더 말해주시죠"라든지 "말해주셔서 고맙습니다"와 같이, 지어낸 말만 한다. 또는 아무 말도 하지 않고 마치 거울처럼 환자의 말을 반사하여 되풀이하기만 한다. 나도 정신의학 레지던트 시절에는 이런 식의 훈련을 받았지만 내 환자들은 이런 방법을 아주 불쾌하게 받아들였다. 그들은 내가 도움이 될 만한 말을 전혀 하지 않는다고 항의하기도 했다. 그러나 정신분석가였던 내 상급자들은 내가 아주 잘하고 있다고만 말했다. 나는 마치 이상한 나라에 온 앨리스가 된 기분이었다. 나 스스로 가식적으로 행동하면서 어떻게 환자들에게 진실한 자세로 마음을 열라고 할 수 있단 말인가!

신경학자인 와이스 박사가 아들과의 관계 때문에 내게 고민을 털어놓은 일이 있다. 아들 랠프는 생물학 박사과정을 다니는 대학원생인데 돈을 절약하기 위해 집에서 통학을 했다. 와이스 박사는 랠프를 아꼈지만 이들 부자의 사이는 좀체 가까워지지 못했다. 함께 있을 때에는 스포츠 경기같이 자잘한 화제만 나눌 뿐, 아들의 기분이 요즘 어떤지 여자 친구와 사이는 어떤지, 앞으로의 진로는 어떻게 할지 등에 대해서는 아들이 영 입을 여는 법이 없다고 했다.

와이스 박사는 외로움까지 느낀다면서 부자 관계를 좀더 의미 있게 가꾸고 싶다고 했다. 최근 그의 동료 한 사람이 심장발작을 겪었고, 친구 한 사람도 역시 심장발작으로 돌연사했다. 이제 쉰여덟인데 아들과 서먹서먹한 상태에서 세상을 떠나지는 않을지 걱정이 대단했다.

나는 관계를 깊이 맺기 위한 열쇠는 감정을 털어놓는 것이라고 말해주었다. 즉 자기의 기분을 털어놓고 상대방의 감정에 대해서도 묻도록 해야 한다고 했다. 와이스 박사는 여기에 크게 공감하면서 아들에게 어떻게 말을 걸어야 하느냐고 물었다. 나는 아주 간단한 방법이 있다고 대답해주었다. 다음에 랠프와 이야기를 나누게 되면 좀더 마음을 열어놓는 것이다. 가령 아버지로서 랠프를 사랑하지만, 서로 중요한 일에 대해 말해주지 않으니 때로는 외로움을 느낀다고 털어놓으면 된다. 랠프에 대해 좀더 많은 것을 알고 싶은데, 요즘 사는 것이 어떤지 궁금하다고 물을 수도 있다.

와이스 박사는 충격을 받은 모습이었다. "외롭다는 말을 아들에게 할 순 없지! 남자답지 않고 이상하게 들려서 아들이 아버지가 미쳤다고 생각할 텐데요." 물론 와이스 박사가 이런 표현에 서투르기 때문에, 그 말에도 일말의 진실은 있었다. 그러나 그것보다는 마음 열기를 두려워하는 데에는 그 이상의 이유가 있었다. 그는 아무리 적절한 방법을 사용한다고 해도 감정을 털어놓는 것은 좋지 않다고 굳게 믿었다.

우리가 가장 두려워하는 것은 외부적인 어떤 것보다는 자기각성으로 이르는 길 자체일 경우가 있다. 그러나 이러한 두려움을 다스리지 못하면 자기각성을 경험할 수 없다. 와이스 박사는 평생 이런 믿음에 사로잡혀 살아왔기 때문에 마음을 열고 감정을 털어놓는 일이 힘겨울 수밖에 없다. 게다가 새로운 의사소통 기법을 시도할 경우 처음에는 서툴게 마련이다. 가령 자기감정을 털어놓는다고 해도 지나치게 겸손하게 말하면 상대방은 오히려 안쓰러움만 느끼게 된다. 아니면 감정을 너무 과장되게 표현하는 바람에 논쟁만 일으킬 수 있다.

이러한 문제를 극복하는 데에는 앞에서 우리가 함께 해본 역할 훈련이 도움이 된다. 이 훈련을 자기가 잘 해냈는지 어떻게 하면 감정을 더 효과적으로 털어놓을 수 있을지 훈련 상대자로 하여금 그 자리에서 지적해달라고 한다. 이를 통해 감정 드러내기를 두려워하는 증세를 극복해 나갈 수 있다. 어느 정도 훈련을 하면 감정 털어놓기가 당황스럽거나 불안하게 느껴지는 일은 거의 없어진다. 훈련 상대자가 완벽한 존재는 아님도 알게 될 것인데, 이것도 큰 위안이 된다. 그리하여 결국 실제 상황에서 감정을 능숙히 털어놓게 된다.

와이스 박사는 그의 사무실에서 나와 함께 이 훈련을 했다. 아들에게 말 거는 용기를 키우기 위해 집에서 따로 부인과 훈련을 하기도 했다. 역할 훈련을 해보니 역시 서툴렀다. 감정을 털어놓는 데 익숙하지 않았기 때문이다. 그러나 워낙 진실하고 따뜻한 태도로 임했기 때문에 이런 어색함 자체도 자산이 되었다.

드디어 와이스 박사는 아들에게 말을 걸었다. 그러고는 깜짝 놀랐다. 아들도 외로움을 느꼈고 진로 때문에 불안한 상태였던 것이다. 학교 성적은 좋았지만 연구자가 될 만한 재능이 있는지 확신하지 못했다. 아들은 공황장애가 있었을 뿐더러 수업 중에 발표를 할 때에도 얼어붙기 일쑤여서 자기가 강의 능력이 있는지도 의심했다. 랠프는 이런 불안이나 초조함을 느끼면 안 되는 법이라고 생각한 탓에 아버지에게 이런 마음을 털어놓을 생각도 못했다고 고백했다. 우리 아들이 못난 녀석이라고 아버지가 생각하실지 몰라서 무서웠다고 했다! 두려움을 솔직히 털어놓겠다고 일단 용기를 내자마자 아들과의 관계가 이토록 빨리 좋아지다니, 와이즈 박사는 또 한 번 놀랐다.

흔히 범하는 잘못:
달래기

누군가와 불편한 관계에 있을 때 달래기 기법을 약간만 구사해도 두 사람 사이의 앙금을 상당히 해소할 수 있다. 모든 인간은 사랑과 존경을 받고 싶어하는 욕구가 강하기 때문이다. 그래도 달래기 기법을 배울 때 종종 범하는 잘못들이 있다.

1. 칭찬이 지나치다

이 기법을 과도하게 구사하면 상대방에게 뭔가 궁벽하고 절박하며 열등한 존재로 비치기 쉽다. 칭찬이 과장되거나 도를 넘어서면 상대방은 이 칭찬을 의심하고 자기를 조종하려는 사기꾼이라고 결론을 내린다.

2. 자기감정을 숨긴다

상대방을 칭찬할 때에도 진실하고 솔직한 태도를 보이지 않으면 달래기 기법도 소용이 없다. 가령 자기 마음이 불편하거나 화가 났는데도 이를 인정하지 않으면, 칭찬의 말도 위선적이며 거리감 있게 들린다.

3. 겉치레 혹은 위선적인 찬사를 늘어놓는다

어떤 사람은 갈등과 분노를 피하려는 목적으로 달래기 기법을 구사한다. 나는 최근 시애틀에서 시연한 역할 훈련에서 이러한 문제를 보여준 바 있다. 이 훈련에서 치료사 한 사람이 까다로운 환자 역할을 맡았는데, 환자가 화가 나 있는 상태라고 가정했다. 다른 치료사는 다섯 가지 기법을 이용하여 여기에 대응하는 치료사 역할을 맡았다. 환자는 치료사가 '돌팔이'라고 욕을 했다. 치료사가 대답했다. "그렇게 말씀하시니 기쁩니다. 그렇게 마음을 열고 솔직하게 나오시니 용기가 대단하시네요. 이런 말을 하기가 무척 힘드셨을 텐데요." 이때 환자 역을 맡은 남자는 몹시 짜증을 냈다. 치료사 역할자가 너무 굽신대는 태도였기 때문이다. 게다가 정직하지도 않았다. 환자의 비난을 받았을 때 치료사 역의 사람은 기쁨을 느낀 것이 아니었다. 환자 역할자는 치료사를 비난하는 일이 어렵지 않았다고 했다. 오히려 즐거웠다고 했다!

도와주기 중독과
문제 해결 중독

23

귀담아듣기에 종종 방해가 되는 두 가지가 있다. 바로 도와주기 중독
과 문제 해결 중독이다. 아니, 도와주기와 문제 해결은 좋은 것인데,
방해가 된다니 이상하지 않은가? 물론 우리는 아끼는 사람을 돕고
싶어하고, 인간관계 문제를 해결하기 원한다. 그러나 때로는 도와주
기야말로 가장 도움이 안 되는 일이다.

도와주기가 오히려
상처를 주는 경우

내가 펜실베이니아 의과대학에 있
을 때 지도학생 중에 제이크라는 임상심리학도가 있었다. 제이크는
환자와 제대로 공감하지 못했다. 당시 그는 우울증을 앓던 서니라는
여성을 치료하고 있었다. 치료 회기를 마칠 때마다 서니는 제이크에

대한 공감 지수가 낮은 것으로 나타났다. 제이크는 서니의 치료를 위해 열심히 노력했고 치료도 잘하고 있다고 생각했기 때문에 당황스럽기만 했다. 나는 무엇이 문제인지 진단하기 위해 치료 회기 한 장면을 녹화한 영상을 보았다.

이 영상에서 서니는 자신을 몹시 한심하게 여겼다. 대인관계에서 소외감을 느끼는데, 남을 솔직하게 대하면 외면당할까 두려워서 항상 가식적으로 행동한다는 것이다. 때로는 자기가 한 일을 과장하며 진짜 모습과 다르게 보이려 애쓰면서 거짓말을 한다고도 털어놓았다. 그런데 이런 선의의 거짓말도 남에게 들켜서 결국 자기가 가장 피하려던 왕따를 당한다고 했다.

나는 이 영상 속에서 어떤 규칙을 발견했다. 서니가 자기감정을 설명하려 할 때마다 제이크가 격려를 해주는 것이었다. 가령 "아, 누구나 대인관계에서 가끔은 가식적으로 행동하지요"라거나 "당신은 좋은 분이고 장점이 아주 많은 분이니까 그렇게 생각하실 필요는 없습니다" 등.

물론 제이크는 돕겠다며 애를 썼다. 그러나 이런 '격려의 말' 때문에 오히려 서니는 마음을 닫고 감정을 표현하지 못했다. 제이크는 서니 때문에 답답했고 치료에 진전이 없어 속이 상했는데도, 스스로 솔직하지 못했다. 그는 그저 자기감정을 감추고 명랑하게 대해주려 애를 썼다. 상대방에게 진실하고 솔직하지 못한 것, 즉 제이크가 치료하려 하는 서니의 문제가 바로 이것이었다.

감정이 격앙된 사람을 돕거나 문제를 해결해주겠다는 시도는 대개 성공을 거두지 못한다. 윗사람 노릇을 하거나 비위를 맞추려는 듯

들리기 때문에 오히려 화를 돋구는 것이다. 서니는 격려하는 말 대신 자기 말 그대로를 경청하고 마음을 열도록 다독여주고 서니의 기분이 그럴 만하다고 고개를 끄덕여줄 사람이 필요했다. 고민에 빠진 사람을 돕겠다며 압박하는 태도를 버리려면 훈련과 연습만으로도 부족하다. 상대방을 돕거나 문제를 해결해주어야 한다는 상호의존적인 욕구를 포기해야 하는 것이다.

지금 서니가 우리 친구인데, 우리에게 자기 마음을 털어놓으려 한다고 가정해보자. 서니는 말한다. "있잖아, 나는 남들을 만날 때 늘 가식적으로 행동하는 편이야. 때로는 선의의 거짓말도 조금 해. 진짜 내 기분을 털어놓으면 나를 멀리할까봐 겁이 나거든. 하지만 어떻게 해도 사람들은 나를 멀리하는걸." 자, 여기에 어떻게 대답해줄까?

더 읽어가기 전에, 각자 자기의 생각을 다른 종이에 적어두도록 하자. 이때 자신이 어떤 기법을 사용했는지 꼭 표시해두자.

가령 다음과 같은 대답이 효과가 있겠다.

서니, 네 말을 들으니 나도 마음이 아프다.(감정 공감) 남들과 잘 어울리기 위해서 선의의 거짓말도 하긴 하지만, 결국 어찌되었든 따돌림을 당한다는 말이지?(생각 공감) 정말 속상하고 외롭겠어.(감정 공감) 내가 생각해도 그런 일이 있으면 정말 당황스럽고 창피할 것 같아.(감정 공감) 너처럼 장점이 많은 사람이 남들과 만날 때마다 그토록 애를 써야 한다니, 참 슬프다.(감정 공감, 달래기) 네 기분이 어떤지 더 말해줄래?(확인 질문하기)

이 대답에서 주목할 점은 서니를 도와주려 하거나 문제를 해결해 주려고 나서는 대신 듣는 사람의 감정도 털어놓으면서 서니가 더 마음을 열도록 힘을 실어준다는 점이다. 역설적이지만, 이것이 오히려 더 도움이 된다. 서니는 끔찍히 외롭다. 그래서 도와주기보다는 들어 주기가 최고의 도움이다.

문제를 해결해주겠다는 함정

문제를 해결해주겠다는 태도도 친 밀한 관계를 형성하지 못하게 하는 방해요소다. 누군가와 불편한 관 계에 놓여 있을 때, 우리는 상대의 말을 경청하면서 자기감정을 털어 놓아야 할 상황에서도 문제를 해결하겠다고 애를 쓰곤 한다. 이것은 큰 실수가 될 수 있다.

최근 옛 환자 자넷에게서 거의 25년 만에 전화를 받았다. 그런데 나는 마치 자넷과 바로 한두 주 전까지 이야기를 나눈 것처럼 느꼈 다. 25년 전 자넷에 대한 치료는 아주 성공적이어서 내가 쓴《필링 굿》에서 한 장을 할애했다. 그때부터 이제까지 자넷은 씩씩하게 잘 살고 있었다. 자넷은 가족을 부양하며 세계적으로 유명한 작가이자 자기계발 강사로 활동했다.

자넷을 처음 만난 것은 내가 필라델피아 대학에서 의사로 일할 때 였다. 자넷은 비서와 바람을 피운 남편한테서 버림받아 우울증을 앓 았고, 나는 그런 자넷의 우울증을 치료하게 되었다. 그때 자넷은 화 가 끓고 속이 상했지만 금방 우울증에서 회복했고 피터라는 매력적인 남성을 만났다. 피터는 마흔두 살의 목사였고 이혼 후 독신으로 지냈다. 나도 자넷에게 교제를 해보라고 권했고, 두 사람은 열렬한 사랑에 빠졌다. 자넷은 이혼소송을 했고, 몇 달 후 피터와 결혼했다.

약혼을 할 때 자넷은 피터에게 이렇게 말했다고 한다. "나는 아이는 원치 않아요. 나는 직업이 있잖아요. 그 대신 다른 사람의 아이를 잘 키울 거예요." 피터는 아주 만족해 했다. 피터 슬하에 이미 다섯 자녀가 있었고, 아이를 더 갖기를 원하지 않았기 때문이다. 피터는 이제 자기가 아이를 챙기지 않아도 되겠다고 했다.

7년이 흘러, 어느 날 아침 자넷은 자리에서 일어나 이렇게 말했다. "아이를 꼭 가져야겠어요! 바로 지금!" 이때 피터의 반응을 이랬다. "피터가 나를 쳐다보는데, '이 사람 미쳤군' 하고 생각하는 것 같았어요. 우리는 이 문제에 대해 협상을 했죠. 나는 기업 임원으로 익힌 온갖 기법을 다 동원했고요. 그렇지만 우리는 문제를 해결하지 못했어요. 둘 다 양보할 수 없었죠. 지금 피터는 쉰인데, 다시 아빠가 되는 일에는 흥미를 잃었어요. 그렇지만 나는 아무리 해도 아이를 갖고 싶은 걸요."

나는 두 사람에게 부부 치료를 통해 내가 보는 앞에서 이 문제를 서로 이야기해보는 것이 어떠냐고 권했다. 그러면 문제의 원인을 진단할 수 있을 것이라고 했다. 내가 보건대 두 사람은 문제를 해결하려고 안간힘을 썼지만 언제나 벽에 부딪히기만 했다. 어떤 해결책도 타협안도 나오지 않았다. 두 사람 모두 부정적 감정을 강렬히 느끼면서도 이를 드러내거나 인정하지 않았기 때문이었다.

나는 이렇게 말했다. "두 분이 오늘 이 자리에서 문제를 해결할 필요는 없습니다. 그리고 제가 보기에 두 분은 정말로 열렬히 사랑하시는군요. 그러니 문제는 잠시 접어두시고 오히려 해결을 멈추시지요. 그 대신 서로를 격려하는 데 힘을 쏟으십시오. 효과적인 의사소통 기법 다섯 가지를 활용해서 상대방의 눈으로 문제를 보도록 노력하십시오. 서로 준비가 되기 전까지는 문제를 다시 끄집어내지 않도록 합시다."

문제를 유보하자고 하니, 자넷은 정말 어려운 일이라고 했다. 반면에 피터는 힘겨운 압력에 시달려온 터라, 안도감을 느꼈다. 이때부터 몇 주 동안 두 사람은 1분 연습을 실시했다.

그러던 중 갑자기 기적이 일어났다. 2주가 지난 어느 날 아침에 피터가 자리에서 일어나더니 이렇게 말한 것이다. "자, 이제 그 문제를 끄집어내보자구." 그리고 이렇게 말했다. "자넷, 나는 시골 농장에서 사는 것이 꿈이었는데, 당신이 여기에 동의해주었지. 당신은 직장이 필라델피아라서 출퇴근 시간이 한이 없는데도 마다하지 않아주었어. 자넷, 당신이 내 꿈도 그렇게 선뜻 들어주었는데, 나라고 당신 꿈을 왜 못 들어주겠어?"

열 달 후 두 사람 사이에서 딸 돈이 태어났다. 피터는 돈이 자기 생애 최고의 선물이라고 했다. 아이가 엄마 뱃속을 나온 그 순간부터 피터는 뛸 뜻이 기뻐했고, 부녀는 그후 최고의 친구가 되었다.

자넷은 이 경험에 대해 이렇게 말했다.

돈은 정말로 농장을 좋아해요. 자라면서 돈은 아빠와 함께 농장 안팎에서 항상 붙어다니면서 이것저것을 하는 거예요. 제 삶에서 가장 보람 있는 일이 바로 돈이 태어난 거예요. 어떤 것도 비할 수 없어요. 그런데 그때 우리가 문제 해결을 잠시 멈추지 않았더라면 이런 일은 일어나지 않았겠지요.

그때 선생님이 말씀하신 '문제를 잠시 접어두자'라는 말은 우리가 애용하는 방법이 되었어요. 피터와의 사이뿐만 아니라 사업에도 아주 효과가 있답니다. 친구들과 어울리거나 그 밖의 개인적인 일에도 이 방법을 항상 써요. 선생님 입에서 나온 '문제는 잠시 접어두자'라는 말이 그렇게 확산되고 있답니다.

물론 '문제 해결 중단하기' 기법 하나만으로는 효과가 없다. 상대방에게 이것저것 요구를 하거나 문제를 해결하자고 나서는 대신 상대방의 감정을 인정해주면서 자기감정도 털어놓으며 경청하려 애써야 한다. 문제 해결하기는 멈추되, 경청하기와 감정 털어놓기, 상대방 격려하기 등은 멈추지 말아야 한다. 때로는 문제를 해결하겠다는 것 자체가 문제가 되는 법이다. 둘 중 아무도 경청하지 않고 상대 감정도 인정해주지 않기 때문이다.

자넷의 말을 더 들어보자.

정말 믿을 수 없는 것은, 결국 내가 원하는 바를 얻었다는 것이에요. 우리 가족 모두 이 방법을 활용해요. 그래서 우리는 한 덩어리로 뭉쳐 있죠. 피터가 문 앞에 어른거리기만 해도 나는 눈물이 터져요. 지금 제 생활에 정말 감사하는 마음이에요. 우리 사이는 아주 가까워요. 남편은 언제나 내가 괜찮은지 확인하고요. 이렇게 살다보니 우리는 잠시도 떨어질 수가 없어요. 늘 같이 있고 싶어하지요.

우리 둘 다 이혼을 겪고 배경도 다른 사람들인데 처음 만났을 때와는 완전히 달라졌어요. 유태인 공주님이 전직 목사와 결혼한 셈이잖아요. 선생님이 소개해주신 방법 덕택에 말로 표현할 수 없는 것을 얻었어요. 매일 함께 거닐고, 모닥불 앞에서 포도주를 마시면서 나는 말해요. 오늘 모든 것이 끝난다고 해도 우리는 세상에서 가장 행복한 사람이라고요.

갈등 공포증과
분노 공포증

24

우리는 매우 폭력적이고 공격적인 사회에 살고 있다. 그래서 분노 공포증이나 갈등 공포증을 지니는 사람이 많다고 하면 놀랄 수도 있다. 이들 용어는 분노나 갈등을 겁내서 누군가와 불편한 사이가 되면 머리를 모래 속에 파묻듯 이 부정적 감정이 사라지기만 기다리는 모습을 가리킨다.

생각 공감과 감정 공감 기법은 상대방의 말을 자기의 말로 다시 해주면서 그 사람의 말에 비추어 그의 감정을 인정해주는 것이다. 이 기법을 능숙하게 구사하면 팽팽하던 긴장을 늦출 수 있다. 그런데 사람들이 쉽게 인정하지 못하는 한 가지 감정이 있다. 그것은 바로 분노다. 우리는 어떤 일을 당하면 즉시 논쟁을 벌이거나 변명을 늘어놓으면서도 상대방이 상처받거나 화가 날 수 있다는 사실을 전혀 인정해주지 않는 경향이 있다.

왜 그럴까? 나도 완전히 그 이유를 말하기는 어렵다. 상대방의 분노를 인정해주면 갈등이 걷잡을 수 없이 커질까 두려워서일까. 물론 실상은 대개 이와 반대다. 다른 사람의 분노를 무시하면 상황은 심각해진다. 상대방은 자신의 감정을 인정받고 싶어 분노를 더 키우는 법이다.

분노를 인정하기를 아주 어려워하기는 정신건강 전문가들도 마찬가지다. 이들은 사람들의 갈등을 해결하는 데 전문적 노력을 기울여 온 사람인데도 말이다. 나는 몇 년 전 펜실베이니아 의과대학 인지치료센터에서 치료사들에게 강연한 적이 있다. 그때 나는 까다롭고 의심 많은 환자들을 치료할 때 치료사들이 흔히 범하는 잘못과 간과하는 문제가 무엇인지 지적했다. 즉 거의 모든 치료사들이 강한 갈등 공포증을 지니고 있다는 사실, 환자가 분명히 화를 터뜨리는데도 그 분노를 절대로 현실적인 것으로 인정해주지 않는다는 사실이었다. 이것은 아주 심각한 잘못이다. 환자는 자기가 무시당했다고 여기며 더욱 화를 내기 때문이다.

이 문제를 역할극으로 생생히 보여주기 위해 나는 자원자 두 사람을 뽑았다. 한 사람은 화가 이글거리는 환자 역을 맡고 다른 사람은 치료사 역을 맡았다. 치료사는 환자에게 귀를 기울이며 그 분노를 인정해주도록 했다.

이번 훈련 운영진이자 심리학자인 윌리엄이 치료사 역을 자원했다. 성난 환자 역은 윌리엄의 동료인 팸이 맡겠다고 나섰다. 나는 팸에게 말했다. "가장 모욕적이고 무례한 태도로 윌리엄을 공격해보세요." 그리고 윌리엄에게는 이렇게 당부했다. "가만히 않아서 팸의 말에 귀를 기울이세요. 그리고 그녀의 말이 끝나면 치료사로서 최선의 기법을 구사해서 최대한 효과 있게 대답해주세요."

그리고 팸이 지금 몹시 화가 나있을 테니 그녀의 분노를 인정하는 것이 제일 중요하다고 강조했다. 가령 이렇게 대답할 수 있을 것이라 했다. "팸, 지금 화가 보통 난 게 아니군요. 또 저한테도 좀 화가 나 있는 것 같네요. 당신이 정말 중요한 말을 하고 있다고 생각해요. 지금 기분이 어떤지 더 들어보고 싶군요." 그리고 경고도 해주었다. "윌리엄, 아마 당신이 아무리 애를 써도 그녀의 분노를 인정하기 어려울 수도 있어요. 왜냐하면 대부분의 치료사들이 분노라는 것을 두려워 하기 때문이지요. 그렇지만 최선을 다해서 이런 내 생각이 잘못인지를 확인시켜 주세요. 그리고 한 가지 꼭 염두에 둘 것은, 그녀의 말에 대답할 때에 '분노 관련 단어'만 구사하면 된다는 것입니다."

나는 뉴욕부터 로스앤젤레스까지 수백 번의 워크숍에서 정신건강 전문가들을 상대로 똑같은 내용을 시행해보았지만 환자의 분노를 인정해준 사람은 지금까지 단 한 명도 없었다고 말했다. "윌리엄, 그러니까 지금 당신한테는 최고의 기회인 겁니다. 분노 관련 단어를 말할 줄 아는 최초의 미국 심리학자가 될 수 있습니다. 바로 오늘 새 역사를 쓸 수 있는 겁니다! 그렇지만 그럴 수는 없을 것이라고 저는 장담합니다." 그러나 윌리엄은 내 이런 장담을 즉각 일축하고 기필코 팸의 분노를 인정해줄 것이라고 대답했다.

역할극이 시작되었다. 팸은 '까다로운 환자' 역을 멋지게 해냈다. 팸은 다짜고짜 윌리엄이 형편없는 치료사라고 말했다. 이른바 치료라 하는 것이 완전히 시간 낭비, 돈 낭비이기 때문에 치료를 그만두어야겠다고 했다. 그리고 윌리엄이 남성우월주의자인데다가 윌리엄의 멍청한 충고대로 따랐다가 이혼만 당했다고 했다. 또 윌리엄은 결혼도 하지 않은 사람인데 어떻게 자기 문제를 해결해줄 수 있겠느냐고 꼬집었고, 처음 치료를 시작했을 때보다 지금이 더 상태가 나쁘다고 했다. 아니, 의사 윌리엄을 만날 때마다 매번 나빠지기 시작했다고 했다.

팸이 말하는 동안 윌리엄은 얼굴이 붉으락푸르락해졌다. 마치 플래시 불빛에 정면으로 비추인 사슴처럼 보였다. 내가 윌리엄 역할을 맡지 않아 다행이라는 마음이 들 정도였다! 팸의 말이 다 끝나자, 좌중에는 바늘이 떨어져도 들릴 듯한 침묵이 감돌았다. 윌리엄이 무슨 말을 할지 모두 큰 기대를 안고 바라보았다. 환자의 분노를 인정해주어야 한다는 것을 잊지는 않았겠지?

긴장의 시간이 몇 초 흐를 때까지도 윌리엄은 입을 열지 않았다. 마침내 그는 몸을 앞으로 내어, 윗사람 티를 몹시 내면서 말을 했다. "다 털어놓아줘서 고마워요. 당신은 분명히 몹시 외로운 여성이군요!" 잠시 어색한 침묵이 흐른 뒤, 좌중은 모두 웃음을 터뜨리기 시작했다.

나는 물었다. "그게 다예요? 끝난 겁니까?" 윌리엄은 고개를 끄덕였다. 여전히 얼떨떨한 상태를 벗어나지 못한 듯했다.

나는 다시 물었다. "미국의 정신치료사들이 인정해주지 못하는 한 가지 감정이 있다는 것, 알겠지요?" 윌리엄은 아차 하고 제 손으로 머리를 쳤다. 앞서 내가 지적한 잘못을 바로 자신이 저질렀음을 깨달은 것이다. 윌리엄은 팸의 분노를 전혀 인정해주지 못했다. 그 대신 그는 심리상담사들의 상투어구, 즉 "털어놓아줘서 고맙다"는 대답만 했고, 팸에게 '외로운 여자'라는, 부정적 낙인을 찍었다.

왜 이런 일이 일어났을까? 비록 역할극이긴 했어도 팸의 말이 몹시 윽박지르는 듯했기 때문에 윌리엄은 역할극이라는 것도 잊은 채 자신이 할 바를 완전히 잊어버리고 말았다. 이런 일은 누구에게나 일어날 수 있다. 다행히 윌리엄은 유머 감각이 뛰어난 사람이었다. 그는 이번 훈련에서 많은 것을 배웠다고 말했다. 이번 훈련을 통해서 자신이 임상은 물론 일상생활에서 갈등 공포증을 얼마나 심각하게 지니고 있는지 알게 되었다고 했다. 누구나 단단히 결심한다면 이렇게 자동반사처럼 튀어나오는 방어적 태도를 극복할 수 있다. 다만 연습이 필요하다. 방어적 태도와 갈등 회피 경향이 우리 뇌 속에 회로처럼 자리 잡고 있기 때문이다.

다른 사람의 분노를 서투른 방식으로 인정하면 당연히 문제가 더 심각해진다. 그러고는 분노를 인정해주는 것 자체가 어리석은 일이라고 결론을 내려버리게 된다. 가령 멜로디라는 이름의 친구가 화가 나서 "참, 나! 왜 내 말을 귀담아듣지 않는 거야! 나 화 났어!"라고 말했다고 하자. 이때 "너 아주 화났구나"라며 타이르듯 혹은 핀잔하듯 말을 해보라. 멜로디의 분노를 인정해주긴 했어도 상대를 무시했기 때문에 아무 소용이 없게 된다. 이런 말을 들으면 멜로디는 방어적이 되어 자기는 화가 난 게 아니라고 우기거나 "그래, 나 화났다 어쩔래!"라고 할 수도 있다. 그리고 멜로디한테서 이런 말을 들으면 "앞으로 남이 화났다는 이야기를 입에 올리면 안 되는군" 하고 결론을 내려버린다.

멜로디의 분노를 좀더 부드럽게 인정해주려면 이렇게 말하는 것이 낫겠다.

> 내가 남의 말을 귀담아듣지 않는다니, 참 괴로운 지적이네. 그렇지만 네 말이 옳은 것 같아. 지금 나한테 화가 나고 속이 상하는 게 당연하겠어.(내 기분 말하기, 무장해제, 감정 공감) 내가 제대로 듣지 못한 게 또 뭐가 있는지 얘기해줄래?(확인 질문) 네 기분이 어떤지 꼭 듣고 싶어.(확인 질문)

이런 대답이야말로 멜로디의 분노를 인정하며 신뢰감을 보여주는 것이다. 상대방의 분노를 인정해주려면, 상대방으로 하여금 자신이 힐난받지 않으며, 자기감정을 그대로 드러내도 좋다고 느끼도록 해야 한다. 이래야 비로소 상대방은 마음을 더 열 수 있다. 역설적인 것은, 상대방의 말에 귀를 기울일수록 상대방의 화는 가라앉는다는 것이다.

이제 연습을 해보자. 일단 지금까지 읽어오는 동안 종이에 적으며 하는 훈련을 하지 않고 건너뛰기만 했다고 가정하자. 물론 우리의 독자들은 그러기는커녕 기록하고 분석하는 훈련을 열심히 해왔지만, 훈련을 위해 그렇게 가정하는 것뿐이다. 독자를 짜증스럽게 만드는 저자를 한 사람 설정하여, 그 사람을 데이비드라 하자. 내가 데이비드 역을 맡아 독자에게 이렇게 비난이 잔뜩 어린 목소리로 이렇게 말한다.

종이에 적으면서 연습을 하자고 제가 지금까지 몇 번씩이나 말했습니까. 그런데 다 건너뛰고 그냥 읽기만 하셨잖아요. 연습이란 걸 하지 않으면 이 기법들을 실상황에서 제대로 구사할 수 없다고 했잖습니까. 제대로 듣기는 했나요? 아니면 제 말이 쓸데없다고 생각해서인가요? 네?

독자는 여기에 어떻게 대답하실 것인가? 자신의 답을 종이에 적어 보자. 이때 의사소통 기법 다섯 가지 중 어떤 것이라도 사용하되, 감정 공감은 반드시 포함시키자. 어떤 기법을 사용했는지 문장 뒤에 괄호로 써두는 것도 잊지 말자.

다음은 효과적인 대답의 한 예다.

> 아, 데이비드, 딱 걸린 기분이네요.(내 기분 말하기) 이 책은 참 좋아요. 그렇지만 적는 훈련을 하지 않았다고 인정하려니 겸연쩍네요.(달래기, 내 기분 말하기, 무장해제) 답답하신 모양이네요. 저한테 화도 나신 것도 같고요.(감정 공감) 데이비드 선생님은 경험이 아주 많으시니까, 이 훈련이 아주 중요하다는 것을 저도 분명히 알아요.(달래기, 무장해제) 그런데 이 책 독자들이 다 이 훈련을 하나요?(확인 질문) 안 하고 버티는 사람은 없나요?(확인 질문) 훈련을 안 하는 사람이 있으면 저도 화가 나겠어요.(내 기분 말하기)

위 예시 대답은 자신의 감정을 드러내면서도 데이비드를 칭찬한다. 데이비드의 나르시시즘이 상처를 받은 상태이므로, 달래기와 무장해제 기법을 적절히 구사하면 긴장을 줄일 수 있다. 또 속상하고 화가 났다는 사실을 인정해주는데, 이럴 경우 데이비드도 상대를 계속 얕잡아보기 어렵다. 왜 그럴까? 대답을 한 사람이 자기의 부정적 감정을 부드러운 태도로 털어놓았기 때문이다.

이번에는 각자 자기가 쓴 대답을 살펴보자. 데이비드의 분노를 인정해주었는가? 자기의 감정을 솔직하면서도 요령 있게 표현했는가? 데이비드의 비판에서 일말의 진실을 찾아주었는가? 신경전의 한복판에서도 칭찬이나 존중심을 보여주었는가?

자신의 대답이 효과적이지 못하다면 종이에 써서 하는 훈련을 더해야 한다. 친구, 가족, 동료들로부터 들을 만한 거친 비판이나 무시하는 말을 써놓은 후, 효과적인 의사소통 기법 다섯 가지를 활용하여 대답을 쓴다. 이때 상대방의 분노를 꼭 인정해주어야 한다. 종이에 쓰며 하는 훈련에 익숙해지면 친구와 역할 훈련을 해본다. 상대방의 분노를 부드러우면서도 요령 있게 인정하는 훈련이라고 친구에게 설명한 후, 이 거북한 말들을 하나씩 읽어달라고 한다. 대부분의 사람들은 불과 몇 분만 이렇게 훈련해도 공감 능력이 크게 향상된다.

분노 공포증

-------------------------------------● 앞서 살펴보았듯이, 다른 이의 분노를 인정해주기란 매우 어렵다. 분노는 겉으로 드러내기도 어렵다. 이는 분노와 사랑이 서로 양립하기 어렵다고 생각하기 때문이다. 내 환자 중 한 분은 어린 시절부터 누군가를 정말로 사랑한다면 절대로 그 사람과 싸우거나 말다툼하지 말아야 한다고 부모님에게서 가르침 받았다고 했다. 싸우고 말다툼한다면 그 사람을 사랑하는 것이 아니

라는 것이다. 부부 사이도 이렇게 보는 시각이 그럴듯하기는 하지만, 실제 세계에서는 썩 통하지 않는다.

칼 융은 인간이 긍정적이고 사랑스러운 면뿐 아니라 그림자, 즉 어두운 면을 지니고 있다고 생각했다. 그리고 이 두 가지 적대적 요소가 조화를 이루는 것이 정신 건강의 요체라고 했다. 그러나 우리 안에 이기적이며 적대적인 동기가 있다는 사실을 인정하기는 쉽지 않다. 우리는 이 어두운 면을 의식적으로 자각해서 숨기려 한다. 그렇기 때문에 다른 사람에 대해 분노를 느낄 때 우리는 자신이 결백하다고 여기며 죄의식을 느끼지 않는다.

그러나 우리 안의 어두운 면은 직접적이든 간접적이든 드러나게 마련이다. 오히려 분노를 숨기려는 노력이 강할수록 밖으로 나오려는 힘은 더 강해진다.

내가 꼭 분명히 밝히고 싶은 사실이 있다. 부정적 감정은 100퍼센트 정상이다. 이를 내쫓으려 아무리 애를 써도 결코 성공할 수 없다. 누구나 가끔 짜증내고 화를 느낀다. 숨기거나 억눌러봐야 소용이 없다. 분노라는 거품은 반드시 터지게 마련이다. 우리의 현실적 선택은 단 하나, 이 분노를 어떤 방식으로 표현하느냐뿐이다. 여기에는 세 가지 선택이 있다.

1. 능동적 공격

협박, 물리적 폭력, 욕하기, 모욕 주기, 무시하기, '진실이 무엇인지' 논쟁하기 등의 방법으로 상대방을 공격한다. 분노를 표현하는 가장 흔한 방법이 이것이기 때문에 상대방을 공격해도 무방하다고 느끼며 또 공격하고 싶어한다. 이런 충동에 굴복하면 갈등을 피할 수 없다.

2. 수동적 공격

착한 사람 가면을 쓰고 조소와 비판으로 자신의 분노를 에둘러 표현한다. 혹은 앞에서는 친구처럼 대하고 뒷전에서는 욕을 퍼뜨리거나 싸늘한 멸시로 보복한다. 이것이 분노를 표현하는 두 번째로 흔한 방법이다.

3. 분노 털어놓기

상대방의 자긍심과 인격을 건드리지 않도록 솔직하고 공손하게 자기의 부정적 감정을 털어놓는다. 분노 표현 방법 중에서는 가장 적게 선택되지만, 가장 효과적이다.

자신이 화났음을 표현하는 것도 어느 시점에 하느냐가 중요하다. 우선 세 가지 경청 기법을 사용해야 한다. 사람들은 남의 말을 귀담아듣기 전에 먼저 자신의 입장을 인정받고 싶어한다. 즉 그 사람의 말에서 일말의 진실을 발견해주고(무장해제 기법), 생각과 감정을 인정해주고(생각 공감과 감정 공감) 더 많이 털어놓을 기회를 주는 것이다(확인 질문).

다른 사람과의 관계에서 상처받고 화가 나고 답답해 있을 때에는 긍정적인 시선을 보여주는 것이 매우 도움이 된다. 상대를 무시하는 말을 내뱉어 얼굴을 일그러뜨리지 않도록 한다. 상대를 무시하거나 수치감을 줄 말을 하지 말아야 한다.

가령 토니라는 좋은 친구가 있다고 하자. 그런데 토니한테 따가운 말을 들어 화가 난다. 이때 어떻게 점잖고 부드러운 태도로 자신의 분노를 표현할까? 다음과 같은 방법은 어떨까?

> 토니, 우린 언제나 친한 친구 사이였는데, 나는 지금 화가 나고 답답해.(달래기, 내 기분 말하기) 네 말이 따가워서 내 기분이 힘들어.(감정 공감, 내 기분 말하기) 나한테 무슨 화난 일이 있는 거야?(확인 질문)

이 대답에서 토니를 윽박지르거나 무시하지 않으면서도 솔직하고 직설적으로 감정을 표현하고 있음을 주목하자.

적절한 훈련이 필요하긴 하지만 상대방의 화를 돋우거나 윽박지르는 말 대신 자기감정을 요령 있게 표현할 수 있을 것이다. 물론 어렵긴 할 것이다. 분노를 발산하거나 싸우려는 충동이 생기기 때문에 어려운 것이 당연하다. 이런 충동은 아마 유전이라 할 수 있다. 인류의 역사에서는 가장 공격적인 개체가 생존할 가능성이 가장 높았기 때문에 자손을 퍼뜨릴 기회를 얻었다. 또 권력과 공격은 성적 매력이기도 했다. 이렇게 해서 공격 충동이 우리 유전자 안에 프로그램되어 자리 잡은 것이다. 그러니 맞서 싸우려는 충동을 느낀다고 손가락질 당할 필요는 없다. 이것은 먹이를 잡아 죽이는 사자에게 손가락질할 필요가 없는 것과 마찬가지다.

그렇지만 우리는 상대방에게 고통을 가할지 말지를 선택할 수는 있다. 적대감을 투사하면 직접 싸움을 벌이게 된다. 이와 반대로 공격 충동을 억누르고 자신의 감정을 점잖게 털어놓는다면, 그리고 관계를 개선하겠다는 욕구를 전달한다면, 상대방은 좀더 귀를 기울이고 부드러운 태도를 보일 것이다.

이쪽 감정을 능숙하게 털어놓는다고 해도, 상대방이 여전히 방어 자세를 풀지 않고 화를 터뜨릴지도 모른다. 인간은 감정에 약하고 쉽게 상처를 입는다. 자기감정을 털어놓을 때 상대방이 화를 내면 곧바로 뒤로 물러서자. 그리고 무장해제, 생각 및 감정 공감, 확인 질문하기 등의 기법을 이용한 경청 단계를 펼치자. 상대방이 누그러지고 수용하는 태도를 보이면 다시 요령 있게 자기감정을 표현하자.

진심이 우러난
사과를 하라

25

친밀함 훈련 프로그램에서 내가 가장 흔하게 듣는 질문이 있다. "그냥 '미안해'라고 하면 되는 것 아닌가요?"하는 물음이다. 사과도 본래 좋고 나쁨을 따질 수 없지만, 능숙한 경청을 가로막는 함정이 되기도 한다. 그 이유는 이렇다. 사람들은 누군가가 화를 펄펄 내면 "이 사람이 나한테 사과를 받겠다는 것이군" 하고 생각한다. 그래서 상대방의 불만을 다 들어준 뒤, "미안해"라고 말하고는 문제가 해결되었으리라 생각한다. 그러나 상대방이 얼마나 상처받고 화가 났는지 들어주지 않았기 때문에 오히려 사과라는 행동을 통해 상대방과 거리를 두는 결과를 낳는다. 사과하는 것은 의미 있는 일이지만 친밀한 관계를 피하려는 서투른 방법이 될 수도 있다. 다음은 그 좋은 예다.

힘겨운 결혼생활을 영위하던 도널드와 빅토리아 부부가 나를 찾아 도움을 구했다. 둘째 아이가 태어난 지 몇 달 뒤에 도널드가 직장일 때문에 6개월 동안 시애틀로 근무지를 옮겼다고 했다. 빅토리아는 애리조나 주 투손에 있는 집에 머물렀다. 천식을 앓는 맏아들에게는 애리조나 주의 건조한 기후가 좋기 때문이었다. 도널드가 떠난 지 몇 달 후 빅토리아는 임신 사실을 알았다. 그러나 빅토리아는 아이를 더 키울 마음이 없어 도널드에게 말하지 않고 임신중절을 했다. 도널드는 나중에야 이 사실을 알고 낙심했다. 평소에 그는 아이를 더 갖고자 했을 뿐 아니라 낙태가 나쁜 것이라고 생각했다. 그는 마음이 쓰렸다. 일을 전혀 몰랐으니 빅토리아에게 완전히 배신당한 기분이었다. 그러나 두 사람은 서로 감정을 전혀 털어놓지 않았다. 자기감정들을 숨기고 아무 일 없는 척했다.

애리조나로 돌아온 지 얼마 되지 않아 도널드는 근방에 사는 여성과 바람을 피웠다. 그 여성의 집으로 거처를 옮겨 석 달을 살기까지 했다. 빅토리아는 수치심을 느꼈다. 아이에게는 아빠가 야근을 하느라 저녁 식사하러 오지 못한다며 매일 저녁마다 핑계를 대야 했다. 도널드는 외도도 끝장나서 빅토리아에게 돌아왔다. 서로의 감정을 전혀 입 밖에 내지 않았기 때문에 집안 분위기가 언제나 팽팽했다. 상처를 치유하고 믿음의 부부 관계를 이룰 수 있는지 부부 치료를 찾은 것은 이로부터 몇 년이 흐르고 나서였다.

두 사람은 문제를 직접 말하는 대신 상대방을 상처주는 것으로 감정을 드러냈다. 도널드는 빅토리아가 몰래 임신중절을 한 것에 상처받고 화가 났다. 그는 이런 감정을 털어놓는 대신 바람을 피웠다. 빅토리아가 분노에 떤 것도 물론이다. 같은 식으로 말하자면 빅토리아가 은밀히 임신중절을 한 것도 도널드에게 당한 어떤 것에 대한 앙갚

음일 수 있다. 도널드는 빅토리아가 임신중절을 했다는 사실을 알았을 때 한 대 얻어맞은 기분이었다고 말했다. 두 사람은 처음 만났을 때부터 이렇게 착한 사람 가장하기, 갈등 회피하기, 복수하기 등을 거듭해 온 것이다.

나는 이 부부에게는 1분 연습이 좋겠다고 생각했다. 나는 먼저 빅토리아에게 이 훈련법을 설명했다. 남편의 외도를 알았을 때 어떤 심정이었는지 남편에게 말해보라고 했다. 이때 남편 도널드는 조용히 앉아 빅토리아의 말을 다 들은 후 이를 요약하여 말한다. 그리고 난후 두 사람이 역할을 바꾸어 빅토리아가 듣고 도널드가 자신의 감정을 털어놓는다. 이렇게 해서 두 사람은 서로 상대방이 듣는 가운데 자기감정을 솔직하고 직설적으로 털어놓을 기회를 갖게 된다.

두 사람은 이 훈련이 큰 도움이 되겠다고 고개를 끄덕였다. 빅토리아는 도널드가 바람을 피웠을 때 얼마나 수치스럽고 속이 상했는지, 얼마나 화가 났는지 말했다. 빅토리아는 그때 말할 수 없이 힘들었고 남편이 앞으로도 똑같은 짓을 되풀이할지 알 수 없기 때문에 못 믿겠다고 했다. 그 3개월이 자기 일생 최악의 시기였으며 남편이 외도한 사실이 아직도 자기를 갉아먹는다고 했다. 그 일이 마음속에서 결코 사라지지 않기 때문에 여전히 복수심이 느껴진다고도 했다. 이로 인해 남편에 대한 사랑도 존경도 좀체 느껴지지 않으며, 남편에게 이용당하고 모욕을 느꼈으니 부부 관계에도 전혀 흥미가 없다고도 했다.

빅토리아가 말하는 동안 도널드는 자리에 앉아 귀를 기울였다. 말이 다 끝난 후 나는 도널드에게 아내가 방금 말한 내용이 무엇이었는지 요약하고 아내의 감정이 어떤 상태인지 인정해주라고 했다. 그런데 도널드는 이렇게 말하는 대신, 자신이 과거에 바람을 피운 것은 미안하지만, 지난날에 집착하는 대신 미래를 위해 나아가야 하지 않겠느냐고 했다. 지금까지 끝없이 사과를 되풀이하느라 지쳤고 빅토리아의 불만과 비난을 계속 듣는 것도 힘겹기만 하다고 했다.

이 말은 빅토리아가 제일 듣기 싫어하는 것이었다. 도널드는 자기가 아내를 힘들게 했다는 사실을 시인하고 아내가 얼마나 분노와 배신감을 느꼈는지 인정하고 위로하며 후회하는 모습을 보여주어야 했다. 그런데 "미안하다"는 한 마디만 내뱉은 후 이제 앞으로의 삶을 위해 나아가자고 말한 것은 사실은 다음과 같은 내용을 전하려던 것이다. "입 닥치고 불평 좀 그만해. 당신 말이 지겹단 말야. 당신 감정이 어떤지 듣기도 싫어. 사실은 신경도 쓰고 싶지 않아."

도널드의 겉치레 사과 때문에 빅토리아는 화가 끓어 복수심이 더 짙어졌다. 때때로 사과는 검열 장치에 지나지 않는다. 즉 상대방의 입을 틀어막으려는 목적으로 사과를 하는 것이다. 왜? 상대방의 분노, 상처받은 마음을 알고 싶지 않기 때문이다. 물론 "미안하다"는 말이 언제나 헛수고는 아니다. "미안하다"는 말이 헛수고가 되는 것은 상대방의 감정이 어떤지 경청하고 인정해주어야 할 때 "미안"이라고 늘어놓을 때다.

"그 3개월이 내 인생 최악의 시기였고, 당신이 외도한 사실이 아직도 나를 갉아먹고 있어요. 그 일을 절대로 잊을 수가 없어요." 이렇게 빅토리아가 말했을 때, 도널드가 이렇게 대답했다면 좋았을 것이다.

빅토리아, 당신에게 상처를 주었으니 정말 비참한 기분이야.(무장해제,

감정 공감) 난 이기적인 행동을 했고 그래서 당신을 화나게 했지. 당신이 내게 화나는 것도 정말 당연해.(무장해제, 감정 공감) 얼마나 외롭고 비참했을까!(감정 공감) 당신을 힘들게 해서 정말 진지하게 사과하고 싶어. 당신이 과연 나를 용서할 수 있을지도 모르겠어.(달래기, 무장해제) 그런데 당신이 꼭 알아줬으면 하는데, 내 마음도 상처받았어. 당신을 사랑하기 때문에 나 혼자는 살 수 없어.(내 기분 말하기, 감정 공감) 그때 당신 기분이 어땠는지, 지금은 어떤지 더 말해줄 수 있을까?(확인 질문)

사과를 이렇게 한다면 효과가 있을 것이다. 이런 사과는 빅토리아의 입을 다물게 하려는 의도가 아니었을 테니 말이다. 위와 같은 대답에는 겸손, 사랑, 후회가 실려 있어서 아내 빅토리아로 하여금 마음을 열도록 해준다. 물론 이런 말을 마음속에서 우러나오도록 진심으로 해야 한다. 적당한 말을 엮어 늘어놓는 대답은 효과가 없다.

이제 내가 이 장 첫머리에서 던진 질문으로 돌아가자. "그냥 '미안해' 하고 말하면 되는 것 아닌가요?" 이에 대한 대답은 경우에 따라 다르다. 다른 사람의 감정을 회피하려는 목적으로 하는 사과는 문제를 피하고 관계를 외면하는 행위일 뿐이다. 그러나 상대방으로 하여금 상처받은 감정을 털어놓게 하고, 이쪽도 자기감정을 털어놓으려는 의도에서라면, 이런 사과는 겸양과 사랑을 나타내는 중요한 표현법이 될 것이다.

상대방을 꼭 기쁘게 할
필요는 없다

26

자기기만적 태도나 신념도 효과적인 의사소통을 방해한다. 진실, 정의, 갈등 공포증, 복종심, 사랑 중독과 인정 중독, 자격 집착, 문제 해결 중독, 도와주기 중독 등이 이런 방해 요인들이다. 가령 진실 숭배자는 상대방을 존중하고 경청하며 비판을 인정해주는 대신, 상대가 틀렸음을 증명하려는 욕구에 사로잡혀 있다. 도와주기 중독자는 화가 나 있는 친구나 가족을 도와주겠다거나 고쳐주겠다는 강박에 사로잡힌다. 상대방의 감정이 어떤지 귀 기울이고 인정해주지도 않고, 무엇이 힘든지 더 말해달라고도 하지 않는 것이다.

자기기만적 신념과 관련하여 가장 흥미로운 점은 이런 신념들이 비현실적으로 여겨지면서도 자기충족적 예언으로 작용한다는 것이다. 그리하여 실제로 그렇지 않은데도 이런 신념들이 마치 진실인 듯 보인다. 가령 불신과 편집증적 심리에 빠져 있을 경우 자기가 아끼는 사람들이 자기를 배신하고 이용하지 않을까 의심하고 두려워한다. 자기중심이 심히 결핍된 사람들이 이런 심리에 빠진다. 다른 사람들이 자기가 베푸는 만큼 자기를 사랑하거나 존중해주지 않는다고 믿기 때문이다. 또 다른 사람들의 유일한 관심은 자기를 상처주고 배신하고 이용하는 것뿐이라고 믿는 까닭이다. 그 결과 이런 사람은 언제나 남의 말과 행동 속에서 불순한 동기를 찾아내려 한다.

이런 사람은 여러 이유에서 남에게도 분노와 짜증을 안겨준다. 첫째 이런 사람은 늘 남이 자신을 해치려 한다고 상상하기 때문에 주변 사람들의 섭섭함과 화를 일으킨다. 둘째 이런 사람 주변에는 아무도 다가오지 않는다. 불신의 벽을 높이 쌓아놓기 때문이다. 따라서 사람들은 이런 심리에 빠진 이에게 부정적 감정을 가지게 되고, 이 사람이 얼마나 까다로운 사람인지 뒤에서 수군댄다. 이런 심리에 빠진 사람은 어떤 점에서 스스로 가장 두려워하는 결과, 즉 남들이 자신을 무시하는 일을 억지로 만들어내는 셈이다.

그러나 문제는 자신이 이렇게 행동하는지 모른다는 점이다. 이런 심리에 빠진 사람은 자기가 인간 본성에 대하여 대단한 발견을 했다고 착각하기까지 한다. 어떤 의미에서 우리는 우리가 만나는 사람들의 표정과 행동 속에서 우리 자신의 태도나 관점을 찾는다고 할 수 있다. 우리는 인간관계라는 실체를 줄곧 만들어내면서도 이를 자각하지 못한다. 이것을 깨닫지 못할 때, 즉 남들의 태도와 기대에 영향을 주는 사람이 바로 자기 자신임을 의식하지 못할 때 이러한 문제는 되풀이된다.

자기기만적 신념
자각하기

───────────────────────● 자기충족적 기대와 신념을 족집
게처럼 집어내주는 기법이 있다. 바로 '하향 화살표 기법'Downward Arrow
Technique'이다. 이 기법은 이렇다. 불편한 사람과 겪는 갈등의 한 장면
을 구체적으로 생각한다. 그리고 그때 자신이 어떻게 생각하고 느꼈
는지 스스로 물어본다. 자신이 떠올린 부정적 생각을 종이에 적어놓
도록 한다.

이 중에서 흥미가 생기는 생각 아래에 하향 화살표를 표시한다. 하
향 화살표는 속기 기호 같은 것으로 다음과 같은 질문을 스스로 던지
기 위한 것이다.

> 이 생각이 진실이라면, 내게 무엇을 의미할까? 왜 나는 이런 생각에 화
> 가 나는 것일까?

이 질문에 이어 또 다른 부정적 생각이 마음속에 떠오른다. 다시
이를 적어놓고 하향 화살표를 그 아래에 표시한다. 그리고 위와 같은
질문을 다시 던진다. 이를 되풀이하면 몇 가지 부정적 생각이 사슬
처럼 이어진다. 그러면 부정적 생각의 사슬을 살펴보며, 문제가 되는
인간관계에 대해 다음과 같은 질문을 던진다.

1 이런 생각들로 미루어볼 때 나는 어떤 사람인가? 이 인간관계에
서 나는 어떤 역할을 하는가?

2 이런 생각들로 미루어볼 때 그 사람은 어떤 사람인가? 이 인간관계에서 그는 어떤 역할을 하는가?

3 이런 생각들로 미루어볼 때 우리 두 사람의 관계는 어떤 상태인가? 우리 두 사람의 역할을 이어주는 공통점은 무엇인가? 우리는 어떤 규칙에 따라 움직이는가?

이 질문에 대한 대답을 찾게 되면 눈앞이 확 트일 것이다.

스물여덟, 데니스라는 심리학 대학원 여학생이 있었다. 데니스는 '상호의존성'이라는 문제에 빠져 있다면서 이를 고치도록 도와달라고 내게 말했다. 그러나 상호의존성이라는 것은 존재하지 않는다. 이 말은 쓰는 이마다 뜻이 제각기인 현학적인 전문용어다. 나는 데니스가 무슨 뜻으로 상호의존성이란 말을 쓰느냐고 물었다. "구체적으로 언제 상호의존성으로 고생했나요? 어떻게 진행되었나요? 그때 누구와의 관계가 문제였죠? 어떻게 생각하고 느꼈나요?"

데니스는 자신이 겨울마다 우울증에 빠져서 낭만적인 욕구를 새로 만들어내곤 하는데, 봄이 올 때까지 이 감정에서 벗어나지 못한다고 했다. 날씨가 바뀌면 기분이 나아지지만 이번에는 인간관계 때문에 고생하는 일이 시작되고, 그 관계를 끝내고 싶어했다. 당시 데니스는 펜실베이니아 대학에서 인류학 박사과정을 마무리하고 있었기 때문에 연인 리사와 함께 사는 해리스버그에서 학교까지 매일 통학을 해야 했다. 한 주 내내 공부며 강의며 통학 시간까지 거의 60시간을 쏟아 붓고 나면 주말에 녹초가 되다시피 했다.

주초에 리사가 데니스에게 전화를 걸어왔다. 리사는 이번 주말에

둘이서 놀러갈 기막힌 계획을 짰다고 기쁨에 들떠 말했다. 토요일 아침 해리스버그에서 피츠버그까지 차를 몰고 가서 리사 부모님을 만난 후 피츠버그에서 저녁에 벌어진 파티에 참석한다. 일요일 아침에는 다시 차를 몰고 랭카스터에 가서 친구들을 만난 후 그 지방 축제를 둘러보고, 저녁에 해리스버그로 돌아온다는 계획이었다. 피곤한 몸으로 운전을 하고 파티까지 참석해야 한다니, 데니스는 질렸다. 주말에 쉴 생각밖에 없었는데, 불안, 죄의식, 속상함, 답답함, 의무감 때문에 결국 싫다는 말을 하지 못했다.

나는 데니스에게 물었다. "어떤 부정적 생각이 머리에 스쳤나요?" 데니스는 이런 생각이 떠올랐다고 한다.

1 리사가 내 처지를 이해해주지 못한다.
2 리사가 내 도움을 바라는 것은 당연하다.
3 옴짝달싹 못하겠다. 꽉 막힌 상태다.
4 내가 너무 이기적이다.

이런 이야기를 듣고 나서 나는 비로소 데니스가 말하는 '상호의존성'이 무엇인지 알 수 있었다. 데니스는 이것저것 요구가 많은 리사한테 화가 나는 한편 죄의식도 느꼈다. 리사를 도와주고 리사가 원하는 대로 해주어야 한다는 생각도 들었기 때문이다.

데니스가 이 네 가지 생각 중 어떤 것 때문에 가장 화가 나느냐고 나는 물었다. 네 번째, 즉 "내가 너무 이기적이다"라는 대답이 돌아왔다. 나는 데니스에게 이 생각에 하향 화살표를 표시해두라고 한 후 물었다. "이기적인 것이 사실이라면, 그래서 어떻다는 거죠? 왜 화가 나지요?"

"그렇게 되면 다른 사람에게 아무것도 해줄 게 없으니까 그렇죠." 나는 이 대답을 다시 적어놓도록 한 후 똑같은 질문을 던졌다. 이렇게 얻어진 연속적 생각들을 다음에 제시한다.

4 내가 너무 이기적이다.
"이기적인 것이 사실이라면, 그래서 어떻다는 건가? 왜 화가 날까?"

↓

5 그렇게 되면 다른 사람에게 아무것도 해줄 게 없기 때문이다.
"그게 사실이라면, 그 다음에는 어떻다는 건가? 그래서 왜 화가 날까?

↓

6 남에게 줄 것이 나한테는 아무것도 없다는 얘기다.
"남에게 줄 것이 나한테는 아무것도 없다고 일단 가정한다면, 그래서 어떻다는 건가?"

↓

7 그러면 아무도 나를 좋아하지 않을 테니까.
"그래서 어떻게 되는데? 아무도 나를 좋아하지 않는다고 일단 가정하자. 그래서 왜 화가 나는 건가? 무슨 일이 일어나는데?"

↓

8 나는 외로워질 것이다.

"그러면 어떻게 되는데? 외로우면 어떤 일이 일어날까?"

↓

9 그건 내가 나쁘고 썩어빠진 인간이라는 뜻이다.

이렇게 해서 우리는 데니스의 부정적 생각들을 알게 되었다. 데니스는 '친밀한 관계'란 어떤 것이라고 생각하는지, 독자도 함께 생각해보자.

- 데니스는 리사와의 관계에서 자신이 어떤 역할을 해야 한다고 생각하는가?
- 데니스는 두 사람의 관계에서 리사의 역할이 어떠해야 한다고 생각하는가?
- 서로 사랑하는 사이란 어떤 것이라고 데니스는 이해하는가? 다른 식으로 말하자면, 둘 사이의 관계에서 데니스의 역할과 리사의 역할을 맺어주는 규칙이나 조항은 무엇인가?

우선 첫째 질문부터 살펴본다. 두 사람의 관계에서 데니스의 역할은 무엇인가? 더 읽어나가기 전에 각자 잠시 생각해보자.

데니스의 역할

데니스는 애인에게 사랑받음으로써 자신의 가치감과 행복을 느낀다고 스스로 생각하는 것 같았다. 또한 애인의 사랑을 얻기 위해 언제나 베풀고 또 베풀어야 한다고 믿는 것 같았다. 나는 이런 마음 상태를 '복종성'이라고 부른다. 복종적인 사람들은 자기가 비참하게 느껴질 정도로 욕구와 감정을 희생해서라도 상대방을 기쁘게 해야 한다고 여긴다.

데니스는 자신의 내면이 이렇다는 것을 알고 깜짝 놀랐다. 심리학을 전공하는 똑똑한 학생이면서도, 애인의 사랑을 얻기 위해 베풀고 또 베풀어야 한다는 의무감에서 자존감을 찾는다는 것은 꿈에도 생각하지 못했다고 했다. 자기는 학식과 성적에서 자존감을 얻는다고 생각했는데 실제로는 남에게 줄곧 베풀기만 하는 행위에서 자존감을 얻었다니, 정말 몰랐다고 데니스는 말했다. 나는 데니스에게 지금 자신이 어떻게 느껴지느냐고 물었다. 데니스는 잠시 멈칫하더니 대답했다. "정말 쓸모없는 존재인 것 같네요."

이번에는 리사의 역할에 대해 생각해보자. 데니스는 애인에게 항상 베풀기만 함으로써 사랑을 얻으려는 쓸모없는 존재 역할을 했다. 그렇다면 리사는 어떤 역할을 맡고 있을까?

리사의 역할

여기에 대해 데니스는 이렇게 말했다. "리사는 아주 요구가 많지요. 리사의 변덕에 맞춰주지 않으면 나를 퇴짜 놓을 거예요. 그러니까 리사는 아주 자기중심적인 사람이네요. 나는 항상 리사를 기쁘게 해야 하는데, 그렇지 않으면 퇴짜 맞겠지요."

데니스는 항상 베풀기만 하는 역할이었고, 리사는 그것을 차지하는 역할을 맡은 것이다. 그렇다면 데니스는 사랑하는 사이란 어떤 것이라고 생각했을까? 두 사람은 지금 어떤 게임을 벌이고 있나? 두 사람의 역할을 맺어주는 규칙이 있다면 무엇일까? 계속 읽어나가기 전에 잠시 생각해보자.

데니스의 애정관

데니스는 이렇게 대답했다. "사랑은 일종의 노예인 거죠."

우리는 데니스가 항상 애정관계의 포로가 됨을 알았다. 그리고 데니스가 일정한 시간이 흐른 뒤에 이 애정관계에서 빠져나가고 싶어하는 이유도 알게 되었다. 데니스는 사랑이 충전과 기쁨의 원천이 될 수 있음을 경험하지 못했다. 애인의 온갖 비위를 맞춰줌으로써 사랑을 얻는 열등하고 쓸모없는 존재로 자신을 바라보기 때문이다. 데니스는 자신의 내면이 이렇다는 사실을 알게 되니 눈앞이 확 트인 것 같다고 털어놓았다.

자신의 내면을 알게 되자 데니스는 큰 안도감을 느꼈다. 그리고 앞으로는 치료를 더 안 받아도 되겠다고 말했다. 그래서 우리의 치료 회기는 이 한 번으로 매듭을 지었다. 1년 후 데니스가 내게 전화를 걸어 감사하다면서 그 이후 상황을 알려 주었다. 데니스는 그 치료 회기 때 하향 화살표 기법을 이용해보면서 엄청난 충격을 느꼈다고 했다. 그리고 곧바로 단호히 헤어졌다. 그 후 새 애인을 만나 훨씬 균형감 있고 도움이 되는 관계를 맺었는데, 사랑에 포로가 된 것도 아니고 다시 헤어지려는 충동도 느끼지 않노라 했다. 깨달음이 모든 것은 아니지만 내면의 자각을 통해 인생을 잘 가꿔나갈 수 있는 용기를 얻었다고 했다.

당신은 남을 위한
어릿광대?

우리는 남에게 인정받으려 하고 뛰어난 성과를 올리려 열심히 일하고, 누군가와 따뜻한 애정을 맺는 일에 높은 가치를 부여한다. 여기에는 아무 문제가 없다. 우리는 또 자신이 아끼는 사람을 기쁘게 하고 싶다. 이런 마음도 전혀 아무 문제가 없다. 이런 가치는 아마 우리 유전자 속에 프로그램되어 있을 것이다. 다만 자존감을 여기에만 의존하거나 지나치게 집착할 때 오작동이 일어나는 것이다.

가령 남에게 인정받지 못하고 비판을 받는 것이 두렵다고 내가 털어놓았다고 하자. 그러면 누군가 이 책의 어떤 부분을 펴 보이며 내 생각이 타당하지 않다고 지적할 것이고, 나는 방어적인 태도를 취하며 그 사람과 논쟁을 벌일 것이다. 왜? 내 자존감이 흔들렸기 때문이다. 잘못을 지적해준 사람은 짜증이 날 것이다. 왜 그럴까? 내가 자기 말을 귀담아듣지 않았으니까. 그래서 우리는 불쾌하고 적개심 섞인 말만 나누다 끝난다. 그리하여 나는 비판받는 것은 참으로 끔찍하다고 결론을 내려버린다. 비판을 두려워하는 태도는 자기파괴적이고 현실에 맞지 않는데도 나는 이런 두려움이 타당하고 현실에 부합한다고 믿게 된다. 잔뜩 웅크린 태도를 바꾸는 일이 힘든 것은 이런 점 때문이다.

또 다른 이유는 '자기파괴적 믿음'이 단기적으로는 효과를 발휘하기 때문이다. 그래서 우리는 자기파괴적 믿음에 쉽게 중독된다. 예컨대 데니스처럼 복종심과 의존적 믿음에 빠진 사람이 있다고 하자. 이 사람은 항상 다른 사람의 욕구를 채워주고 기분을 맞춰준다. 이렇게 애쓰면 잠깐 동안은 꽤 효과가 있다. 자기를 위해서 일해주고 기쁘게 해주려 한다니, 상대방은 마음에 들어할 것이기 때문이다. 이런 사람은 관계가 소원해질까 두려워하기 때문에 거절도 하지 못한다. 그러나 장기적으로는 자신이 남에게 이용당하며, 자기 욕구를 해결해주거나 자기를 기쁘게 하는 사람은 아무도 없다는 사실을 깨닫는다. 결국 배신감과 분노를 느끼고, 함정에 빠졌다는 느낌만 남는다. 데니스의 경우가 바로 그렇다.

그러다 어느 날 현실을 깨닫고 이제 변화할 때라고 결심하게 된다. 앞으로는 적극적으로 주장하며 자기 입장을 지키리라 마음먹고, 갑자기 정반대의 모습으로 변해버린다. 자기의 의사를 공격적인 태도로 강하게 표현하기 시작하는 것이다. 둘 사이의 관계에서 나타나는 문제가 자기 때문이라고 생각해왔던 것과 반대로, 이제는 상대방 때문이라고 말한다. 그러나 이런 전략도 효과는 크지 않다. 말싸움이 생기니 주변 사람들이 물러서버리기 때문이다. 결국 이 전략도 포기한다. 즉 감정을 억누르고 남을 기쁘게 해주려는 옛날 모습으로 돌아간다.

자기표현 훈련이 답일까?

───────────────────────● 나는 자기표현 훈련이란 것을 임상 치료 초기에 알게 되었다. 한 환자가 당시 인기 있던 자기표현 훈련 책을 읽었는데 아주 도움이 된다고 했다. 마이클 스미스가 지은

《아니라고 말하면 죄의식을 느껴요》라는 책이었다. 나도 천성이 지나치게 '얌전한' 편이라 나한테도 자기표현력이 필요하다고 느껴 근방 서점에서 한 권을 샀다. 그리고 며칠 동안 출퇴근길 전철에서 훑어보았다.

저자가 추천하는 기법 중에 '튀는 레코드 기법^{Broken Record Technique}'이 있다. 이 기법의 발상은 단순하다. 이쪽 관점을 받아들이기를 거부하는 사람과 말다툼을 할 때는 그 사람의 말을 전체적으로 동의한 뒤 자신의 말을, 마치 레코드판이 튀듯 되풀이하라는 것이다. 가령 "당신의 요지가 그렇군요. 그런데……", "당신의 말도 일리가 있어요. 그런데……"라고 상대방이 이쪽 말에 동의하거나 요구에 응할 때까지 거듭하는 것이다. 나는 "멋지군. 이게 효과가 있다면 황금 같은 가치일세!"라고 생각했다.

이 '튀는 레코드 기법'을 시험해볼 수 있는 아주 좋은 기회가 내게 생겼다. 근처 주유소에서 내 구식 피아트 자동차에 쓸 앞면 와이퍼를 한 세트 샀는데, 다음 날 이것을 부착하려고 보니 사양이 달랐다. 주유소로 다시 가니 종업원이 기름을 주입하고 있었다. 나는 그 종업원에게 전날 산 와이퍼가 사양이 다르니 교환해달라고 말했다.

종업원이 제품 교환은 매니저 권한이라고 대답했고, 나는 다음 날 아침 다시 주유소로 갔다. 또 그 종업원이 있었다. 나는 그에게 '튀는 레코드 기법'을 사용하여 말했다. "매니저가 내일 온다고요? 그래도 잘못된 사양을 판 사람은 당신이니까 직접 교환해주세요. 오늘 오후에 비가 올 것 같은데 차를 써야 하니까."

그는 약간 주춤하더니, 전날 한 말을 똑같이, 약간 더 힘을 줘서 되풀이했다. 우리의 대화는 이렇게 전개되었다.

종업원: 매니저가 안 계셔서 교환해드릴 수 없다고 했잖아요. 손님이 많아서 제가 바빠요. 그러니 매니저가 있는 내일 오전에 다시 오세요.

나: 손님이 많아서 바쁘고 매니저가 내일 오전에나 출근한다는 거죠. 그렇지만 오늘 오후에 비가 올지 모르니까 지금 교환해주세요.

종업원: 제 권한이 아니라고 했잖아요. 내일 오전에 다시 오셔야 됩니다.

나: 맞아요, 당신 권한이 아니고, 내가 내일 오전에 다시 와야 한다고 말했죠. 그렇지만 나는 바로 지금 와이퍼가 필요해요. 내일 오전까지 기다릴 수 없어요. 물건을 잘못 판 당신 책임이니까 지금 교환해주세요.

종업원: 미치겠네! 지금 바쁜데다가 매니저만 교환해줄 수 있다고 했잖아요! 내일 오전에 다시 오세요. 저는 못해요!

나: 당신이 미칠 것 같고 바쁘니까 내일 오전에 다시 오라는 건 알겠어요. 그렇지만 지금 당장 와이퍼를 교환해주세요. 저는 돈을 냈으니까 교환받을 권리가 있어요.

이 대목에서 종업원은 아주 질렸다는 듯 두 손을 들었다. 그리고 마침 기름 넣으러 온 손님을 맞으러 밖으로 나갔다. 나는 종업원 뒤를 졸졸 따라다니며 말했다. "나를 무시하고 새 손님을 챙기는 거군요. 그렇지만 제대로 된 와이퍼로 교환해줄 때까지 여기 있을 겁니다."

그는 걸음을 멈추고 돌아서더니 으르렁거리는 표정으로 나를 노려보았다. 갑자기 이 사람의 덩치가 엄청나게 크게 느껴졌다. 그는 정말로 으르렁거리며 말했다. "계속 이런 식으로 나오면 망치로 당신 머리통을 부숴버릴 거야! 당장 꺼져!"

그 책에는 망치로 협박하는 사람에게 사용할 기법은 없던 것 같아서, 나는 이렇게 대답했다. "음, 나를 망치로 때리겠다 이거군요. 내일 아침 매니저가 온다니 그때 와야겠군요. 그게 좋겠군요!" 이런 식으로 내가 기대했던 자기표현 훈련은 금방 끝났다.

'튀는 레코드 기법'이 왜 효과가 없는지 알기는 어렵지 않다. '공감, 자기표현, 존중EAR' 목록을 이용하여 평가해보면 바로 드러난다. 나는 주유소 종업원의 말을 귀담아듣지도, 그의 말에서 일말의 진실을 인정해주지도 않았다. 또 내 감정을 능숙하게 표현하지도 않았다. 상대를 존중하는 마음을 보여주지도 않았다. 그 대신 요구 타령에 자기중심적이었고, 게다가 멍청했다!

근본적으로 나는 한 가지 자기파괴적 유형, 즉 복종심에서 정반대의 자기파괴적 유형인 '요구 타령Demandingness'으로 비약한 것이다. 이는 흔히 나타나는 실수다. 사람들은 변화를 도모할 때 종종 자기파괴 유형의 이 두 가지를 왔다 갔다 한다. 가령 자기 학대를 하다가 이번에는 상대를 무시한다든가, 항상 자기 탓만 하다가 돌연 상대를 욕한다든가 한다. 그리고는 포기하고는 아무것도 소용없노라고 결론을 내린다. 대개 그렇듯이 자신의 현재 유형에서 정반대 유형을 취하는 것은 인간관계 문제 해결에 도움이 되지 않는다.

인지적 인간관계 치료법은 차원이 이와 완전히 다르다. 앞에서 살펴본 좋은 의사소통의 세 가지 요소, 즉 공감, 자기표현, 존중을 기억하자. 이 접근법에는 다음과 같은 철학이 깔려 있다.

- 너의 욕구와 감정이 중요하다.
- 나의 욕구와 감정이 중요하다.
- 우리 두 사람 모두 정중하고 품위 있게 대우받아야 한다.

당신이 정말 원하는 것을
알아채라

27

효과적인 의사소통의 비결 다섯 가지가 이해되지 않아서, 혹은 자기 파괴적 신념에 가로막혀서 어려움을 겪는 사람들도 있지만, 이보다 더 심각한 이유 탓에 습득하기 어려워하는 사람도 있다. 즉 이 기법을 사용하고 싶지 않다는 이유다. 그들은 남의 말을 경청하거나 자기 감정을 털어놓거나 상대방을 존중하지도 배려하고 싶지도 않다고 말한다. 내가 들은 얘기들을 모아보면 이렇다.

- 이런 노력을 왜 내가 다 해야 하나요? 불공평해요! 내 마누라한 테는 언제 이런 숙제가 주어지죠?
- 왜 내가 모든 잘못을 뒤집어써야 합니까? 정말 잘못한 건 내 남 편인데!
- 왜 그 여자 말에서 진실을 찾아줘야 하죠? 그 여자는 완전히 틀

렸어요! 이건 사실입니다!

- 내 감정을 털어놓고 싶지 않습니다. 바보로 보이고 싶지 않아요. 그렇게 눈물 짜내고 징징대는 건 안 합니다.
- 그 사람이 옳다고 인정하면 내가 약해보이게 되죠. 현관 발판처럼 밟히고 싶지 않아요! 나는 계속 지금처럼 있을 겁니다!
- 그 여자는 절대 안 변해요! 온갖 걸 다 해봤는데 모두 소용없습니다!
- 그 사람은 망할 놈이에요! 좋은 점은 하나도 없어요. 왜 날더러 그 사람을 존중해주라는 거죠?
- 그 여자가 그런 식으로 느낀다니, 말도 안 돼!

이런 말에서 느껴지는 감정은 매우 강렬하다. 때로 우리는 미운 상대에게 그 사람이 얼마나 실패자인지 알려주고 싶어한다. 화가 잔뜩 나서 꼭 이겨야겠다고 싸움을 벌이는 사람에게 그런 생각이 얼마나 왜곡되고 비논리적인지, 대화법이 얼마나 효과가 없고 자기패배적인지 알려줘도 아무 소용이 없다. 남의 말을 듣고 싶어하지 않기 때문이다. 누군가를 탓하거나 무시해버리겠다는 생각으로 가득 찬 사람에게는 친밀한 관계가 기쁨을 가져다준다고 설득하기가 불가능한 법이다. 그 사람의 마음속에 다른 목표가 들어앉아 있기 때문이다. 더 깊은 사랑을 맺고 싶은 사람조차 마음 한구석에 이런 작은 목소리가 울릴 수 있다. "모든 게 그 사람 잘못인데 왜 내가 이 모든 노력을 다 해야 하지?"

나도 이런 감정을 잘 안다. 나도 의사소통 비결 다섯 가지를 이용하고 싶지 않다는 저항감을 떨치려 안간힘을 쓰곤 한다. 물론 이 기법들을 꼭 써볼 필요는 없다. 관계를 개선하겠다고 애쓰거나 모든 책임을 혼자 짊어질 필요도 없다. 궁극적으로 필요한 것은, 내가 앞에서 제시한 질문을 똑같이 자신에게 던져보는 것이다. "난 정말 어느 쪽을 원하는 걸까? 불편한 저 사람과 싸워서 대가를 치르게 하는 것? 아니면 더 깊은 사랑이나 우정으로 보상을 얻는 것?"

앞에서 우리는 레이너의 경우를 살펴보았다. 레이너는 남편의 참을 수 없는 비난에서 진실을 찾아주지 못했다. 그로부터 몇 년 후 나는 레이너를 만나 사정이 어떻게 되었느냐고 물었다. 레이너는 이렇게 대답했다.

> 선생님과 같이 치료를 시작했을 때 제 마음속에서 작은 목소리가 계속 울리는 거예요. '결혼생활을 더 잘하겠다고 이 온갖 노력을 할 필요가 있을까?' 제 마음에 아주 강한 인상을 줘서 잊히지 않는 순간이 있어요. 남편 밀트와 사이가 좋아졌는데 결국 전으로 돌아가서 말다툼을 벌이곤 했죠. 밀트는 이렇게 말했어요. "난 아무 잘못 없어. 당신이 문제지. 이제 다시 데이비드 번즈한테 가보셔야지."
>
> 그래서 눈물을 흘리면서 선생님한테 전화해서 약속을 잡은 거예요. 선생님을 만났을 때는 좀 나아진 상태였는데 선생님이 역할 훈련을 제안했죠. 제가 밀트 역을 했는데 선생님이 제 역할을 맡아서 밀트의 말에 다른 식으로 대답할 수 있다는 걸 보여주셨어요. 도중에 제가 이렇게 말했죠. "왜 나 혼자 이런 노력을 다 해야 하죠? 두 사람 다 해야 하니까 밀트도 있어야 하잖아요. 나만 노력하는데, 정말 불공평해요!"

그때 선생님은 이러셨죠. "레이나, 당신 말이 정말 맞아요. 이렇게 할 필요도 없지요. 지금 사는 대로 그냥 살아도 됩니다. 사정이 나아질 수도 있고 나빠질 수도 있지요. 스트레스도 늘고 더 불행해질 거예요. 그렇지만 당신 말이 맞아요. 레이나. 아무것도 할 필요가 없지요."

그래서 제가 말했지요. "그럼, 해보죠!" 그래서 우리는 역할 훈련을 계속했고, 결국 저는 인생에서 가장 소중한 걸 배웠어요. 자기 자신만 바꾸면 된다고, 자기 자신만 다스리면 된다는 거죠. 우리는 다른 사람이 스스로 변하게 할 수도 없고, 우리가 원하는 일을 하게 할 수도 없지요. 우리가 할 수 있는 일은 자기 자신을 바꾸는 것뿐이에요.

그런데 자신의 행동을 변화시키니까 기적 같은 일이 일어났어요. 다른 사람을 변화시킬 수 있는 촉매제가 되면서, 갑자기 상황이 변하는 거예요. 모든 일을 다 해낼 수 있다는 자신감이 생기고 어떤 분노나 상처도 이겨낼 수 있지요. 그리고 비로소 다른 사람의 눈으로 문제를 바라볼 수 있고 그 사람이 말하려는 것도 들을 수 있어요. 그렇게 해주면 그 사람도 이쪽의 감정과 관점에 관심을 두기 시작합니다.

저한테 도움이 된 게 또 한 가지 있었어요. 누구 감정이 옳으냐 그르냐는 중요한 게 아니란 거죠. 현실을 자기에게 이롭게 바꾸고 싶다면, 사랑하는 사람과 더 다정하게 지내고 싶다면 자기의 진실은 잠시 묻어두고 그 사람의 눈으로 바라보아야 한다는 거죠. 기적은 이때 일어난다는 거예요.

6장

인간관계를 더 풍요롭게 완성하기

상대방이 말문을 닫는다는 것은 나를 비판한다는 뜻이다.
그는 침묵으로 나를 벌하는 것이다.
그러나 상대방이 입을 닫아버릴 만한 이유가 있다고 내가 인정하는 순간
그는 마음의 문을 연다.

초점 바꾸기:
방 안에 코끼리 한 마리가 있다

28

6장에서는 고급 기법을 설명한다. 즉 초점 바꾸기, 긍정적 리프레이밍, 다지선택형 공감이다. 초점 바꾸기는 두 사람이 서로 적대적인 관계이고 팽팽한 긴장이나 적개심이 흐를 때 효과가 있다. 긍정적 리프레이밍은 어떤 적대적인 관계라도 서로 신뢰하며 따뜻하고 친밀한 관계로 바꾸어준다. 다지선택형 공감은 대화를 거부하는 친구나 가족에게 말을 걸어야 할 때, 혹은 감정 표현이 서툰 사람과 대화를 나눌 때 유용하다.

누군가와 불편한 관계에 있을 때 두 사람 사이에서는 언제나 긴장이 흐른다. 그러나 당사자들은 이를 무시하거나 혹은 그렇지 않은 듯 행동한다. 마치 방 안에 코끼리 한 마리가 있고 모두들 그 주변을 돌며 춤을 추는 꼴이다. 초점 바꾸기는 이때 코끼리를 가리키면서 "저거 보이죠?" 하고 말하는 것이다. 누가 옳은지 말다툼하는 대신, 갈등을 빚는 문제를 의식적인 화제로 점잖게 올려놓는 것이다. 이 기법을 능숙하게 사용하면 어떤 힘겨루기라도, 어떤 어색하고 불편한 관계라도 금방 끝낼 수 있다.

멜이라는 남자는 지역 테니스단의 일원으로 복식에 출전했는데, 프레드라는 신참 회원과 함께 뛰게 되었다. 프레드는 랭킹이 상당히 높은 선수였는데 첫 세트 내내 뾰로통하게 말없이 경기만 해서 멜은 불안했다. 멜은 그것이 자기 때문이라고는 생각하지 않았다. 전에 프레드의 경기를 본 적이 있는데, 그때도 역시 입을 꼭 다물고 뾰로통한 태도였기 때문이다. 그러나 프레드의 까다로운 태도 때문에 멜은 전전긍긍했고, 두 사람은 첫 세트를 4대 6으로 내주었다. 멜은 긴장 감 때문에 시합이 몹시 불편했고, 그러다보니 어이없는 실수를 많이 했다. 이때 멜은 마음을 단단히 먹고 초점 바꾸기 기법을 시도했다. 세트 사이에 프레드에게 말을 걸었다. "프레드, 이번 시합에서 저 때문에 신경 쓰이죠? 저도 당신만큼 잘 치면 얼마나 좋을까요." 이 말이 끝나자마자 프레드가 입을 열었다. "아, 당신 때문이 아니에요. 미안합니다. 가끔 제가 말을 않고 뚱하답니다." 살얼음이 깨지면서 두 사람 모두 긴장이 풀렸다. 두 사람은 2세트를 6대 2로 이겼고, 결국 시합에서 승리를 거두었다.

멜은 새 파트너를 궁지에 몰아넣지 않으면서도 긴장된 분위기 자체를 의식적인 화제로 점잖게 끄집어 올렸다. 긴장감이 없는 듯 행동하는 대신 현실로 인정해버리면 긴장된 분위기는 녹아버리게 마련이다.

초점 바꾸기는 관계 당사자들이 서로 자기감정을 털어놓지 않거나 상대방 말에 귀를 기울이지 않을 때 특히 효과가 있다. 또 다음과 같은 상황에서도 효험을 발휘한다.

- 아무 진전 없이 말싸움만 되풀이될 때
- 서로 상대방이 지루해졌을 때
- 한 팀으로 협력하지 않고 서로 경쟁을 벌일 때
- 상대방에게 모욕을 받거나 이용당한다고 느낄 때

초점 바꾸기 연습

대학원생 말라는 친구 일레인과 갈등을 빚는 것이 고민이 되어 나를 찾았다. 어느 저녁 둘이 서로 어울려 놀았다. 일레인이 최근 구입한 한정판 포도주를 가지고 와서 두 잔을 채웠다. 말라가 시음을 하자 일레인이 물었다. "포도주 맛 어때?" 말라는 불안해졌다. 쓴맛이 강했기 때문이다. 그렇지만 일레인이 포도주를 더 잘 안다고 생각했고 일레인의 마음을 상하게 하고 싶지 않아 애매하게 "괜찮네"라고 대답했다. 그러자 일레인은 화가 난 듯 더 따지는 목소리로 물었다. "좋단 말이야, 싫단 말이야?"

말라는 어찌할 줄 모른 채 그냥 "괜찮아"라는 말만 되풀이했다. 이때부터 분위기가 나빠졌다. 일레인은 화를 내며 포도주를 병째 싱크대에 쏟아버렸고 저녁 모임은 끝장이 났다. 말라는 이때 뭐라고 말해야 좋았겠냐고 내게 물었다.

두 사람의 이날 모습을 살펴보자. 일레인은 화가 난 듯 "좋단 말이야, 싫단 말이야?"라고 따지며 물었고, 말라는 "괜찮아"라고 대답했다. 말라의 대답은 좋은 의사소통일까, 나쁜 의사소통일까?

말라의 대답은 나쁜 의사소통의 전형이다. 두 가지 이유가 있다. 첫째, 말라는 공감해주지 않았다. 일레인은 화가 났고 말라가 포도주를 어떻게 생각하는지 알고 싶어했다. 아마 적지 않은 값을 치렀을 텐데 말라의 기준을 충족하지 못한 것 같아 실망했을 것이다. 아니면 말라가 대답을 피하는 것 같아 화가 났을지도 모른다. 어쨌든 말라는 일레인의 감정을 인정해주지 않았다.

둘째로 말라는 자기감정을 표현하지도 않았다. 말라는 당황해서 주춤했다. 포도주 맛이 어떠냐고 일레인이 따지며 묻자 취조를 당하는 기분이었다. 막다른 골목에 몰린 듯 불안해서 "괜찮아"라고 되풀이하기만 했다. 이런 반응은 상대를 존중해주는 것으로 여기기 어렵다. 포도주 맛을 묻는데 회피하기만 했기 때문이다.

이제 말라의 대답이 어떤 결과를 가져왔는지 살펴보자. 두 번째 질문에도 말라가 "괜찮아"라고 대답했을 때 일레인은 왜 그렇게 화가 났을까? 말라가 관계일지에 써놓은 것은 다음과 같다.

> 일레인은 내가 솔직하지 않거나 자기를 기쁘게 해주지 못한다고 생각했을 것 같다. 왜냐하면 내가 솔직한 대답을 하지 않았으니까. 그래서 나한테 대답을 얻으려고 언성을 더 높였다. 내가 그런 분위기를 모른 체 하니까 일레인은 마음 놓고 성을 냈다. 내 모호하고 수동적 태도가 일레인의 적개심을 돋운 것이다. 아마 일레인은 이 한정판 포도주를 사러 멀리까지 다녔을 텐데 나는 나를 기쁘게 해주려 한 일레인의 노력을 몰라줬다.

말라는 불안하고 두려워서 갈등을 회피하려 했다. 그런데 역설적으로 이렇게 회피하려는 태도가 일레인으로 하여금 말라에게서 답을 얻어내려고 더 공격적으로 나오게 했다. 일레인은 아마 마음이 상하고 실망스러웠을 텐데, 결국 둘 다 자기감정을 털어놓지 않았다. 그 대신 두 사람은 행동으로 분을 풀었다. 이런 때가 바로 초점 바꾸기를 해볼 최적의 상황이다.

우리가 말라의 입장이 되어 더 효과적인 대답을 찾아낼 수 있는지 생각해보자. 이때 효과적인 의사소통 비결 다섯 가지 중 어떤 것을 이용해도 되지만, 초점 바꾸기를 반드시 포함시키자. 초점 바꾸기를 이용할 때에는 현장에 감도는 긴장에 초점을 맞춘다. 그리고 두 사람이 벌이는 논쟁의 내용이 아니라 그 문제가 서로에게 얼마나 중요한지에 대해 이야기한다. 말하자면, 행간의 뜻을 살피라는 것이다. 이를 춤에 비유하자면, 춤을 멈추되 춤이 어떤 종류인지 이야기하자는 것이다. 상대방의 감정이 어떤지, 자신의 감정은 어떤지 자문해본다. 자기 생각을 상대방에게 부드럽게 털어놓고, 상대방은 어떻게 느꼈는지를 물어본다. 더 읽어가기 전에 각자의 대답을 종이에 적어놓자.

말라가 생각해낸 대답은 이렇다.

> 일레인, 나 취조받는 기분이야. 네가 애써서 이 포도주를 샀는데, 섭섭하겠구나. 그 포도주가 좀 톡 쏘는 것 같긴 한데 너만큼 포도주 전문가가 아니라 모르겠어. 그래서 네 생각은 어떤지 알고 싶어.

첫째 문장에서 말라는 긴장된 분위기를 부드럽고 편안한 태도로 언급함으로써 갈등을 의식적인 화제로 올린 것이다. 말라는 갈등에 초점을 맞췄다. 즉 포도주가 상했느냐가 아니라 서로의 감정이 어떤지에 초점을 맞추었다. 이러한 대답에는 '내 기분은 이러저러하다' 기법과 감정 공감 기법이 사용된다. 그뿐 아니라 말라는 달래기도 구사했다. 즉 일레인이 마음 쓰고 애써 줘서 고맙다면서 일레인이 포도주 전문가라고 치켜세웠다. 마지막에는 일레인이 마음을 열 수 있도록 확인 질문을 했다.

초점 바꾸기는 강력한 효과를 발휘한다. 그리고 언뜻 쉬워 보인다. 그러나 초점 바꾸기를 숙달하기는 어렵다. 누군가와 불편한 관계에 놓일 때 많은 사람들은 둘 사이의 적대감정이 사라지기만 바라며 이를 무시한다. 그러나 부정적 감정이란 그냥 사라지는 법이 없으므로, 당사자들이 평소대로의 행동을 열심히 한다고 해도 갈등은 계속된다. 말라는 온순하고 순진한 역할을 했고 일레인은 주도하고 야단치는 역할을 했다. 이런 역할은 바로 우리가 '성격'이라 부르는 것이기도 하다. 그러나 우리의 정체성에 영원히 새겨지는 고정적인 속성은 아무것도 없으며, 현재 자신이 하는 역할을 영원히 되풀이할 필요도 없다.

초점 바꾸기를 할 때에는 어색하고 답답하며 긴장이 감도는 현실에 주목해야 한다. 논쟁이나 경쟁을 멈추고, 표면 아래 강물처럼 흐르는 감정을 언급해야 한다. 부드럽고 존중감 어린 태도로 이를 행하면 상대방은 책임 추궁을 당하거나 무시당한다고 느끼지 않는다. 그리하여 적수가 아니라 동료로 소통하기가 훨씬 쉬워진다. 두 사람이 벌이는 역할 게임 자체를 언급하는 순간, 밀고 당기기는 곧 끝나는 것이다.

내 인생사나 의사로서의 활동에서도 초점 바꾸기는 큰 도움이 되어 왔다. 언젠가 나는 루센이라는 이름의 심리학도를 치료한 적이 있었다. 루센은 시험 불안증으로 고생했다. 루센은 자격증 시험을 준비하고 있었는데 너무 초조해서 공부에 집중을 할 수가 없었다. 공부를 하려고 책을 볼 때마다 다음과 같이 비논리적이고 부정적인 말을 자신에게 퍼붓는다고 했다. "어차피 이번 시험에서 떨어질걸, 뭐." "내가 모르는 문제만 나올 거고, 아는 건 하나도 안 나올 거야." "이건 불공평해!" 이런 생각은 현실과 부합하지 않는다. 루센은 뛰어난 학생이었고 이제껏 한 번도 낙방을 한 적이 없었기 때문이다. 어쨌든 이런 생각은 극심한 초조감을 불러왔고 자나 깨나 루센을 괴롭혔다.

그런데 이런 생각을 이겨내고 더 긍정적이고 현실에 부합하는 생각을 대신 해보라고 격려를 해줄 때마다 루센은 내게 기를 쓰고 저항했다. "맞아요, 그런데 나는 원래……"라는 식으로 대답하면서 내 말을 이해할 수 없다고 우겼다. 그래서 우리의 대화는 언제나 루센의 부정적 생각이 현실에 부합하는지 아닌지를 따지며 비생산적 논쟁으로 끝나곤 했다. 나는 마지막으로 초점 바꾸기를 해보기로 결심했다. "루센, 회기 때마다 논쟁으로 시간을 소모하곤 하니 나는 불편한 기분이에요. 루센도 그렇게 느꼈나요? 당신은 아주 똑똑한 사람이에요. 사실은 당신이 똑똑해서 논쟁이 즐겁답니다. 그렇지만 당신과 한 팀으로 일하고 싶기 때문에 걱정이 돼요. 한 팀으로 일하면 시험 불안증을 극복하도록 도울 수 있을 텐데. 내 말이 어때요?"

치료가 잘 안된다고 내가 루센에게 항의하거나 책임을 돌리지 않왔다는 점에 유의하자. 나는 "지금 상황이 이런데, 당신 생각은 어때?"하고만 물은 것이다. 루센은 우리의 논쟁이 자기한테도 불편하게 느껴졌다고 했다. 그렇다면 이제 똑같은 함정에 빠질 때마다 서로 신호를 보내자고 제안했다. 즉 누구든 손을 들면 이런 뜻을 알리는 것이다. "이봐요, 우리가 또 논쟁에 빠졌네. 다시 본래 얘기로 돌아가서 함께 일합시다." 우리는 이 방법을 여러 번 사용했고, 좋은 효과를 보았다.

내가 돕겠다는데 왜 루센이 저항하는지도 우리는 함께 분석해보았다. 루센은 불안이 컸으면서도 이런 증세를 넘어서는 것이 두려웠다. 만족감에 빠져 공부를 못할까 겁이 났기 때문이다. 그렇게 되면 낙방을 한다는 것이었다. 그렇지만 루센은 이런 두려움에 꼼짝 못하고 포로가 되어 지난 5주 동안 1분도 공부하지 못했다고 털어놓았다.

일단 이런 상황을 이해하자 루센의 마음에 변화가 일어났고 우리는 루센의 마음을 불안하게 만드는 비합리적 생각을 이겨내기 위해 함께 노력했다. 루센은 전보다 자신감이 생겼고, 이제는 책을 보는 것이 정말로 재미있다고 했다. 6주 후 면허 시험에서 루센은 당당히 합격했다. 우리가 찾아낸 해결책은 누가 옳고 그른가를 가리는 것이 아니었다. 현재의 갈등을 모욕이나 수치심을 주지 않으면서도 의식적인 화제로 부드럽게 올리는 것, 그것이 우리의 해결책이었다.

긍정적 리프레이밍: 갈등을 새롭게 바라보라

29

누군가에게 화가 날 때, 우리는 그 사람을 나쁜 시각으로 보고 그 사람 때문에 우리의 생각이 부정적이 되었다고 탓한다. '저 사람은 이기적이고 게으르고 천박한 사람이야'라고 여기는 것이다. 이렇게 상대방에게 낙인을 찍으면 자기충족적 예언이 생겨나면서 두 사람의 관계가 극단화된다. 가령 남편에게 고집불통이라고 욕하면, 남편은 한 치도 물러서지 않고 버티며 아내의 말에 저항한다. 그런데 바로 이런 모습이 아내가 남편을 흉보는 근거가 된다. 긍정적 리프레이밍이란 상대방의 동기와 행동을 좀더 긍정적인 시각에서 바라보는 것이다. 즉 상황을 긍정적인 방향으로 되돌리는 것이다.

예컨대 아내가 "이성을 잃었다"고 되뇌기보다는 아내는 남편인 '내'가 자기를 잘 이해해주기를 강하게 바란다고, 혹은 남편인 나를 사랑하지만 '나'에게 비난을 들었다고 여기며 화가 났다고 생각해보

자. 관점을 이렇게 바꾸면 좀더 아내의 마음에 닿고 존중해주는 태도로 의사소통을 할 수 있으므로, 아내는 방어막을 내리게 된다.

최근 캐나다에서 처음 시작한 훈련 프로그램에서 나는 우울증과 자기 존중감에 대해서 발표를 했다. 그때 나는 좋은 반응을 얻을지 조금 불안했다. 첫 날 청중 중의 심리학자 한 사람이 악역을 했다. 발표 중에 내가 중요한 내용을 강조한 직후 이 사람이 손을 번쩍 들어 내게 도전을 해왔다. "그게 무슨 얘긴가요?", "무슨 말씀인가요?" 그의 질문에는 따가운 비판의 날이 곤두서 있는 듯했다. 나는 청중과 논쟁을 벌이는 것이 실수임을 익히 알았던 터라, 무장해제와 달래기 기법을 이용하여 이 사람과 질의응답을 나누었다. 나는 그 사람의 말에서 일말의 진실을 발견하려고 노력했고 그 사람의 질문이 아주 중요하다는 것을 확실히 인정했다. 이런 접근법이 그런 대로 통했는지 질문자의 태도가 내내 누그러진 듯했다.

첫날 행사의 끝이 다가오면서 청중들이 다 빠져나갔을 무렵, 질문자가 내게 다가와 자기가 너무 공격적이어서 죄송하다고 했다. 나는 이렇게 말했다. "아, 사과하실 필요 없습니다. 오늘 프로그램에 큰 도움이 되었습니다. 아주 중요한 질문을 해주셨으니까요. 선생님이 말씀하니 다른 청중들도 분명히 궁금하게 생각했으면서도 그냥 가만히 있었던 것뿐이지요. 오늘 여러 사람의 대변자 역할을 해주셨군요. 이런 문제를 다루기 꺼려한다면 과학이 아니라 종교가 되는 것이겠지요. 오늘 와주셔서 정말 고맙습니다. 내일도 똑같이 열심히 참여해주시면 좋겠군요. 선생님의 질문 때문에 이번 프로그램이 저를 포함해서 모든 사람에게 흥미진진하게 되었습니다."

그는 매우 놀란 표정을 지으며 사양하는 말을 던진 후, 기분 좋게 들뜬 얼굴로 행사장을 떠났다. 다음날 이 분은 비판의 말을 한 마디도 하지 않았다. 나는 행사 며칠 후 이분에게서 이메일을 한 통 받았다. "번즈 박사님, 당신은 정말 대단한 선생님이십니다! 선생님이 보여주신 기법 덕택에 제 치료 방식이 혁명적으로 바뀌었다니까요!"

이분이 어떻게 내 편이 되었을까? 그것은 내가 긍정적 리프레이밍 기법을 이용했기 때문이다. 나는 그때 이 사람을, 강사와 경쟁하려는 나르시시스트적 불평꾼으로 치부할 수도 있었다. 그러나 그 대신 나는 이분의 질문이 아주 중요하다고 강조해주었고, 나도 그 문제에 대해 스스로 고심한다고 대답했다. 이 덕택에 우리는 적대적 관계가 아니라 한 팀으로서 협동적이고 생산적인 관계로 탈바꿈했다.

긍정적 리프레이밍이란 곧 무장해제와 달래기를 버무려놓은 것 아니냐고 생각할 수도 있지만, 실제로는 그 이상이다. 즉 갈등은 좋은 것이며 갈등이 빚어진다고 해서 부끄럽거나 두려울 일도 없을 뿐 아니라 갈등을 통해서 더 가까워지게 마련임을 긍정적 리프레이밍을 통해 깨닫게 된다. 또한 긍정적 리프레이밍은 지금 좋은 일이 일어나고 있으며 오해에서 시작되었어도 긍정적인 결과를 맺을 수 있다는 것을 강조한다.

긍정적 리프레이밍은 어떤 기술이라기보다는 갈등을 바라보는 관점에 더 가깝다. 논쟁 혹은 의견 불일치가 생기면 오히려 불편한 상대와 싸움을 붙음으로써 더 깊고 의미 있는 관계를 만드는 기회로 바라볼 수 있는 것이다. 이를 위해서 필요한 것이 창의성, 애정, 사려 깊음, 실행력이다.

긍정적 리프레이밍을 시도할 때에는 상대방의 행동과 그 동기를 긍정적 시각에서 바라보려고 노력해야 한다. 가령 아들이 불손한 말을 내뱉어 속이 상할 때에도 아들 녀석이 겉보기보다 힘들고 외롭다는 표현으로 받아들이도록 한다. 그러면 설사 아들이 부모를 정말로 사랑하지 않는다고 해도 분노가 커지진 않을 것이다.

똑같이 따가운 말을 아내에게서 듣는다고 해도 아내가 자기를 망신주려 한다거나 모든 것이 끝장났다고 생각하는 대신, 이번 기회에 아내의 생각과 감정을 더 잘 이해할 수 있다고 받아들일 수 있다. 또 직장 동료가 유달리 빡빡하게 굴 때에도 이 친구가 자기 입장을 좀 이해해달라고 요청하는 셈이군, 하고 넘길 수 있다.

긍정적 리프레이밍은 진실하게 행하지 않으면 효과가 없다. 가식적이거나 교조적이 되면 아무 효험을 발휘하지 못한다. 상대방에게 실제적인 대답을 주어야 하는 것도 잊지 말자. 앞서 살펴보았던, 워크숍 첫날 내게 내내 도전했던 심리학자의 경우를 생각해보자. 이 사람이 계속 던진 질문들이 정말 도움이 되었을까? 아니면 내가 그저 안면치레용으로 해준 말일까?

나는 심리학과 정신의학계에서는 서로 더 추궁할 필요가 있다고 확신한다. 각종 치료법만 해도 수백 가지가 경쟁하면서, 제각기 자기가 답을 가지고 있다고 주장한다. 그러나 누구도 완전하지는 않다! 앞서 나왔던 심리학자에게, '아주 중요한 질문을 해주셨다'고 말했던 것은 바로 이 뜻이었다. 그 사람의 질문과 미심쩍어하는 태도가 타당한 면이 있다고 말했던 것도 이래서였음은 물론이다. 바로 그래서 내 대답이 효험을 발휘한 것이다.

자존심을 잠시 치워둘 수만 있다면 상대방의 치사하고 적대적인 행동조차도 상대방 관점대로 받아주며 더 긍정적으로 바라볼 수 있다. 그러나 이것은 매우 어려운 일이다. 당장 당하는 일 때문에 상처받고 위협을 느끼는 것이 당연하기 때문이다. 그래서 우리가 방어적인 태도를 취하는 것이다. 긍정적 리프레이밍을 행할 때에는 한 판 싸움을 벌여야겠다는 충동을 억제해야한다. 그 대신 "이 갈등을 더 긍정적인 관점에서 생각해보자"고 노력해야 한다. 불편한 상대방에 대해 이런 관점을 견지하며 계속 존중해주면 긍정적 충격이 극적인 결과를 낳을 것이다.

사업 관계에서의
긍정적 리프레이밍

긍정적 리프레이밍 기법은 치료사들만을 위한 것이 아니다. 이 기법은 아내, 아들, 이웃, 친구, 동료, 심지어 초면인 사람과 불편한 관계에 있을 때에도 도움이 된다. 사적인 관계는 말할 것도 없고 사업 관계에서도 효과가 있다.

언젠가 나는 바베트라는 이름의 유기화학자를 치료한 적이 있다. 이 분은 로스엔젤레스의 한 연구소에서 약물을 연구했다. 바베트는 상사가 워낙 종잡을 수 없이 왔다 갔다 하는 성격이라 폭발하기 일보 직전이었다. 바베트에 따르면, 상사는 한 달 전만 해도 상냥하기 그지없었다. 연구실의 모든 사람에게 칭찬을 늘어놓았고, 연구에 도움이 되는 창의적 제안도 해주었다. 그러더니 갑자기 심기에 먹구름이 낀 듯, 연구실 모든 사람에 대해 따가운 폭언을 내뱉기 시작했다. 이런 심기가 한 달 이상 계속되더니 다시 따뜻하고 상냥한 태도로 돌아왔다고 했다. 이렇게 심기가 교차하는 동안, 바베트는 눈물범벅으로 퇴근하거나 모멸스러운 비난에 몸을 떨곤 했다. 더는 참을 수 없어 내게 해결책을 구하러 온 것이다.

나는 바베트에게 물었다. "혹시 애완동물 기르시나요?" 바베트는 원래 동물을 좋아해서 셰퍼드 한 마리를 기른다고 했다. 나는 물었다. "그러면 잘 아시겠네요. 공원 산책을 하다가 개 한 마리가 으르렁거리면 어떻게 해야 하는지 말이죠."

"그거야 간단하죠." 바베트는 말했다. "그냥 가만히 있으면 돼요. 꼼짝 않고 있으면 저절로 슬그머니 물러간답니다. 어떤 때는 칭찬하듯이 상냥하게 말을 건네면 더 효과가 있죠. 실제로 한 달 쯤 전 조깅하는 도중에 개 한 마리가 으르렁거리길래 이렇게 해주었더니 금방 물러가더라고요. 꼬리를 살랑대며 오랜만에 친구를 만났다는 듯이 제 손을 핥았어요."

"아, 으르렁거리는 상사도 그렇게 대하면 된답니다." 나는 말해주었다. "그런 상사는 그런 개처럼 대해줘야 하죠."

나는 상사가 이처럼 으르렁거릴 때에는 달래기와 무장해제 기법이 가장 도움이 될 테니까 연습을 해두자고 했다. 그렇게 우리는 상사의 역할과 바베트의 역할을 정해서 실습을 해보았다. 내가 바베트의 역할을 맡았을 때 나는 무장해제 기법과 달래기 비법을 적용했다. 역할 바꾸기를 많이 해가며 연습한 끝에 바베트도 능숙해졌다. 치료 회기가 끝날 무렵 바베트는 이 기법을 멋지게 구사할 수 있게 되었고, 다음 번 상사와 비슷한 경우가 발생할 때 꼭 써먹어야겠다고 자신감에 찼다.

다음 날 바베트는 상사와 함께 작업하던 연구 보고서를 들고 평가를 받으러 상사에게 갔다. 바베트는 "기안을 보시고 생각나는 것이 있으면 말씀해주세요"라고 상사에게 말했다. 그의 대답은 이랬다. "원, 세상에 이런 쓰레기 같은 것은 처음 보았네. 당장 쓰레기통에 처박고 싶군." 지난 몇 달 동안 이 연구 때문에 온갖 고생을 마다하지 않았으니, 바베트는 상사에게 끔찍한 말을 들은 셈이었다.

이때 바베트는 생각했다. '그렇지, 이 사람은 으르렁대는 개니까, 그렇게 대해주기로 했지.' 그리고 이렇게 대답했다.

> 고든, 제 보고서가 쓰레기라니, 그럴 것도 같아요. 솔직히 말해서 저도 쓰면서 그런 생각이 들었거든요. 자꾸 헛다리를 짚는 것 같더라고요. 당신이 쓴 보고서를 읽은 적 있는데 어찌 그리 깔끔하고 명쾌한지, 대단하던데요. 그래서 당신과 같이 일하고 싶은 거죠. 지난 가을에 저한테 같이 일하자고 제안하셨을 때에도 그래서 기대가 컸어요. 이번 연구는 아주 중요하니까, 보고서를 잘 쓰면 효과가 아주 클 것 같아요.
>
> 이 보고서는 그냥 다듬어가지고는 안될 것 같은데, 더 고칠 점이 무엇인지 제안 좀 해주시겠어요? 당신한테 많이 배우고 싶거든요.

마치 구름 속에서 해가 불쑥 나온 듯, 상사의 얼굴이 밝아졌다. 그는 쓰레기통에서 다시 보고서를 꺼내 흘끗 보더니 "그래도 꽤 괜찮군" 하고 말했다. "여기하고 저기만 조금 고치면 되겠는데" 하더니 몇 가지 제안도 해주었다. 물론 내내 바베트를 칭찬하면서 말이다.

바베트가 이 연구보고서를 유명 학회지에 투고하자, 첫 번 심사에서 즉시 게재로 결정되었다. 바베트의 보고서는 뉴욕 과학아카데미에도 제출되어 우수 논문으로 선정되는 영광까지 안았다.

이것이야말로 긍정적 리프레이밍의 자랑스러운 예라 할 수 있다. 바베트는 까다롭고 적대적인 상황을 긍정적인 관점에서 바라보고, 상사에 대해서도 이렇게 대처했다. '힘 있는 상사가 적개심을 가지고 공격해오니 나는 꼼짝없이 희생자일 수밖에 없어'라고 생각하는 대신 바베트는 오히려 상사와의 관계를 생산적으로 발전시킬 수 있는 기회로 받아들였다. 긍정적이고 활기찬 반응이 상사에게도 미쳐서 즉각 긍정적인 효과를 불러온 것이다.

아마 이렇게 따질 사람도 있을 것이다. "바베트의 말은 가식적인 것이 아닌가요. 솔직하지 못합니다. 사실은 상사의 목을 비틀고 싶었으면서 말이죠." 물론 바베트는 상사 고든의 목을 비틀어 버리고 싶었으리라. 우리 대부분이 그러하듯 말이다. 그러나 바베트의 말이 완전히 솔직하지 못한 것은 아니다. 왜냐하면 바베트는 자신이 소중히 여기는 자질, 즉 연구 성과와 글쓰기 능력을 언급했기 때문이다. 게다가 바베트의 초고가 썩 좋지 않았던 것도 사실이다.

"그렇게까지 비위를 맞출 필요는 없죠"라는 지적도 있을지 모르겠다. 맞는 지적일 수 있다. 상사의 비위를 맞출 필요는 없었다. 그러나 바베트가 상사 고든을 칭찬하고 추켜세우자 고든의 태도가 갑자기 달라졌다. 고든은 아마 자신이 제대로 평가받지 못한다며 속상해 있었을지 모른다. 우리 대부분도 가끔 그러지 않은가. 그런데 상사로서 험한 말을 던졌는데 바베트가 따뜻이 대답해줌으로써 두 사람의 관계가 변모했고 관계의 주도권은 바베트에게 넘어갔다.

바베트가 계속 자기주장을 고집했다면 어떻게 되었을까? 아마 불쾌한 힘겨루기가 격렬히 일어났을 테고, 고든은 더욱 공격적으로 나왔을 것이다. 바베트의 연구 보고서를 도와주지 않았음은 물론이고, 바베트는 연구실에서 자리를 잃었을지 모른다. 약간의 달래기만으로 그 모든 변화가 일어난 것이다.

이제 연습을 해보자. 십대 아들이 있는데, 모난 성격이어서 "엄마 아빠가 내 인생을 망치고 있어요! 언제나 이래라저래라, 가만 좀 내버려 주면 덧나요?"라고 내뱉었다고 하자. 긍정적 리프레이밍 기법을 이용하여 어떤 대답을 해줄 수 있을까? 책을 더 읽어나가기 전에 각자 대답을 생각하여 종이에 적어두자. 이때 의사소통 기법 다섯 가지 중 어떤 것을 이용해도 좋되, 자기가 이용한 기법을 표시해둔다.

당연하지만, 정답은 없다. 내가 내놓은 대답도 독자의 생각과 크게 다를 수 있다. 다만 긍정적 리프레이밍이라 표시된 부분에 주목해주기 바란다.

네 말이 맞아.(무장해제) 내가 너무 이래라저래라 하는 것 같구나.(무장해제) 너도 다 컸으니까 스스로 자립할 때가 되었지.(무장해제) 그건 환영할 일이야. 네가 그렇게 느낀다니 나도 자랑스럽다.(무장해제, 달래기, 긍정적 리프레이밍) 그렇지만 내가 네 인생에 너무 개입한다는 말을 들으니 섭섭하긴 하네. 그래도 네 속마음을 털어놓아줘서 고맙다.(내 기분 말하기, 생각 공감, 긍정적 리프레이밍) 나한테 많이 속상하고 화난 모양이구나.(감정 공감) 네 기분이 어떤지 더 들을 수 있을까?(확인 질문) 정

말 중요한 문제라고 나는 생각한단다.(달래기, 긍정적 리프레이밍)

아들은 부모를 비난하는 말을 내뱉은 데 이어 한판 싸움을 벼르고 있는데, 부모는 이를 오히려 대화의 기회로 삼아 더 이해해보려는 태도를 보여준다. 많은 부모들은 이럴 경우 방어적이 되어 내가 언제 너를 이래라저래라 했냐고 우긴다. 이런 식으로 대답하면 아들은 정말 이래라저래라 한다고 심증을 굳힐 뿐이다. 상황을 부모의 관점에서만 보라고 강요하기 때문이다. 그렇게 되면 상황은 걷잡을 수 없게 된다. 아들이 벌인 싸움판에 부모가 덥석 뛰어드는 셈이다.

긍정적 리프레이밍은 이와 정반대 방향을 취하는 것이다. 부모는 이 갈등이 오히려 아들과 더 좋은 관계를 맺을 수 있는 황금 같은 기회라고 여긴다. 어떻게 그런 기회로 삼는다는 말인가? 즉 엄마 아빠한테는 네 감정이 가장 중요하다고, 너를 사랑한다고 말해준다. 자기 주변에 벽을 쌓고 아들이 틀렸다고 우기는 대신, 아들의 감정을 오히려 환영하고 아들의 관점 속에서 일말의 진실을 발견하여 아들을 존중해준다. 그리고 아들로 하여금 마음을 열도록 독려하고, 부모와 힘을 합쳐 성숙하고 다정한 관계를 맺도록 한다. 물론 이것은 '이래라저래라' 병과는 다른 것이므로, 아들은 부모와의 관계를 문득 전혀 다른 관점에서 바라보게 된다.

다지선택형 공감:
대화를 거부하는 사람에게 말 걸기

30

불편한 관계에 놓인 상대방이 자기표현에 서투른 사람일 경우에는 다지선택형 공감이 효과가 있다. 다지선택형 공감 기법이란 몇 가지 가능성을 제시하며 그중 어느 쪽이냐고 묻는 것이다. 가령 이렇게 묻는다. "지금 당신은 마음이 상했거나 화가 났거나 허탈한 것 같네요. 어느 쪽인가요?"

다지선택형 공감 기법은 상대방이 대화를 거부할 때에 특히 유용하다. 사춘기 청소년들은 화가 났을 때 팔짱을 끼고 건방지게 이쪽을 노려보면서도 아무것도 아니라고 우기곤 한다. 때로는 성인들도 이렇게 행동한다. 친구나 가족이 입을 삐죽거리고 무시하면서도 왜 화가 났는지 입을 꾹 다물던 경험이 누구에게나 있을 것이다. 이때 어떻게 해야 할까? 어서 말해보라고 해도 상대방은 오히려 더 세게 저항한다. 그래서 때로는 아무것도 소용이 없다.

이럴 때는 힘겨루기를 하거나 혼자 속상해하는 대신 상대방 입장에서 자신에게 물어보자. 이 사람이 왜 나와 말하기 싫어하는 걸까? 여기에는 여러 가지 이유가 있을 수 있다. 가령 상대방은,

- 어떤 일 때문에 당황스럽거나 창피하다.
- 화가 나서, 침묵으로 보복하려 한다.
- 당신 마음을 상하게 할까 봐 걱정하는 것이다.
- 갈등이나 의견 불일치를 두려워한다. 그래서 그냥 가만히 있으면 문제가 가시겠거니 한다.

상대방은 자기 마음을 열어보이면 당신이 혹시 다음과 같이 느끼거나 행동하지 않을까 염려한다.

- 화를 낸다.
- 방어적이 되어 "그렇게 느끼다니, 말도 안 돼" 혹은 "그렇게 느끼면 안 되지"라고 말한다.
- 상대방이 틀렸다고 논쟁하고 우긴다.
- 자기 말을 귀담아듣고 일리 있다고 끄덕이기를 바랐는데, 문제를 해결하거나 도와주려고 한다.

다른 어떤 것보다 더 중요해서, 그냥 넘길 수 없는 이유가 한 가지 더 있다. 상대방이 말문을 열지 않는 것은, 그래봐야 좋은 결과를 얻을 수 없으리라고 믿기 때문이다. 즉 예전에 말문을 열어봤지만 배척

당하고 비판받았거나 상처만 입은 기억이 있어서 그런 것이다.

대부분의 사람들은 상대방이 마음을 열지 않는다며, 상대방을 탓한다. 가령 아내들은 남자들이란 원래 감정을 드러내지 않는 법이라거나 아직도 철이 안 들었다거나 하는 이유로 자기 남편이 무뚝뚝한 족속이라고 여긴다. 이런 풀이도 어느 정도는 맞을지 모르지만, 이런 식으로 생각해서는 문제를 해결할 수 없다.

그 대신 자신의 행동 때문에 남편이 마음을 열지 않는 것 아닌가 돌아보며 다지선택형 공감 기법을 이용해볼 수 있다. 자신에게 다음과 같이 물어보자. "남편이 감정을 털어놓을 때 내가 옳으니 그르니 따진 적은 없었나? 지나치게 남편에게 간섭하는 편은 아닌가? 남편이 속을 털어놓았을 때, 나를 변호하려 애쓰거나 당신이 나보다 잘난 게 뭐냐는 식으로 행동하지는 않았나?" 이런 가능성이 있는지 남편에게 부드럽게, 어떤 답이라도 수용하겠다는 태도로 물어본다면 그는 마음의 문을 활짝 열어줄 것이다. 아내가 예전처럼 남편 탓을 하지 않기 때문이다.

이것은 반대의 법칙에 관한 또 하나의 예가 된다. 전혀 말이 안 되거나 사실에 어긋나는 비판일지라도 진심으로 수긍하면 그 비판이 진실이 아님이 순식간에 드러난다는 것을 우리는 앞에서 살펴본 바 있다. 같은 원리로, 누군가 우리에게 말문을 닫는다면 우리를 비판한다는 뜻이다. 다만 비판의 말을 자기 마음속에 담아둘 뿐이다. 이 사람은 침묵으로 우리를 벌하는 것이다. 이때 이 사람으로 하여금 속을 털어놓기 어려운 이유가 우리 때문이라고 인정하면, 이 사람은 금방 우리를 신뢰한다. 상대방이 우리에게 입을 닫아버릴 만한 이유가 있다고 인정하는 순간, 그 사람은 마음의 문을 여는 것이다.

다지선택형 공감 훈련

———————————————————● 열네 살 딸 오드리를 둔 엄마 크리
스틴이 나를 찾아왔다. 오드리가 화가 난 표정이어서 무슨 고민이 있
느냐고 묻자 녀석은 엄마에게 대들듯이 팔짱을 끼더니 "할 말 없거
든!" 하고 말을 끊어버렸다고 한다. 오드리가 말하기 싫어하는 이유
를 몇 가지 생각해보자. 각자 이렇게 자문해보자. "십대들은 화가 났
을 때 왜 엄마에게 말하기 싫어할까?"

오드리가 털어놓기 전까지는 확실한 것을 알 수 없지만, 가능성은
여러 가지다. 엄마한테 화가 났지만 괜히 말했다가 더 곤란해질 것
같아서 그럴 수 있다. 어떤 일 때문에 창피하고 당황스러워서 그럴
수도 있다. 예를 들면, 영어 시험에 낙제할 것 같은데 이 얘기를 엄마
한테 했다가는 벌컥 화만 낼 것 같아서 그럴 수 있다. 혹시 예전에 엄
마에게 속마음을 털어놓았지만 결과가 좋지 않았기 때문일 수도 있
다. 엄마가 매사에 딸 탓을 하고 비판하거나 죄의식을 느끼게 만들어
서 그럴 수도 있다.

이러한 가능성을 염두에 두고 "할 말 없거든!"이라는 오드리의 말
에 크리스틴이 어떻게 대답하면 좋을지 생각해보자. 더 읽어나가기
전에 각자의 답을 종이에 적어놓자.

정답이란 없지만, 다음과 같은 답이 효과가 있을 것이다.

오드리, 나한테 아무 할 말이 없다는 거지. 근데 팔짱을 끼고 날 노려보

는 것 같네. 말하기 힘든 일이 있는 모양이구나. 혹시 엄마가 전에 너한테 기분 나쁜 일을 했을까? 그렇지만 엄마는 기억이 잘 안 나네.

네가 왜 나하고 말하고 싶어하지 않는지 생각했어. 전에 네가 나한테 고민을 털어놓았을 때 아마 내가 너한테 믿음을 못 준 것 같구나. 아니면 내가 네 말을 제대로 들어주지 않고 화를 낼까 걱정이니?

위 대답에서 크리스틴은 지금의 난처한 상황을 화제로 삼았다. 크리스틴은 팽팽한 긴장이 있음을 솔직히 인정하고 왜 오드리가 자기한테 말을 하지 않는지 알려 애쓴다. 그리고 이런 말을 부드럽고 평온한 말투로 한다.

크리스틴은 오드리를 능숙하게 무장해제시키면서 오드리가 입을 열지 않는 이유가 엄마인 자기 때문이라고 한다. 딸아이의 철없는 행동이 왜 엄마인 자기 때문이라고 책임을 짊어질까? 오드리가 삐쳐서 철없이 행동하기 때문이다.

사람들은 대화를 거부하는 사람과 힘겨루기를 벌이는 경향이 있다. 이런 경우 우리는 대부분 속을 끓이며, 도대체 왜 말을 안 하느냐고 상대방에게 압박을 가한다. 상대방이 그래도 거부하면 우리는 부지불식간에 그에게 책임을 전가하면서 마음을 더 열어야 한다고 말한다. 이렇게 되면 상대방은 더욱 웅크리게 마련이다.

다지선택형 공감은 문제를 정반대의 방향에서 접근한다. 즉 상대방을 무장해제시키면서 그 사람이 그럴 이유가 얼마든지 있다고 동의해주는 것이다. 역설적이게도 이런 말을 듣는 순간, 상대방은 입을 열기 시작하곤 한다. 물론 말하는 내용 못지않게 태도와 말투가 중요하다. 알고 싶다는 마음과 존중심을 보여주면 상대방으로 하여금 입을 떼게 하는 일이 훨씬 쉬운 법이다.

이렇게 해도 상대방이 감정을 털어놓지 않으면, 압박을 가하거나 비판하지 말고 그 대신 애정, 존중, 인내, 염려로 상대를 대해준다. 누구나 가끔은 혼자 있고 싶을 때가 있음을 인정하고, 다만 상대방을 아끼는 마음을 전달해준다. 그리고 나중에 기분이 가라앉아서 적절한 때가 되면 이야기를 나누고 싶다는 마음을 알려준다. 그래서 상대방이 대화를 할 기분이 될지 하루 이틀 후 알아보겠다고도 말해준다. 이렇게 함으로써 긴장을 늦추고 상대방이 조만간 감정을 털어놓을 가능성을 높이는 것이다.